Kapitalanlagen

Praktisches Handbuch

von

Arthur Norden

Unter Mitwirkung von Dr. jur. et phil. Ludwig Hof,
Dr. jur. Felix Pinner, Dr. jur. Martin Friedlaender
und Dr. phil. Adolf Roeder

Berlin 1912
Druck und Verlag von Georg Reimer

Vorwort.

Den Grundstock des vorliegenden Buches bildet eine im „Berliner Tageblatt" unter dem Titel „Kapitalanlagen" veröffentlichte Artikelserie. Das Interesse, dem die Arbeit begegnete, war die Veranlassung, das Thema in wesentlich erweiterter Form zum Gegenstande eines praktischen Handbuches zu machen. Außerordentlich anregend hat hierbei auf mich die nachstehend abgedruckte Zuschrift eingewirkt, deren Absender Herr Kommerzienrat Max Richter durch seine jahrelange Erfahrung ganz besonders dazu berufen ist, das Bedürfnis des Publikums für eine unabhängige Darstellung des Gebietes der Geldverwertung zu beurteilen.

Berlin, den 1. September 1912.

Arthur Norden.

Zuschrift des Herrn Commerzienrat Max Richter, Berlin.

Sehr geehrter Herr Norden!

Nachdem ich die im Berliner Tageblatt veröffentlichte Artikelserie „Kapitalanlagen" gelesen habe, gestatte ich mir, bei Ihnen die Frage anzuregen, ob Sie die in dieser Arbeit niedergelegten objektiven und nach meiner Meinung absolut zutreffenden Betrachtungen nicht in Buchform veröffentlichen möchten.

Wir leben in einer Zeit, in der es zu den Ausnahmen gehört, daß bei Ankäufen von Wertpapieren seitens des Publikums das Hauptaugenmerk auf die Erzielung einer sicheren Rente gelegt wird. Die Mehrzahl der Fälle spielt sich heut in den Bankhäusern derart ab, daß der Kunde die Frage stellt: an welchem Wertpapier kann ich etwas verdienen? Der frühere Reiz einer guten, möglichst sicheren Rente ist abgelöst durch einen Reiz auf Kursgewinn. Deshalb muß ein Werk von Nutzen werden, das in knapper, zuverlässiger und allgemein-verständlicher Weise darüber Auskunft gibt, welche Sicherheiten einerseits und welche Risiken andererseits mit der Wahl dieser oder jener Art von Wertpapieren verbunden ist.

Ist ein derartiger unparteiischer Wegweiser zunächst für den Laien in Börsensachen — gleichgültig, ob er dies wirklich ist oder aber sich dafür ausgibt,— wertvoll, so glaube ich, daß auch die Bankbetriebe aus dem Vorhandensein des Buches Nutzen ziehen können und werden. Es ist nicht möglich, dem Anfragenden einen erschöpfenden Vortrag über alle Arten der Wertpapiere zu geben, und zahlreiche Fälle werden geeignet sein, dem Anfragenden das Buch in die Hand zu geben. Die häufig gegebene summarische, eigentlich alles Wissenswerte in sich schließende Auskunft, daß überall da, wo ein Kursgewinn eintreten kann, auch ein Kursverlust denkbar ist, findet keineswegs immer ein ausreichendes Verständnis und genügende Würdigung.

Diese Gründe bestimmen mich, Ihnen die Herausgabe der Arbeit in Buchform zu empfehlen.

Berlin, im April 1912.

gez.: Max Richter.

Literatur.

Salings Börsenpapiere, 1. u. 2. Teil. Berlin 1911/12.
Rießer, Die deutschen Großbanken. Jena 1910.
Dannenbaum, Deutsche Hypothekenbanken. Berlin 1911.
Thieß, Die Hamburg-Amerika-Linie. Berlin 1905.
Huldermann, Seeschiffahrt und Welthandel. Berlin 1911.
Schott, Kapitalanlage. Freiburg i. Br. 1904.

Berliner Tageblatt.
Frankfurter Zeitung.
Der Deutsche Ökonomist (Herausgeber: W. Christians).
Bankarchiv (Herausgegeben vom Zentralverbande des Deutschen Bank- und Bankiergewerbes).
Plutus (Herausgeber: Georg Bernhard).
Die Bank, Monatshefte für Finanz- und Bankwesen. (Herausgeber: Alfred Lansburgh.)
Finanzarchiv (Herausgeber: G. Schanz).

Inhaltsverzeichnis.

Erster Abschnitt.

Einleitung.

Mobile und immobile Werte. — Aktien. — Vorzugsaktien. — Sanierung der Aktiengesellschaft. — Abschreibungen und Rückstellungen. — Dividenden. — Die Nettorente. — Tilgung des Kapitals.

Der Begriff der „Kapitalanlage" ist so mannigfaltig, daß ein Wegweiser auf diesem Gebiete von vornherein davon absehen muß, Anspruch auf Vollständigkeit zu erheben. Sind doch beispielsweise auch Juwelen, gute Bilder, Antiquitäten in gewissem Sinne Kapitalanlagen, die, wenn sie richtig ausgewählt werden, trotz ihrer scheinbaren Zinslosigkeit sehr hohe Zinsen bringen können.

Unterschieden wird bei Kapitalanlagen zunächst zwischen

mobilen und immobilen Werten.

Hält man sich genau an den Wortlaut, so gehören zu den mobilen (beweglichen) Ojekten Waren, Wertsachen, Wertpapiere usw., zu den immobilen (unbeweglichen) Grundstücke, Häuser, Liegenschaften usw. Mit dieser Auslegung ist indes das, was man unter mobilen und immobilen Werten versteht, durchaus nicht erschöpft. Es ist weniger die äußere Beweglichkeit oder Unbeweglichkeit, die dem Begriff „mobile und immobile Werte" ihren Inhalt gibt, als die leichtere oder schwerere Umsatzmöglichkeit des Objekts. So aufgefaßt, kann sehr wohl auch ein Wertpapier „immobil" sein, während umgekehrt eine Hypothek, ja auch ein Grundstück „mobil" sein kann. D. h. es gibt Wertpapiere, die schwer zu realisieren sind, und es gibt Hypotheken oder Liegenschaften, die relativ leicht umzusetzen sind.

Mit der schweren oder erschwerten Mobilisierungsmöglichkeit

ist nicht immer eine schlechte Qualität des Wertpapieres verbunden, wie auch leichte Realisierbarkeit noch nicht die unbedingte Bonität ausspricht.

Bei der Mobilisierungsmöglichkeit eines Wertpapieres gibt es Abstufungen. Am leichtesten wird es verkäuflich sein — in guten und schlechten Tagen —, wenn es einen „großen internationalen Markt" hat, das heißt, wenn das betreffende Wertpapier an möglichst vielen Börsen des In- und Auslandes durch die Börsenbehörden zum offiziellen Handel zugelassen ist; am schwersten wird — von Ausnahmen abgesehen — die Realisierung dann sein, wenn das Papier überhaupt an keiner Effektenbörse notiert wird. Nun gibt es einerseits Werte, die ihrer inneren Qualität nach durchaus nicht zu den besten zählen und die doch an verschiedenen Börsen eingeführt sind. Andrerseits gibt es auch Werte, für die keine Börsenzulassung erstrebt wird und doch als sicher anzusehen sind.. So ist z. B. von mancher mittleren und kleinen deutschen Stadt nicht die Börsenzulassung für ihre Anleihen oder einen Teil ihrer Anleihen beantragt worden, weil es diesen Kommunen möglich war, ihre Schuldverschreibungen unter der Hand und ohne Mitwirkung von Banken in der Stadt selbst oder in der Nachbarschaft unterzubringen oder, weil es sich nur um kleine Beträge handelte.

Die besten Wertpapiere werden die sein, die beide Vorbedingungen erfüllen: gute innere Qualität und leichte Umsatzmöglichkeit!

Abgesehen von der Börsenfähigkeit oder Nichtbörsenfähigkeit wird man zu unterscheiden haben zwischen Wertpapieren mit fester Verzinsung und solchen mit schwankenden Erträgnissen. Die ersteren sind im allgemeinen Schuldverpflichtungen[1]) des Geldnehmers, die letzteren Kapitalbeteiligungen. Die am häufigsten vorkommende Form der Kapitalbeteiligung ist die Beteiligung durch den Erwerb von

Aktien.

Der Aktionär ist nicht Gläubiger, sondern — ein Moment, das häufig

[1]) Daß Obligationen mit schwankenden Erträgnissen ausgestattet sind, kommt äußerst selten vor: Die „Schweizerische Gesellschaft für Anlagewerte" hat Anleihen ausgegeben, die eine feste Verzinsung erhalten und außerdem am Reingewinn des Unternehmens partizipieren.

von kleineren Kapitalisten übersehen wird — Teilhaber der Gesellschaft. Als solcher kann er im Falle der Auflösung der Gesellschaft erst dann etwas erhalten, wenn alle Gläubiger befriedigt sind. Der Inhaber von Schuldverschreibungen hingegen ist Gläubiger des Unternehmers, rangiert aber, wenn nicht besondere Vereinbarungen (durch Verpfändung von Grundbesitz z. B.) getroffen sind, nur neben und nicht vor den übrigen Gläubigern.

Der Aktionär hat lediglich Anspruch auf den Teil des Gewinnes, der ihm von der Generalversammlung der Aktionäre zugewiesen wird; der Obligationär hat den feststehenden bei der Ausgabe der Obligationen vereinbarten Anspruch auf Zinsen und Rückzahlung des Kapitals.

Im allgemeinen ist eine gleichmäßige Behandlung aller Aktionäre Grundsatz, doch kann die Generalversammlung die Ausgabe von

Vorzugsaktien

beschließen, auf die vorweg aus den Gewinnen der Gesellschaft Dividenden gezahlt werden. Hier wird zunächst zu unterscheiden sein zwischen Vorzugsaktien mit begrenzter Dividende, über die in diesem Buche in einem besonderen Abschnitt[1]) ausführlich gesprochen wird, und solchen Vorzugsaktien, auf die vorweg eine Dividende in einer bestimmten Höhe (meist 5, seltener 6%) gezahlt werden soll, die aber auch an dem dann übrigbleibenden Gewinne partizipieren — sei es in gleicher Weise wie die Stammaktien, sei es mit einem geringeren Anteil. In dem letzterwähnten Fall kann es vorkommen, daß die Gesamtdividende der Vorzugsaktien geringer ausfällt als die der Stammaktien. Ein Beispiel aus der Praxis möge das beweisen: Die Akt.-Ges. Berliner Spediteur-Verein in Berlin hat in ihr Statut folgende Bestimmungen aufgenommen:

Das Grundkapital der Gesellschaft beträgt 1 558 200 Mk. eingeteilt in:

a) 797 Stück Stammaktien über je 600 Mk. zum Betrage von 478 200 Mk.

b) 900 Stück Vorzugsaktien über je 1200 Mk. zum Betrage von 1 080 000 Mk.

---

[1]) Vgl. S. 34.

Die Vorzugsaktien sind hinsichtlich des Kapitals und der Dividende vor den anderen Aktien bevorzugt. Bezüglich der Dividende ist bestimmt, daß aus dem als Dividende an die Aktionäre zur Verteilung gelangenden jährlichen Reingewinn zunächst die Vorzugsaktien eine Dividende von fünf Prozent des Nennbetrages erhalten und nach ihnen die Stammaktien eine Dividende von sechs Prozent. Der alsdann noch nach Maßgabe des § 38 verbleibende als Dividende an die Aktionäre zu verteilende Rest des Reingewinns wird auf alle Aktien nach dem Nennbetrage gleichmäßig verteilt.

Bei der Auflösung der Gesellschaft werden die Vorzugsaktien aus der Masse vorab zum vollen Nennwerte zuzüglich fünf Prozent Zinsen des Kapitals von der letzten Bilanzziehung ab befriedigt, hierauf erhalten die Stammaktien gleichfalls bis zum vollen Nennwerte zuzüglich fünf Prozent Zinsen von der letzten Bilanzziehung ab ihre Befriedigung. Der dann noch etwa verbleibende Rest wird unter alle Aktien nach dem Nennbetrage gleichmäßig verteilt.

Auf Grund dieser Bestimmungen wurden in den letzten Jahren folgende Dividenden gezahlt:

	1910	1911
Vorzugsaktien	8½%	9%
Stammaktien	9½%	10%

Sobald der zur Verteilung verfügbare Betrag 5% überschreitet, kommen die Besitzer von Stammaktien der Berliner Spediteur-Verein Akt.-Ges. besser weg als die Besitzer von Vorzugsaktien.

Verschiedene Gesellschaften haben ihre Vorzugsaktien mit einer sogenannten kumulativen Vorzugsdividendenberechtigung ausgestattet. Das heißt: Reicht in einem Jahre der Gewinn nicht aus, um die Vorzugsdividende zu zahlen, so müssen Nachzahlungen aus späteren Gewinnen erfolgen, bevor die Stammaktionäre etwas erhalten.

Die Ausgabe von Vorzugsaktien mit begrenzter Dividende erfolgt im allgemeinen anstelle von Obligationen. Man will einerseits die Dividende der Stammaktien nicht mehr als bei der Emission von Schuldverschreibungen erforderlich, schmälern und man will andrerseits der Gesellschaft keine feste Zinsenlast auferlegen.

Die Ausgabe von solchen Vorzugsaktien, die über die Vorzugsdividende hinaus am Gewinn partizipieren, erfolgt gewöhnlich, wenn eine

Sanierung der Aktiengesellschaft

notwendig geworden ist: Eine Gesellschaft hat schlecht gearbeitet, sie braucht Geld. Zum Parikurse oder zu einem höheren Preise würde man gewöhnliche Aktien nicht unterbringen können, die Ausgabe unter dem Nominalwerte ist unstatthaft. Was geschieht? Man gibt Vorzugsaktien aus, denen man einen bevorrechtigten Anspruch auf den Gewinn einräumt. Besteht bei der Gesellschaft gleichzeitig die Notwendigkeit, eine Unterbilanz zu decken oder außergewöhnliche Abschreibungen vorzunehmen, so genügt die Ausgabe von Vorzugsaktien nicht. Es muß auch eine Zusammenlegung der Aktien vorgenommen werden.

Durch die Zusammenlegung der Aktien resp. Herabsetzung des Aktienkapitals verringern sich die Passiva, wodurch die Möglichkeit gegeben ist, zum Ausgleich der Bilanz auch die Aktiva niedriger einzusetzen resp. Verluste zu decken.

Einem Beschluß der Generalversammlung auf Zusammenlegung der Aktien haben sich alle Aktionäre zu fügen. Wer es nicht tut, dessen Aktien können für kraftlos [1]) erklärt werden.

Sind die Verhältnisse einer Gesellschaft schlecht, so wird es häufig nicht einmal möglich sein, Vorzugsaktien unterzubringen. In solchen Fällen werden gewöhnlich die Aktionäre aufgefordert, eine freiwillige Zuzahlung zu leisten, und denen, die das nicht tun, wird die Zusammenlegung der Aktien angedroht. Eine solche Kombination ist zulässig, wenn Zusammenlegung und Zuzahlung sich auf derselben prozentualen Basis vollziehen. Lautet der Sanierungsbeschluß z. B. folgendermaßen:

a) Zuzahlung in Höhe von 50%,

b) Zusammenlegung im Verhältnis von 2 zu 1,

so ist die erforderliche Gleichmäßigkeit vorhanden: Die zuzahlenden

---

[1]) § 290 HGB.: Ist zur Ausführung der Herabsetzung des Grundkapitals eine Verminderung der Zahl der Aktien durch Umtausch, Stempelung oder durch ein ähnliches Verfahren vorgesehen, so kann die Gesellschaft die Aktien, die trotz erfolgter Aufforderung nicht bei ihr eingereicht sind, für kraftlos erklären . . . Die an Stelle der für kraftlos erklärten auszugebenden neuen Aktien sind für Rechnung der Beteiligten durch die Gesellschaft zum Börsenpreis und in Ermangelung eines solchen durch öffentliche Versteigerung zu verkaufen . . . .

Aktionäre geben 50% her, die zusammenlegenden Aktionäre büßen 50% ihres Kapitals ein. Dagegen wäre es nach einer Reichsgerichtsentscheidung [1]) vom 15. Oktober 1902 nicht statthaft, 50% Zuzahlung einzufordern und den nicht zuzahlenden Aktionären beispielsweise eine Zusammenlegung der Aktien im Verhältnis von 10 zu 1 anzudrohen.

Die Ursache dafür, daß so häufig Aktiengesellschaften saniert werden müssen, ist in den meisten Fällen darin zu suchen, daß es versäumt worden ist, in guten Zeiten ausreichende

Abschreibungen und Rückstellungen

vorzunehmen. Ein großer Teil der Aktiengesellschaften legt zu viel Wert auf hohe Dividenden und zu wenig auf die Fürsorge für die Zukunft.

Unter Abschreibung (Amortisation) versteht man die Absetzung der Wertabnutzung von dem Anschaffungspreise oder dem bilanzmäßigen Preise. Die Abschreibungen sollen die Abnutzung der im Betriebe tätigen Produktionsmittel ersetzen. Feststehende Normen, nach denen die Abschreibungen vorzunehmen sind, gibt es kaum; immerhin haben sich gewisse Verkehrssätze herausgebildet (Gebäude 1—2%, Maschinen 10—15%). Der Prozentsatz der Abschreibungen muß nach der durchschnittlichen Lebensdauer des Produktionsmittels berechnet werden. Daraus ergibt sich schon, daß es am zweckmäßigsten ist, die Abschreibungen vom ursprünglichen Anschaffungswerte vorzunehmen. Bei den meisten Werken werden aber die Abschreibungen nach dem jedesmaligen Buchwert berechnet. Dabei wird aber nicht berücksichtigt, daß der Prozentsatz, auf die ursprünglichen Anlagewerte berechnet, bei diesem Verfahren von Jahr zu Jahr geringer wird. Eine Anlage amortisiert sich bei jährlichen Abschreibungen von 5% bis auf den Materialwert, diesen mit 10% angenommen, in 18 Jahren, wenn 18 Jahre hindurch die Abschreibung vom Anschaffungswerte erfolgt; dagegen erst in 44 Jahren, wenn die Abschreibung vom jeweiligen Buchwert erfolgt. Welche Maschine kann aber 44 Jahre im Betrieb bleiben?

[1]) Betreffend den Sanierungsbeschluß des Märkisch-Westfälischen Bergwerk-Vereins.

Daraus, daß viele Aktiengesellschaften die Abschreibungen nach gleichbleibenden Prozentsätzen von den Buchwerten vornehmen, ist zu folgern: Die Abschreibung wird häufig nicht der Abnutzung entsprechend bemessen. Und daraus wiederum erklärt es sich, wie schon oben gesagt, daß so oft zu Sanierungen geschritten werden muß. Der Kapitalist, der zu dauerndem Besitz Aktien erwirbt, wird gut daran tun, an Hand mehrerer Geschäftsberichte der betreffenden Gesellschaft zu prüfen, in welchem Maße das Unternehmen Abschreibungen und Rückstellungen vorgenommen hat. Hinsichtlich der Rückstellungen schreibt das Gesetz vor, daß jährlich 5% vom Reingewinn abgezweigt und in den ordentlichen Reservefonds getan werden müssen — und dies solange, bis der Reservefonds 10% vom Aktienkapital erreicht[1]). An den ordentlichen Reservefonds muß ferner das Agio, also der über 100% hinaus bei der Ausgabe von Aktien erzielte Nettoerlös abgeführt werden. Entnahmen aus dem ordentlichen Reservefonds dürfen nur zur Deckung eines bilanzmäßigen Verlustes stattfinden. Dagegen kann eine Aktiengesellschaft über ihre sonstigen Reserven (Extrareserven, Spezialreserven, Delkrederereserven) nach eigenem Gutdünken verfügen; gebunden ist nur der gesetzliche Reservefonds und bei den Hypothekenbanken die Pfandbriefagioreserven[2]), bei den Versicherungsgesellschaften die Prämienreserven,

Wir haben oben gesehen, daß es viele Aktiengesellschaften gibt, die die Abschreibungen zu gering bemessen, umgekehrt gibt es aber auch Aktiengesellschaften, die mehr Abschreibungen als erforderlich vornehmen. Damit kommen wir zu dem Thema „stille Reserven".

Das eigentliche Ziel der Schaffung stiller Reserven ist das

---

[1]) Zuweilen werden die Aktiengesellschaften sofort bei ihrer Gründung mit einem 10 % betragenden Reservefonds ausgestattet (z. B. Hohenlohewerke).

[2]) § 26 des Hypothekenbankgesetzes lautet: „Sind Hypothekenpfandbriefe zu einem höheren Betrag als dem Nennwert ausgegeben worden und hat die Bank auf das Recht verzichtet, die Hypothekenpfandbriefe jederzeit zurückzuzahlen, so ist der Mehrerlös, soweit er den Betrag von eins vom Hundert des Nennwerts übersteigt, in die Passiven der Bilanz einzustellen. Die Bank darf über ihn während der Jahre, für welche die Rückzahlung der Hypothekenpfandbriefe ausgeschlossen ist, alljährlich nur zu einem der Zahl dieser Jahre entsprechenden Bruchteile verfügen."

gleiche wie das bei der Schaffung offener Reserven: Es sollen die Gewinne eines Jahres nicht ganz zur Ausschüttung gelangen, vielmehr sollen von Jahr zu Jahr Rücklagen für etwaige ungünstigere Zeiten oder unerwartete Verluste geschaffen werden. Offene Reserven werden dadurch gebildet, daß bestimmte Teile des Jahresgewinns zurückbehalten werden; stille dadurch, daß man entweder auf die Produktionsmittel, auch Anlagewerte genannt, größere Abschreibungen als erforderlich vornimmt oder dadurch, daß Rohmaterialien, Halb- resp. Fertigfabrikate, Wertpapiere usw. zu besonders niedrigen Preisen in die Bilanz eingestellt werden. Für die Verwaltungen der Gesellschaften sind stille Reserven oft bequemer als offene; man kann mit Hilfe der ersteren Verluste usw. decken, ohne daß das nach außenhin in Erscheinung tritt; für den Aktionär kann das, was für die Verwaltung ein Vorteil ist, ein Nachteil sein; die Übersichtlichkeit leidet, wenn große Teile der Gewinne versteckt werden [1]).

Im allgemeinen ist naturgemäß ein Übermaß an Abschreibungen besser, als wenn die Abschreibungen zu niedrig normiert werden. Für die Gesellschaften ergibt sich, wie wir schon gesehen haben, der Nachteil, daß ihnen bei zu geringen Abschreibungen zu viel Mittel entzogen werden und sie dann eines Tages vor der Notwendigkeit einer Sanierung stehen. Für den Kapitalisten bedeuten die zu geringen Abschreibungen der Aktiengesellschaften oft geradezu eine Falle. Er sieht die hohen

Dividenden

und glaubt sich eine gute Rente zu sichern, ohne zu bemerken, daß die hohen Dividenden eben nur auf Kosten der Rücklagen gezahlt werden. Dem Kapitalisten, der sich für Dividendenpapiere interessiert, muß also in erster Linie der Rat gegeben werden, sich nicht ohne weiteres durch hohe Gewinnausschüttungen blenden zu lassen. Nur unter der Voraussetzung, daß die Dividende den wirklich verdienten und der Gesellschaft entbehrlichen Betrag bedeutet, darf sie die Basis bilden, auf der sich die Prüfung über die Zweckmäßigkeit eines Aktienankaufs aufbaut. Am Kurse der betreffenden Aktie muß dann

[1]) Die Staatsaufsicht in Preußen über die Hypothekenbanken hat in jüngster Zeit gegen die Bildung zu großer stiller Reserven Einspruch erhoben.

die Nettorente

festgestellt und untersucht werden, ob diese Nettorente unter Berücksichtigung der allgemeinen Zinsverhältnisse und des mit dem betreffenden Erwerb verbundenen etwaigen besonderen Risikos in Übereinstimmung steht. Hat beispielsweise eine Aktiengesellschaft durchschnittlich im Laufe der Jahre bei relativ geringen Schwankungen 9% Dividende gezahlt und ist begründete Aussicht vorhanden, diesen Satz aufrechtzuerhalten, so wäre bei einem Kurse von 150% mit einer Rente von 6% zu rechnen. Das wäre in einer Zeit wie der jetzigen, in der Anlagen allerersten Ranges 4% und etwas darüber bringen, für ein gutes Industriepapier eine normale Verzinsung, resp. die zweite Schlußfolgerung: Der Kurs von 150% ist nicht als zu hoch anzusehen. Würde es sich um ein Unternehmen handeln, das sehr von Konjunkturschwankungen, Witterung, Ernte, Mode usw. abhängig ist, oder dessen Fabrikation sich auf ein einziges oder einige wenige, durch neuere Erfindungen leicht zu verdrängende Erzeugnisse erstreckt, so könnte eine Rente in Höhe von 6% nicht als ausreichend angesehen werden.

Im allgemeinen wird man sagen können, daß, je größer für das Kapital das Risiko ist, um so höher muß die Rente sein, damit ein Teil der Zinsen gewissermaßen als Gefahrenprämie benutzt werden kann. Und das gilt nicht nur für Dividendenpapiere, also Anlagen mit schwankendem Erträgnis, sondern auch für festverzinsliche Werte.

Bei den Dividendenpapieren ist die

Tilgung des Kapitals

durch Amortisation[1]) oder Rückkauf[2]) eine Seltenheit, bei den festverzinslichen Werten umgekehrt die Nichttilgung eine Ausnahme. Bei einigen wenigen Aktiengesellschaften, die ihre Aktien amortisieren, wird den Eigentümern der getilgten Aktien ein G e n u ß-

---

[1]) Vgl. den Abschnitt „Eisenbahnaktien".

[2]) Der Rückkauf der Aktien zu einem unter dem Nominalwerte liegenden Kurse wird von der Aktiengesellschaft zuweilen vorgenommen, um die Differenz zwischen Rückkaufssumme und Nominalbetrag als Buchgewinn zu Abschreibungen oder zur Deckung von Verlusten benutzen zu können.

schein[1]) ausgefolgt, damit sie weiter nach bestimmten Vereinbarungen am Gewinn des Unternehmens teilnehmen können. Ein besonders interessantes Beispiel hierfür ist die Bazar Aktien-Gesellschaft, ein Zeitungsverlagsunternehmen[2]).

Die Bazar Aktien-Gesellschaft hat ihr gesamtes (ursprünglich 2 550 000 Mk. betragendes) Aktienkapital zu pari zurückgezahlt, so daß jetzt nur noch Genußscheine existieren. In steuerlicher Hinsicht hat das einen Nachteil: die Steuerbehörde gestattet nicht, daß die ersten 3½% Dividende, wie bei den Aktien, steuerfrei bleiben.

Über die Tilgungsmodalitäten von Rentenpapieren, Pfandbriefen usw. muß der Erwerber eines Papiers sich genau informieren, insbesondere darüber, ob die Tilgung durch Rückkauf oder Auslosung zum Nennwerte (resp. mit einem Zuschlag[3]) erfolgt, oder ob der Schuldner[4]) das Recht hat, nach eigenem Belieben eine der beiden Modalitäten zu wählen resp. die ganze Anleihe zu kündigen. Ist die Tilgung durch Auslosung möglich, so bedeutet die Auslosung oder Kündigung für den, der das Papier über dem Nominalwerte erworben hat, einen Verlust, den er bei der Berechnung seiner Rente berücksichtigen muß. Es sind z. B. im Jahre 1912 4½-proz. Obligationen der Berliner Hypothekenbank an der Berliner Börse eingeführt worden. Die Unkündbarkeit ist auf sechs Jahre gewährleistet. Bei einem Kurse von 101% verzinst sich das Papier mit ca. 4,46%. Der Erwerber muß aber mit der Möglichkeit rechnen, daß nach sechs Jahren eine Rückzahlung des Kapitals zum Nominalbetrage erfolgt. Das würde einen Verlust von 1% bedeuten. Verteilt man diesen Verlust auf sechs Jahre,

---

[1]) Zuweilen werden auch Genußscheine (mit fester oder schwankender Verzinsung) bei der Sanierung solcher Aktiengesellschaften ausgegeben, die ihren Aktionären die bittere Pille der Zuzahlung verzuckern wollen. In diesem Falle erhält der Aktionär den Genußschein als Entschädigung für die Zuzahlung.

[2]) Verlag von Modezeitschriften.

[3]) Besonders bei Industrie-Obligationen (vgl. S. 30) hat sich die Praxis eingebürgert, die Tilgung nicht zum Nennwerte, sondern mit 102%, 103 % oder noch höher vorzunehmen.

[4]) Die Tilgungsmodalitäten werden fast immer vom Schuldner festgesetzt, der Gläubiger hat kein Kündigungsrecht.

so bedeutet das pro Jahr ca. 0,16%. Mithin kann man mit Sicherheit nur auf eine Rente von (4,46—0,16 =) 4,30% rechnen.

Gegen die Verluste, die dem Besitzer von Wertpapieren durch Auslosung drohen, kann er sich im allgemeinen versichern. Solche Auslosungsversicherungen werden durch jede Bank resp. Bankfirma nach feststehenden Tarifen kommissionsweise übernommen. Einzelne Banken, ferner auch die Wilhelma, Vers.-Akt.-Ges. in Magdeburg figurieren als Direktversicherer, an die die andern Banken und Bankfirmen die Versicherungen ihrer Kundschaft weitergeben. Die Versicherungsprämie muß bei der Berechnung der Nettorente eines Papiers in Abzug gebracht werden.

Jeder Kapitalist, besonders aber der Effektenbesitzer sollte dauernd auf seine Kapitalanlagen scharf achten. Der Eigentümer von auslosbaren oder kündbaren Wertpapieren wird, auch wenn seine Effekten bei einer Bank im offenen Depot liegen, — um allen Eventualitäten vorzubeugen — gut daran tun, die in den Zeitungen erscheinenden Auslosungslisten selbst zu verfolgen. Für kleine Sparer, denen die Zeit und Möglichkeit fehlt, sich um ihren Besitz zu kümmern, ist immer noch die Hinterlegung des baren Geldes bei Sparkassen die beste Anlage.

Zweiter Abschnitt.

Deponierung von Geld bei den Sparkassen und Banken.

(Sparkasseneinlagen. — Depositengelder. — Ultimogelder. — Wechsel.)

Die Zeiten, in denen bares Geld im Strumpf aufbewahrt wurde, sind wohl im allgemeinen vorüber; immerhin gibt es noch weite Kreise, die weder ihr Geld in Wertpapieren, noch in Hypotheken oder im Grundbesitz anlegen, sondern ihre Ersparnisse beziehungsweise ihr Vermögen möglichst jederzeit bar zur Verfügung haben wollen. Der kleine Kapitalist, der so denkt, pflegt sein Geld auf die

Sparkasse zu geben, und wenn der Zinsgenuß der auf diese Weise angelegten Gelder im allgemeinen nur mäßig ist, so muß doch zugegeben werden, daß die öffentlichen Sparkassen eine der besten Vermögensverwaltungsstellen für den kleinen Mann bilden. Aber, wie gesagt, nur die öffentlichen, das heißt die städtischen oder Kreissparkassen werden im allgemeinen dem Einleger baren Geldes die Sicherheit bieten, die für kleine Ersparnisse besonders erstrebenswert ist. Allerdings kann es auch Zeiten geben, in denen die Deponierung von Geld bei einer städtischen Sparkasse sich als eine Unklugheit kennzeichnet. Im allgemeinen verzinsen nämlich die städtischen Sparkassen[1]) die Einlagen mit 3% oder allenfalls 3½%, dagegen geben die Städte Anleihen aus, die 4% Zinsen tragen. Eine der reichsten Städte Deutschlands, die Stadt Charlottenburg, verzinst z. B. die Spareinlagen mit 3%. Jemand, der also 3000 Mk. bei der städtischen Sparkasse Charlottenburg hinterlegt hat, hat einen jährlichen Zinsgenuß von 90 Mk., kauft er sich hingegen 3000 Mk. 4proz. Charlottenburger Stadt-Anleihe, so bezahlt er hierfür à 99.80% (Kurs vom 13. März 1912) 2994 Mk. und hat von diesem Betrage, der sich durch die Ankaufsgebühren auf 3000 Mk. erhöhen mag, einen Zinsgenuß von 120 Mk. bei gleicher Sicherheit. Dazu kommt, daß der Kapitalist, falls er das bare Geld benötigt, im Falle der Deponierung bei der Sparkasse die Kündigungsfrist abwarten muß, während eine Anleihe (Obligation) der Stadt Charlottenburg an der Berliner Börse jederzeit verkäuflich ist. Allerdings trägt der Erwerber der Anleihe das Kursrisiko, das bei den Sparkasseneinlagen wegfällt. Dagegen beginnen die Städte damit, den Anleihebesitzern alle möglichen Bequemlichkeiten durch die Einrichtung von Stadtschuldbüchern[2]) zu verschaffen.

In Konkurrenz mit den öffentlichen Sparkassen nehmen die Genossenschaften und vor allem auch Banken und Bankfirmen

---

[1]) Im Durchschnitt dürfte die Verzinsung von Spargeldern durch die städtischen Sparkassen 3½ % betragen. Es gibt freilich — besonders im Rheinlande — kleinere wenig kapitalkräftige Gemeinden, die bis zu 4 % Zinsen vergüten, und bei denen auch die Summe der Einlagen nicht, wie bei vielen anderen städtischen Sparkassen der Fall, nach oben begrenzt ist.

[2]) Vgl. S. 49.

Gelder des Publikums zur Verzinsung entgegen. Die Zinssätze, die die Genossenschaften den Einlegern von Geld gewähren, gehen zuweilen weit über die hinaus, die die Sparkassen konzedieren. Dementsprechend ist auch die Sicherung im allgemeinen weit geringer zu veranschlagen. Die Eigenkapitalien der Genossenschaften sind zuweilen recht gering, und die Sicherung der Gläubiger der Genossenschaften besteht nur in der Haftpflicht der Genossenschaftsmitglieder. Diese Haftpflicht ist bei einigen Genossenschaften unbeschränkt, bei anderen auf größere oder kleinere Beträge limitiert. Eigentlich sollten nur solche Kreise einer Genossenschaft Gelder anvertrauen, die genau über die Zahlungsfähigkeit der für die Verbindlichkeit der Genossenschaft haftenden Genossenschaftsmitglieder unterrichtet sind.

Was die Geldanlagen bei den privaten Banken und Bankfirmen betrifft, so hängt hier naturgemäß alles von der Qualität des Hauses, dem man sein Geld anvertraut, ab, und da das Publikum vielfach nicht in der Lage ist, diese Qualität zu prüfen, so muß es ganz besonders davor gewarnt werden, seine Entscheidungen lediglich nach der Höhe der Zinsversprechen zu treffen. In jedem Falle aber muß das Publikum sich dessen bewußt sein, daß das Geld, das es den privaten Banken und Bankfirmen anvertraut, im allgemeinen nicht von diesen in mündelsicheren Werten angelegt, sondern mehr spekulativen Zwecken dienstbar gemacht wird.

Die Reichsbank nimmt bekanntlich verzinsliche Einlagen nicht an, wohl aber gewährt die Seehandlung (Königlich Preußische Staatsbank) den Einlegern von Geld eine feste Verzinsung, und zwar stellt sich diese für Gelder, die auf ein halbes Jahr fest und dann mit monatlicher Kündigung dem Institut belassen werden, auf 3%. Daß es sich hierbei um eine absolut sichere Anlage handelt, die eventuell Vormündern, die Mündelkapital ohne die Gefahr der Kursschwankungen anlegen wollen, empfohlen werden kann, bedarf keiner näheren Ausführungen.

Größere Kapitalisten geben ihre freien Mittel vielfach auch als sogenanntes Ultimogeld für die Zwecke der Ultimoprolongation an der Börse her. Eine solche Verwertung — sie kommt freilich nur für größere Summen in Frage — hat sich in den letzten Jahren als ziemlich nutzbringend erwiesen. Es gestalteten sich nämlich an der Berliner Börse in den Jahren 1910 und 1911 die Sätze für Ultimogeld in den einzelnen Monaten respektive im Durchschnitt folgendermaßen:

	1911:	1910:
Januar	4¼ %	4¼ %
Februar	3½ %	3⅝ %
März	4⅞ %	5⅜ %
April	4⅛ %	4 %
Mai	3½ %	4⅛ %
Juni	5⅜ %	5⅛ %
Juli	3⅜ %	4 %
August	3⅝ %	4 %
September	6⅝ %	5¾ %
Oktober	5¼ %	5½ %
November	5 %	5½ %
Dezember	7⅝ %	6¾ %.

Durchschnitt:

1911:	1910:
4,75 %	4,83 %.

Während für Depositengelder, die den Banken und Bankfirmen anvertraut werden, besondere Sicherstellung durch eine Pfandhergabe seitens der Banken nicht erfolgt, wird es den Ultimogeldgebern eventuell — wenigstens bei mittleren und kleineren Firmen — möglich sein, sich ein Pfand in Gestalt von Wertpapieren geben zu lassen.

Der Vollständigkeit halber sei noch die Erwerbung von Wechseln erwähnt, bei der es sich aber stets nur um eine Anlage vorübergehender Natur handelt, da diejenigen Sorten von Wechseln, die überhaupt nur für diese Zwecke in Betracht gezogen werden sollten, nämlich die Akzepte von Firmen oder Banken ersten Ranges, in der Regel längstens nach drei Monaten zahlbar werden. Für den erfahrenen und mit den zu beobachtenden Maßregeln genügend vertrauten Kapitalisten ist die Anlage in Wechseln, namentlich in Zeiten politischer oder wirtschaftlicher Beunruhigung zweckmäßig, weil er dann sein Geld für eine gewisse Zeit zinstragend unterbringen und beispielsweise abwarten kann, bis ihm die Kursgestaltung geeignet erscheint, billig gewordene Wertpapiere zu erwerben. Für den Unerfahrenen ist die Anlage in Wechseln überhaupt nicht zu empfehlen, und dieser tut besser, seine Bargelder einer durchaus sicheren Verwaltungsstelle zu übertragen.

Gerät die Bank oder Bankfirma, der man sein bares Geld anvertraut hat, in Konkurs, so hat der Deponent des Geldes nur eine gewöhnliche, sich durch nichts von den Ansprüchen der anderen Gläubiger unterscheidende Forderung in Händen. Dagegen gehen Wertpapiere, die man einer Bank oder Bankfirma anvertraut hat, nicht mit in die Konkursmasse, es sei denn, daß der Eigentümer der Wertpapiere der Bank freies Verfügungsrecht über die deponierten Wertpapiere eingeräumt hat. Ist das nicht der Fall, so muß der Bankier die ihm offen oder verschlossen zur Verwahrung übergebenen Wertpapiere unangetastet lassen, da er sich sonst einer strafbaren Handlung schuldig macht. Das Gesetz hat die Pflichten der Kaufleute bezüglich der ihnen zur Aufbewahrung übergebenen Wertpapiere sehr scharf begrenzt und auf deren Übertretung schwere Strafen gesetzt. Darin liegt zweifellos ein größerer Schutz für den Besitzer von Wertpapieren, als für den Bareinleger. Indessen hat die Erfahrung gezeigt, daß ein Schuldner, der vor der Verzweiflung steht, sich auch durch die Furcht vor Strafe nicht immer von der Antastung fremden Besitzes zurückhalten läßt. Die Hauptaufgabe ist und bleibt, das Geld nur solchen Verwaltern zu übergeben, die unter allen Umständen gut und vertrauenswürdig sind und bleiben, die also über jeden Zweifel erhaben sind. Wie das im einzelnen Falle untrüglich zu erkennen ist, darüber lassen sich keine Regeln aufstellen. Die gebildeten Kreise werden aber, wenn sie sich nur die erforderliche Mühe geben, fast immer Gelegenheit finden, zu erfahren, ob eine Bank usw. vertrauenswürdig ist oder nicht, aber auch der „kleine Mann" kann sich, ehe er seine Ersparnisse zur Sparkasse bringt, bei den Gemeinde- oder Staatsbehörden darüber erkundigen, ob die Sparkasse eine öffentliche oder private ist.

Dritter Abschnitt.

Leibrenten.

Bei der Erwerbung von Leibrenten handelt es sich zwar genau genommen nicht um eine Kapitalanlage, sondern um eine Kapitalweggabe. Immerhin zeigen die vielen Anfragen, die über das Wesen der Leibrentenversicherung bei den Redaktionen der großen Zeitungen eingehen, daß eine Aufklärung für Kapitalisten und solche, die es werden wollen, wünschenswert ist. Wer eine Leibrente sich kauft, muß sich darüber im klaren sein, daß er das für die Leibrente aufgewendete Kapital niemals zurückerhält, dafür aber bis zu seinem Lebensende eine Rente bezieht, deren Höhe sich nach dem Alter richtet, das der die Leibrente kaufende Versicherungsnehmer am Tage des Abschlusses hat. Im einzelnen ergibt sich die Höhe der Leibrente am klarsten aus der nachstehend von der Preußischen Lebens-Versicherungs-Akt.-Ges. in Berlin zur Verfügung gestellten Übersicht:

Beitritts-Alter	Für eine einmalige Kapitals-Einlage von 1000 Mk. beträgt die lebenslängliche Rente, wenn letztere in Raten gezahlt werden soll:						Anmerkung
	jährlich		halbjährlich		vierteljährlich		
Jahre	Mk.	Pf.	Mk.	Pf.	Mk.	Pf.	
40	56	80	28	—	13	90	Die erste Rentenzahlung findet je nachdem die Rente in Jahresraten, in halbjährlichen oder vierteljährlichen Raten gezahlt wird, ein Jahr oder ein halbes Jahr oder ein Vierteljahr nach dem Beginn der Versicherung statt. Ein Anspruch auf eine Teilrente für die Zeit vom letzten Fälligkeitstage der Rente bis zum Tode des Rentenbeziehers besteht nicht.
41	57	70	28	45	14	10	
42	58	60	28	90	14	35	
43	59	60	29	35	14	60	
44	60	70	29	90	14	85	
45	61	80	30	40	15	10	
46	63	—	31	—	15	40	
47	64	20	31	60	15	65	
48	65	50	32	25	16	—	
49	67	—	32	95	16	35	
50	68	50	33	65	16	70	
51	70	10	34	40	17	05	
52	71	80	35	25	17	45	
53	73	60	36	10	17	90	
54	75	50	37	05	18	35	

Beitritts-Alter	Für eine einmalige Kapitals-Einlage von 1000 M. beträgt die lebenslängliche Rente, wenn letztere in Raten gezahlt werden soll:						Anmerkung
	jährlich		halbjährlich		vierteljährlich		
Jahre	Mk.	Pf.	Mk.	Pf.	Mk.	Pf.	
55	77	60	38	05	18	85	
56	79	80	39	10	19	35	
57	82	10	40	25	19	90	
58	84	70	41	45	20	50	
59	87	40	42	75	21	15	
60	90	30	44	15	21	85	
61	93	40	45	60	22	55	
62	96	70	47	20	23	35	
63	100	30	48	90	24	15	
64	104	20	50	75	25	05	
65	108	30	52	75	26	05	
66	112	60	54	75	27	—	
67	117	20	56	95	28	05	
68	122	20	59	30	29	20	
69	127	50	61	80	30	40	
70	133	10	64	40	31	70	
71	138	80	67	05	33	—	
72	144	50	69	75	34	25	
73	150	80	72	65	35	70	
74	157	60	75	85	37	20	
75	165	10	79	25	38	85	
76	172	40	82	65	40	50	
77	180	50	86	35	42	25	
78	188	50	90	—	44	—	
79	196	50	93	65	45	75	
80	205	30	97	65	47	65	

Der Abschluß einer Leibrente eignet sich für alleinstehende Personen in vorgeschrittenen Jahren, die auf irgendwelche Erben keine Rücksicht zu nehmen brauchen, die andrerseits aber für ihren Lebensunterhalt nur auf den Ertrag ihres Vermögens angewiesen sind, also bedacht sein müssen ihr Kapital zu möglichst hohen Zinsen bei großer Sicherheit anzulegen.

Andere sichere Kapitalanlagen bringen einen verhältnismäßig niedrigen Zins; bei soliden Papieren treten sehr häufig Auslosungen, Kursrückgänge, Zinsherabsetzungen und dergleichen ein; Anlagen in guten und soliden Hypotheken sind nicht immer leicht zu erreichen; zweifelhafte verursachen dagegen häufig Nachteile und Gefahren. Hohe Prozente sind meist nur auf Kosten der Kapitalsicherheit zu erzielen.

Die Versicherung auf Leibrenten, bei einer gut fundierten Gesellschaft, bietet gegen solche Gefahren einen Schutz, da die Renten in der festgesetzten Höhe ohne irgendwelche Abzüge oder Ausfälle, wenn die Zinsverhältnisse sich auch noch so ungünstig gestalten, bis zum Tode des Rentners gezahlt werden, mag der Tod auch in noch so ferner Zeit eintreten. Ein Verlust oder eine Verminderung des Einkommens ist ein für allemal ausgeschlossen, und doch ist die Nutznießung des Kapitals weit über den gewöhnlichen Zinsfuß hinaus gesteigert.

Personen, die nur über ein bescheidenes Vermögen verfügen, werden häufig erst durch Abschluß einer Rentenversicherung in Stand gesetzt, eine einigermaßen sorgenfreie und anständige Lebenshaltung zu führen. Für Personen mit größerem Vermögen wird sich häufig der Eingang einer Rentenversicherung dann empfehlen, wenn sie aus besonderen Umständen schon bei Lebzeiten einen Teil ihres Vermögens hergeben wollen, zum Beispiel zur Aussteuer der Tochter, zu Studienmitteln für den Sohn und dergleichen, aber doch nicht ihr Einkommen schmälern wollen. In solchen Fällen kann durch Ankauf einer Rente mit einem Teil des Vermögens doch erreicht werden, daß aus dem restierenden kleinen Teil des Vermögens ein Jahreseinkommen erzielt wird, das dem bisherigen Zinseinkommen des ursprünglichen Gesamtvermögens gleich ist.

Die Leibrentenversicherung wird auch in zweckmäßiger Weise verwendet zur Belohnung von treuen und bejahrten Arbeitern, Dienstboten und dergleichen, da sie ihnen die Sicherheit dauernder Versorgung gewährt und sie der Sorgen um die Aufbewahrung und Verwaltung des Kapitals enthebt, die ihnen durch Hinterlassung eines Legats erwachsen würden.

Mit großem Nutzen wird ferner von der Rentenversicherung Gebrauch gemacht zur Ablösung von testamentarisch bestimmten Leistungen, zur Sicherstellung von Personen, denen man nicht die Charakterstärke zutraut, ihr Vermögen zu erhalten und dergleichen.

Auch auf das Leben mehrerer Personen, zum Beispiel eines Ehepaares, von Geschwistern, kann eine Rentenversicherung abgeschlossen werden. Man wird diese Form solchen Personen empfehlen, die ein gemeinsames Vermögen besitzen und ihren Lebensunterhalt aus gemeinsamen Mitteln bestreiten. Soll hier bei Lebzeiten beider Versicherten eine entsprechend höhere Rente erzielt werden, so kann die Bestimmung getroffen werden, daß nach dem Tode der zuerst sterbenden Person an die überlebende nur $1/2$, $2/3$ oder $3/4$ des ursprünglichen Betrages weiter gezahlt wird.

Vergessen darf aber nicht werden, daß das eingezahlte Kapital ein für allemal der Versicherungsgesellschaft verfällt. Es ist schon des öfteren vorgekommen, daß jemand kurz nach Abschluß einer Leibrentenversicherung verstorben ist, daß also der Versicherungsgesellschaft das ganze eingezahlte Kapital mühelos in den Schoß gefallen ist, während etwaige Hinterbliebene des Versicherungsnehmers völlig leer ausgingen und damit zufrieden sein mußten, wenn die Versicherungsgesellschaft aus freien Stücken sich dazu erbot, den Erben wenigstens für ein Jahr die Rente zu zahlen, auf die eigentlich nur der Käufer der Leibrente Anspruch hatte.

Um das Wesen der Leibrentenversicherung zu erläutern, seien noch einige praktische Beispiele angeführt:

Sofort beginnende Leibrente.

Ein alleinstehender Kaufmann, der sich im Alter von 63½ Jahren von seinem Geschäft zurückziehen will und ein Kapital von 30 000 Mk erworben hat, würde bei der Anlage des Kapitals in Staatspapieren etwa 1200 Mk. Zinsen erhalten. Benutzt er das Kapital jedoch zum Ankauf einer Leibrente, so erhält er eine lebenslängliche Rente von $104{,}20 \times 30 = 3126$ Mk.

Aufgeschobene Leibrente.

Ein Angestellter im Alter von 35 Jahren, will sich eine sichere Einnahme von jährlich 2000 Mk. schaffen, die ihm vom 60. Lebensjahre ab bis zu seinem Tode unverkürzt zustehen soll. Er müßte ein Vermögen von 57 000 Mk. ersparen, wenn er bei 3½ proz. Verzinsung die Summe von 2000 Mk. zur

Verfügung haben wollte. Dies kann er bei seinem Einkommen nicht, wohl aber ist es ihm möglich, eine Summe von 500 Mk. alljährlich zurückzulegen. Benutzt er diese Summe zum Ankauf einer mit seinem 60. Lebensjahr beginnenden Leibrente, so zahlt ihm die Versicherungsgesellschaft bis zu seinem Tode alljährlich eine Rente von ca. 2000 Mk.

Außer der oben erwähnten Preußischen Lebens-Versicherungs-Aktien-Gesellschaft beschäftigen sich u. a. die Preußische Renten-Versicherungs-Anstalt in Berlin, die Germania in Stettin und die Wilhelma in Magdeburg mit der Leibrentenversicherung.

Vierter Abschnitt.

Städtische und ländliche Grundstücke, Hypotheken.

Das Grundstück als Kapitalanlage muß nach seinem Rentenwerte beurteilt werden; denn aus dem jährlichen Nutzertrage ergibt sich die Höhe der Verzinsung des investierten Kapitals. Keineswegs aber kann die rechnerisch meist unschwer festzustellende Rente allein für die Beurteilung ausschlaggebend sein; denn Konjunkturschwankungen und sonstige Zufälle, persönliche Eigenschaften des Eigentümers, Beschaffenheit und Alter des auf dem Grundstück erbauten Hauses beeinflussen in außerordentlichem Maße die rechnerischen Ergebnisse; und diese Tatsachen, von denen die meisten schwierig vorauszusehen oder zu erkennen sind, haben es bewirkt, daß im letzten Jahrzehnt eine gewisse Abneigung im Publikum Platz gegriffen hat, Geld in Grundstücken „festzulegen". Was insbesondere die Groß-Berliner Verhältnisse betrifft, so kam hier die Überproduktion an Wohnhäusern, die z. B. im Jahre 1911 dazu führte, daß zeitweise ca. 65000 Wohnungen leer standen, noch als hemmendes Moment in

Betracht. Eine ähnliche Erscheinung trat auch in einigen anderen Großstädten auf. Die infolge dieser Umstände zu beobachten gewesene Zurückhaltung des Privatkapitals vom Grundstücksmarkt wurde im vergangenen Jahre durch eine den Grundstücksbesitz und -umsatz nicht unbeträchtlich belastende (und mithin erschwerende) Steuergesetzgebung und -politik noch gefördert. Von der im preußischen Kommunalabgabengesetz von 1893 den Gemeinden eingeräumten Befugnis der Auferlegung besonderer Steuern auf den Grundbesitz haben fast alle Gemeinden durch Einführung einer Umsatzgebühr von 1 bis zu 3% Gebrauch gemacht, die zum Landesstempel von 1% und Reichsstempel von $^2/_3$% noch hinzu kam. Das Jahr 1911 brachte ferner die Reichszuwachssteuer, auf Grund deren das Reich bis zu 25% des „Wertzuwachses" bei der Veräußerung für sich reklamiert. Der gesamte bare Aufwand an Kosten, der heute beim Erwerb eines Grundstückes erforderlich ist, wird mit 4% des Wertes selten zu hoch angegeben; und dieser Umstand ist nicht geeignet, auf das anlagesuchende Kapital anziehend zu wirken.

Dabei darf gesagt werden, daß die Investierung von Kapital in Grundstücken unter sorgfältiger Beobachtung aller gebotenen Vorsichtsmaßregeln beim Erwerbe des Grundstücks wie insbesondere auch während der Besitzzeit nicht selten eine größere Sicherheit und Stetigkeit zu gewähren vermag als die Anlage in mobilen Werten. Allerdings ist wohl zu beachten, daß der Grundstückseigentümer nicht die häufig im Vergleich mit dem Ertrag mobiler Werte viel höhere Rente des Grundstückes in ihrem ganzen Umfange als „Reinertrag" betrachten darf, sondern daß er dafür zu sorgen hat, geeignete Rücklagen für die Fälle außergewöhnlichen Bedarfs, für Mietausfälle, besonders aber für den Zweck der künftigen Hypothekenregulierung zu machen. In einer vernünftigen „Rücklagenpolitik" während der Besitzdauer und bei der Verwaltung des Grundstücks liegt in großem Umfange die Gewähr für die Regelmäßigkeit des Ertrages aus dem Grundstücke.

Für Kapitalanlagen in Grundstücken kommen im wesentlichen nur Mietshäuser in Frage. Was die rechnungsmäßigen Grundlagen der Investierung angeht, so gilt es, die Rentabilität, d. h.

den Ertrag des Grundstücks unter Abzug der Gesamtunkosten festzustellen. Die Grundlage dieser Feststellung bildet naturgemäß der Mietsertrag; von diesem sind diejenigen Beträge abzuziehen, die sich als regelmäßig wiederkehrende Unkosten unter Berücksichtigung der Verzinsung der einmal aufgewendeten Summe für die Anzahlung und die Erwerbskosten darstellen. Zu den wiederkehrenden Unkosten gehören Hypothekenzinsen (einschließlich der Verzinsung des Restkaufgeldes), Steuern, Reparaturkosten. Der Betrag der beiden letzteren insgesamt wird gewöhnlich mit 15% des Mietertrages angegeben, kann aber unter Umständen beträchtlich darüber hinausgehen und ist besonders in den letzten Jahren für Großstadtgrundstücke nicht mehr einheitlich festzustellen gewesen. Stellt man die Rechnung auf, so soll sie für das Grundstück einen Überschuß von ½ bis zu 2% des Gesamtkaufpreises ergeben. Die prozentuale Höhe der Rente für das investierte Kapital richtet sich naturgemäß nach dem Betrage der Anzahlung, die auf den Kaufpreis geleistet wurde; diese pflegt bei Berliner Grundstücken etwa mit 10% bemessen zu werden; manchmal beträgt sie etwas mehr, aber selten weniger. Eine Ertragsberechnung mag als Beispiel dienen: Ein Grundstück kostet 250 000 Mk.; der Mietertrag wird mit 16 911 Mk. ausgewiesen. Hiervon sind abzuziehen die Zinsen der ersten Hypothek 170 000 Mk. zu 4⅓% = 7366,65 Mk., die Zinsen der zweiten Hypothek 40 000 zu 5% = 2000 Mk., die Zinsen für das Restkaufgeld 15 000 Mk. zu 5% = 750 Mk., die Verzinsung der Anzahlung 25 000 Mk. zu 4% = 1000 Mk., Steuer, Stempel, Kosten 6865,15 Mk. zu 4% = 274,60 Mk., die regelmäßigen Unkosten (Steuern, Reparaturen) 15% der Miete = 2537 Mk., Unkosten für die Hypothekenbeschaffung jährlich 200 Mk. (Rücklagen!), Mietausfälle jährlich 600 Mk. und außergewöhnliche Ausgaben 400 Mk., so daß der sich ergebende Gesamtbetrag von 15 128,25 Mk. in Beziehung zu dem Mietzinsertrag von 16 911 Mk. gesetzt einen Nutzen von 1793 Mk. = ¾% des Gesamtkaufpreises ergäbe. Berücksichtigt man, daß sich die Anzahlung nur auf 25 000 Mk. belief und eine reguläre Verzinsung dieser Summe mit 5% nur 1250 Mk. erbringen würde, so ergibt sich eine relativ günstige Höhe der Verzinsung des im Grundstück investierten Kapitals. Der Mehrgewinn ist aber, wie eingangs bereits gesagt, kein risikoloser. Hat man sich jedoch durch reichliche Rücklagen für schlechte Zeiten und gegen größeren Geldbedarf, vornehmlich bei der Neuregelung der Hypotheken, die spätestens nach 10 Jahren, häufig aber weit früher nötig wird, gesichert und verfügt man womöglich von Anfang an über eine eigene, wenn auch kleine Kapitalreserve, so kann ein derartig angelegtes Kapital auch unter den heutigen Umständen noch als günstig nutzbar gemacht bezeichnet werden.

* * *

In hohem Grade sind die ländlichen Güter seit etwa einem Jahrzehnt „mobilisiert" worden, sie haben zu einem beträchtlichen Teile den bis dahin vorwiegenden Charakter von Wohn- und Produktionsstätten verloren und sind zu selbständigen Wertobjekten geworden, deren Ankauf nicht mehr regelmäßig unter dem Gesichtspunkt der Ansässigmachung, sondern häufig aus spekulativen Gründen geschieht. Es verlohnt sich, die Preisentwicklung der ländlichen Güter unter diesem Gesichtspunkt zu betrachten.

Es ist zunächst festzustellen, daß mit dem Anwachsen der Umsatzzahl ein andauerndes und außerordentliches bemerkenswertes Steigen der Güterpreise Hand in Hand gegangen ist. Besonders im deutschen Osten finden wir Wertsteigerungen, die bis zu 50% und mehr in wenigen Jahren gehen [1]).

Es erhebt sich die Frage, ob bei den hohen Güterpreisen noch eine hinreichende Rentabilität gewährleistet ist, und ob die

---

[1]) So wurden z. B. Ende 1911 u. a. bekannt folgende Wertsteigerungen: Rittergut Lindchen (Niederlausitz) in 3 Jahren von 180 000 auf 350 000 Mk. Rittergut Heugabel (b. Sprottau) von 350 000 Mk. (1900) auf 651 800 (1909) auf 820 000 Mk. (1911). Rittergut Rasenfeld (Kr. Rosenberg) von 360 000 Mk, (1908) auf 510 000 Mk. (1911). Gut Kossawisna (Kulm) von 385 000 Mk. (1907) auf 475 000 Mk. (1911).

Bodenpreisentwicklung sich nicht rückwirkend in einer entsprechend steigenden Belastung des ländlichen Grundbesitzes äußert. Über dies Problem hat der Regierungsrat Prof. Dr. Kuhnert vor einiger Zeit in der Zeitschrift des königlich preußischen statistischen Amtes (Jahrg. 1910 S. 149—186) eine dankenswerte Untersuchung angestellt. Er stellt fest, daß die städtischen Hypotheken-eintragungen seit 1905 ständig und an manchen Orten bis auf die Hälfte der früheren Jahre zurückgegangen sind; in ganz Preußen fielen sie von 3400,29 Mill. Mk. in 1905 auf 2860,68 Mill. Mk. in 1908; den bedeutendsten Rückgang weisen Groß-Berlin, Königsberg, Danzig, Stettin, Posen, Dresden, Kassel, Köln auf. Ein ganz anderes Bild zeigt die Hypothekenbewegung in den ländlichen Bezirken. Seit 1905 setzt hier ein geradezu beispielloses Anwachsen der hypothekarischen Mehrbelastungen ein: von 469,31 Mill. Mk. Eintragungen in 1905 stieg die neuaufgenommene Hypothekenschuld auf 584,15 Mill. Mk. in 1908; der Gesamtbetrag der Belastungen wuchs von 1038,37 Mill. Mk. in 1904 auf 1275,67 Mill. Mk. in 1908.

Diese Lage des Marktes der ländlichen Güter geht auf die Zollpolitik des Reiches zurück. Mit der ständigen Erhöhung der Schutzzölle mußten die Güterpreise notwendig steigen, die Rente sich notwendig erhöhen. Dies Steigen der Grundrente ist jedoch nur äußerlich: der absoluten Erhöhung der Gütererträge steht ein relativer Rückgang gegenüber. Denn wer das Gut aus den Händen des Eigentümers kauft, dem die Zollerhöhung zugute gekommen ist, der muß naturgemäß entsprechend mehr bezahlen; das investierte höhere Kapital muß wieder verzinst werden und selbst die intensivste Bearbeitung kann bei dieser Entwicklung das ständige relative Sinken der Grundrente nicht aufhalten. Andererseits muß man zur Aufbringung des hohen Kaufpreises zur Aufnahme höherer Belastungen schreiten.

Als Folgerung aus dieser Sachlage ergibt sich, daß das Landgut, mag es sich zu spekulativen Zwecken aus manchen Gründen (Wiederverkauf, Parzellierung) immerhin eignen, als eigentliche „Kapitalanlage" nicht recht zu dienen vermag; ganz abgesehen von dem bedeutsamen Umstand, daß für ein wirkliches Nutzbarmachen des Gutes, für rationelle Bewirtschaftung und Erhaltung der Ertragsfähigkeit besondere Sachkunde erforderlich ist.

* * *

Die Anlegung von Privatgeld in Hypotheken hat im letzten Jahrzehnt ähnlich wie die in Grundstücken einen Rückgang erfahren. Dieser beruht, soweit erste Hypotheken in Frage kommen, auf der fortschreitend straffer werdenden Organisation des Marktes für erste Hypotheken, auf dem die Hypothekenbanken und Versicherungsgesellschaften als Hauptgeldgeber erscheinen. Soweit aber andere Hypotheken als erststellige in Frage kommen, hat das Publikum, besonders bei der Beleihung großstädtischer Grundstücke, in den letzten Jahren eine Reihe trüber Erfahrungen gemacht, die, schnell verallgemeinert, zu einem starken Mißtrauen der Geldgeber führten. Hinzu kam, daß in den letzten Jahren eine im ganzen günstige Börsenkonjunktur auf breitere Massen des Sparerpublikums anregend wirkte und Gelder, die eigentlich besser zur Anlage bestimmt worden wären, der Spekulation in Wertpapieren zuflossen.

Prüft man unabhängig von diesen, voraussichtlich vorübergehenden Zeiteinflüssen die Güte und Sicherheit der hypothekarischen Anlage als Kapitalinvestierung, so ist auszugehen von dem Wert der beliehenen Grundstücke; an diese kann sich der Hypothekengläubiger halten, wenn der Schuldner nicht zahlt, sie sind mithin auch für die Hypothek als Kapitalanlage die eigentlichen Sicherheitsträger. Die Grundstückswerte sind nun regelmäßig nicht den Schwankungen unterworfen, wie sie beweglichen Pfändern, insbesondere Wertpapieren häufig widerfahren. Ein gewisser Wert kann vielmehr stets als Grundnorm und Basis für ein Grundstück angenommen werden; darunter kann er in auch nur einigermaßen normalen Zeitläuften nicht sinken. Wer ein Grundstück bis zu 60% des Verkaufswertes oder auch des (durch Schätzung zu ermittelnden) gemeinen Wertes beleiht, kann im allgemeinen über die Sicherheit der Anlage völlig beruhigt sein. Wenn auch die Grenze für die „Mündelsicherheit" der Hypotheken noch enger gezogen ist, so darf doch in dem Umstand, daß die staatlich beaufsichtigten Hypothekenbanken bis an die Grenze von 60% [1]) gehen dürfen, die Anerkennung dafür gefunden werden, daß derartige Hypotheken regelmäßig keine Bedenken haben. Für das Privatkapital kommen häufig erst späterstellige Beleihungen in Frage. Die Grenze für die zweite Hypothek wird mit 75, manchmal auch mit 80% des Grundstückswertes gezogen. Man darf annehmen, daß eine Belastung bis zu dieser Grenze unter normalen Verhältnissen noch als zulässig und ungefährlich angesehen werden kann, daß die Hypothekengläubiger noch hinreichend gedeckt sind und in der Zwangsversteigerung regelmäßig keine Einbußen erleiden. Wo aber derartige normale Umstände nicht vorliegen, ist alle Vorsicht geboten. Noch täglich erleben wir, daß an zweiter Stelle stehende Hypothekengläubiger in der Subhastation, um nicht alles zu verlieren, selbst das Grundstück erstehen müssen; das ist nicht jedermanns Sache, der nach einer ruhigen Kapitalanlage ausgeschaut hat. Besonders bei Hergebung von Hypotheken auf Neubauten spekulativer Art ist alle Vorsicht anzuempfehlen. — Beleihungen, die die Wertgrenze von 80% überschreiten, können im allgemeinen als gesicherte Kapitalanlage nicht mehr gelten. Es handelt sich bei diesen Belastungen auch meist nicht um Kapitalinvestierungen, sondern um die Eintragung von Forderungen anderer Natur, um Sicherungen, die persönlichen Gläubigern neben anderen Pfandobjekten gewährt worden sind, und dergleichen.

Entsprechend dem bereits bei 60% des Grundstückswertes beginnenden und darüber hinaus immer steigenden Risiko der Hypothekenanlage ist die Verzinsung von Hypothekenkapital relativ hoch. Während für erste Stellen innerhalb 50%

[1]) Die bayerischen Hypothekenbanken (mit Ausnahme der Bayerischen Boden-Kredit-Anstalt in Würzburg) dürfen Grundstücke nur bis zur Hälfte des Taxwertes beleihen, weil den Hypothekenobligationen der bayerischen Hypothekenbanken mit der vorstehend erwähnten einen Ausnahme die Mündelsicherheit für Bayern verliehen ist (vgl. das Kapitel „Hypothekenbankobligationen" und das Kapitel „Mündelsichere Papiere").

bis zu 4% gezahlt werden, sind für erste Stellen bis zu 60% 4⅓ bis 4½% nicht selten; für spätere Stellen werden bis zu 6% bewilligt.

Nach den von der Berliner Grundstücksmaklerorganisation wöchentlich herausgegebenen „Marktberichten" betrugen die Durchschnittszinssätze des Jahres 1911 für

Mündelgeld	Erststellige beste Anlagen	Institutsgelder
4%	4⅛—4¼%.	4¼—4½%
Vorortshypotheken	Zweite beste Stellen	Sonstige zweite Stellen
4½—4⅝%.	4¾—5⅛%.	5½—6%.

In den letzten Jahren ist es üblich geworden, die „Laufzeit" der Hypotheken außerordentlich zu verkürzen, das heißt, die Kündbarkeit nur für geringe Zeit auszuschließen. Das gilt allerdings im allgemeinen nicht für erste Stellen und sogenannte Institutsgelder, bei denen die Laufzeit gewöhnlich zehn Jahre beträgt. Bei Privatgeld an zweiter oder späterer Stelle pflegt man aber manchmal bis auf fünf, ja bis auf zwei Jahre herabzugehen, und bei der „Erneuerung" der Hypothek nach Ablauf dieser Zeit wird im Verkehr vielfach ein „Damno", das heißt eine bare Draufzahlung gefordert und bewilligt, die in Form einer Art Risikoprämie für den Gläubiger einen Zuwachs seiner Rente und eine Erhöhung der Verzinsung bedeutet. In gleicher Weise wirkt die bei „Institutsgeldern" regelmäßig ausbedungene „Abschlußprovision", die 1—2½% beträgt, und die mitunter auch private Kapitalisten fordern.

Fünfter Abschnitt.

Industrielle Obligationen.

Die Geldbeschaffung, die die Grundstückseigentümer durch die Aufnahme von Hypotheken in die Wege leiten, bewirken die industriellen Unternehmungen, Verkehrsgesellschaften usw. vielfach durch die Ausgabe von Obligationen. Das heißt, sie ziehen statt des einen Geldgebers durch die Zerlegung der Schuld zahlreiche Geldgeber heran, wobei sie sich freilich hinsichtlich der Höhe der Darlehnsaufnahme vielfach nicht an die Grenzen halten, die dem Grundstückseigentümer gezogen sind.

Eine einheitliche Organisation der Hypothekarkreditbeschaffung, wie sie für den städtischen und ländlichen Grundbesitz durch die Hypothekenbanken, Landschaften usw. besteht, existiert für industrielle Beleihungen nicht. Infolgedessen vollzieht sich die Beschaffung langfristiger Gelder durch die Industrie ohne einheitliche Normen. Es gibt zahlreiche Industrieunternehmungen, die nur mit Hypothekenkredit arbeiten, es gibt aber auch sehr viele Industriegesellschaften, die sich die erforderlichen Mittel durch die Aufnahme von Obligationsschulden mit oder ohne Bestellung einer Sicherungshypothek beschafft haben.

Über die Hypothek als Anlage ist bereits im vierten Abschnitt[1]) gesprochen worden. Es war dabei in erster Reihe an Hypotheken auf Wohn- und Geschäftshäuser gedacht, weniger an Hypotheken, die industrielle Gesellschaften oder Einzelfirmen aufnehmen. Für solche Hypotheken besteht, wie schon oben gesagt, keine einheitliche Organisation, weil Hypothekenbanken, Versicherungsgesellschaften usw. keine Grundstücke beleihen sollen, die — wie die betreffenden Bestimmungen besagen — keinen dauernden Ertrag versprechen. Damit ist indes nicht gesagt, daß auch der Privatkapitalist grundsätzlich keine Hypothekengelder auf industrielle Objekte geben soll; vielmehr ist, wenn neben der Realsicherheit eine ausreichende Personalsicherheit gegeben ist, auch eine industrielle Hypothek für den größeren Kapitalisten als Kapitalanlage wohl geeignet.

Ebenso wie der Hypothekengeldgeber wird auch das industrielle Obligationen erwerbende Publikum vor allem darauf zu achten haben, wie die Fundierung des Darlehnnehmers beurteilt wird, also wie die Personalsicherheit einzuschätzen ist. Geeignet als Kapitalanlage für das große Publikum erscheinen in erster Reihe nur die Obligationen solcher Industrieunternehmungen usw., die infolge ihrer Gesellschaftsform gezwungen sind, eine einigermaßen weit-

---

[1]) vgl. S. 25.

gehende Publizität zu üben, das heißt, die Aktiengesellschaften und Kommanditgesellschaften auf Aktien. Gesellschaften mit beschränkter Haftung sind nicht zur Veröffentlichung ihrer Bilanzen usw. verpflichtet[1]) und schon aus diesem Grunde können als Kapitalanlage die Obligationen von Gesellschaften mit beschränkter Haftung nicht in Frage kommen. Auszunehmen von dieser allgemeinen Regel sind allenfalls solche G. m. b. H.-Obligationen, für die offiziell die Börsennotierung nachgesucht und unter der Bedingung erteilt worden ist, daß die G. m. b. H. ebenso detaillierte Mitteilungen über den jeweiligen Abschluß und die jeweilige Bilanz macht wie die Aktiengesellschaft. Überhaupt wird es sich im allgemeinen empfehlen, nur solche Industrieobligationen zu erwerben, die zur Börsennotierung zugelassen sind. Denn wenn auch die Zulassungsstelle der Börse nicht die Sicherheit der in Frage kommenden Obligationen verbürgen kann, so achtet sie doch auf manche Einzelheiten, die für den Obligationenerwerber von Wichtigkeit sind. So ist zum Beispiel nicht anzunehmen, daß heute noch der Obligation eines Unternehmens der Zutritt zur Börse gewährt wird, das im Verhältnis zum Eigenkapital zu erheblich erscheinende Schulden hat. Auf der anderen Seite ist freilich die Börsenfähigkeit kein unbedingt zuverlässiger Beweis für die Qualität der industriellen Obligation. In den letzten Jahren sind vielmehr mehrere Obligationen industrieller Unternehmungen „notleidend" geworden, die gerade, weil zum Börsenhandel zugelassen, in weite Kreise des Publikums eingedrungen waren. Wir nennen die Obligationen der Akkumulatorenfabrik Boese, der Helios Elektrizitätsgesellschaft, der Lederfabrik Eyck u. Strasser und der Vereinigten Dampfziegeleiengesellschaft. In allen diesen Fällen haben die Eigentümer der Obligationen beträchtliche Verluste an Kapital und Zinsen erlitten. Die Obligationen der Dampfziegeleiengesellschaft und der Lederfabrik Eyck u. Strasser besaßen sogar eine hypothekarische Sicherstellung, indem zugunsten der Obligationäre auf den Besitz der

---

[1]) Nur solche G. m. b. H. müssen ihre Bilanzen veröffentlichen, die Bank- oder Versicherungsgeschäfte betreiben.

betreffenden Gesellschaft eine Sicherheitshypothek eingetragen war. Indes hat auch diese „Sicherstellung" Verluste von den Obligationären nicht abwenden können. Gleichwohl ist es doch für den Erwerber industrieller Obligationen wichtig, darauf zu achten, ob die ihm angebotenen Papiere hypothekarisch sichergestellt sind oder nicht. Die Prüfung darf sich freilich nicht auf ein „ja oder nein" beschränken, sondern muß untersuchen, an welcher Stelle die Hypothek steht und wie sich die Belastung zum Buchwert resp. wirklichen Wert der beliehenen Objekte verhält. Eine solche Prüfung haben die meisten Obligationäre der Eyck und Strasser-Gesellschaft sicherlich nicht vorgenommen, sonst hätten sie wohl gemerkt, daß die hypothekarische Sicherstellung zweifelhafter Natur war.

So wesentlich aber auch die Frage der hypothekarischen Sicherstellung ist, denn nur sie hebt die Besitzer der Schuldverschreibungen aus der Reihe der gewöhnlichen Gläubiger heraus — noch wichtiger bleibt die Aufgabe, sich die Person des Schuldners anzusehen. Die Obligationen der Allgemeinen Elektrizitätsgesellschaft sind zum Beispiel nicht hypothekarisch sichergestellt, und doch wird ihnen mit Recht der Vorzug vor mancher Hypothekarobligation gegeben werden.

Der Erwerber industrieller Schuldverschreibungen hat im übrigen darauf zu achten, wie sich das Obligationskapital zum Aktienkapital verhält, ob statutarisch Bestimmungen bestehen, die ein übermäßiges Anwachsen der Obligationsschulden verhindern, und er hat weiter unter anderem auch darauf zu sehen, ob eventuell später hinzutretenden Obligationären respektive anderen Gläubigern bessere Rechte an dem Vermögen des Schuldners eingeräumt werden können. Schließlich ist auch darauf zu achten, in welcher Zeit die Tilgung der Obligationen vor sich geht, und auf welchem Wege sie erfolgt. Haben die Obligationen einen mehr als 100% betragenden Kurs, und erfolgt die Amortisation durch Auslosung zum Nominalwerte, so muß der Obligationär mit der Möglichkeit eines Kursverlustes im Falle der Auslosung rechnen und diesen eventuellen Verlust bei der Rente, die er aus seinem Besitz bezieht, mit berücksichtigen. Um den Erwerbern industrieller Obligationen einen besonderen Anreiz zu bieten, werden die Obligationen jetzt häufig mit einem Tilgungszuschlag ausgestattet, das heißt sie werden je nachdem mit 103% oder auch mit 105%, in manchen Fällen auch noch höher ausgelost. Aber auch in solchen Fällen ist zuweilen die Amortisation für den Obligationär ein Nachteil, nämlich dann, wenn er die Obligationen zu einem den Tilgungsbetrag übersteigenden Kurse erworben hat. Die meisten industriellen Obligationen sind mit einem 4½proz. Zinsfuß ausgestattet, und die Kurse stehen gegenwärtig so, daß die besseren Obligationen auch eine Nettoverzinsung von 4½% bieten. Immerhin gibt es auch höher verzinsliche Werte; so sind zum Beispiel die Obligationen der Deutsch-Überseeischen Elektrizitätsgesellschaft (Aktienkapital 125 Millionen Mark, Obligationsschuld 85 Mill. Mk.) mit dem 5proz. Zinsfuß ausgestattet. Die Nettoverzinsung ist indes etwas geringer, da der Kurs der 5proz. Obligationen sich zurzeit auf ca. 104¼% stellt und die Rückzahlung zu 103% erfolgt. Die 5proz. Obligationen der Deutschen Kaliwerke, einer Gesellschaft, deren Aktien an der Berliner Börse einen Kurs von 145%[1]) haben, sind gegenwärtig im freien Markte — eine offizielle Notierung findet nicht statt — mit ca. 102½% käuflich. Die Rückzahlung dieser Obligationen, die eine hypothekarische Sicherstellung genießen, erfolgt zu 103%.

Irgendwelchen gesetzlichen Beschränkungen ist die Ausgabe von Obligationen, sofern sie auf einen bestimmten Namen ausgestellt werden, nicht unterworfen. Nur die Ausgabe von Inhaberschuldverschreibungen ist an die staatliche Genehmigung geknüpft. Da aber die Namensobligation durch Blankoübertragung ohne weiteres den Charakter eines leicht übertragbaren umlauffähigen Papieres gewinnt, so sehen die meisten Aktiengesellschaften davon ab, die staatliche Genehmigung zur Ausgabe von Inhaberobligationen einzuholen und begnügen sich mit der Ausgabe von Namenobligationen.

Nach einer vom Regierungsrat Dr. Ewald Moll für das Statistische Amt bearbeiteten Statistik belief sich der Gesamtbetrag des Obligationenumlaufes privatrechtlicher Schuldner (mit Ausnahme der privatrechtlichen Bodenkreditinstitute) Ende des Jahres

---

[1]) Mitte Juli 1912.

1910 auf 3 964 Mill. Mk. und verteilt sich folgendermaßen auf die einzelnen Gesellschaftsformen:

Rechtsform der Aussteller	Zahl der Aussteller		Umlauf der Schuldverschreibungen	
	überhaupt	v. H. aller Aussteller	überhaupt in 1000 Mk.	v. H. des Gesamtumlaufs
Aktiengesellschaft (einschließlich Kommandit-Ges. auf Aktien)	1576	78,1	3 261 531	82,3
Kolonialgesellschaften	2	0,1	10 150	0,3
Gesellschaften m. b. H.	127	6,3	193 562	4,9
Bergbauliche Gewerkschaften	136	6,8	361 227	9,1
Genossenschaften	31	1,5	16 069	0,4
Sonstige juristische Personen	44	2,2	34 879	0,9
Vereine	37	1,8	3 998	0,1
Einzelfirmen, offene Handelsgesellschaften, Kommand.-Ges.	50	2,5	73 321	1,8
Sonstige Aussteller (Standesherren usw.)	14	0,7	9 290	0,2

Also der weitaus größte Teil entfällt auf die Aktienunternehmen sowohl der Zahl als auch der Schuldbeträge nach. Hierbei ist aber noch in Betracht zu ziehen, daß die Pfandbrief-, Kommunal- und Kleinbahnobligationen der Hypothekenaktienbanken, die Ende 1910 allein 10 698 Mill. Mk. betrugen, von der Statistik nicht erfaßt wurden.

Bemerkenswert ist, daß auch Einzelfirmen, offene Handelsgesellschaften usw. Obligationen ausgegeben haben, ebenso Gesellschaften mit beschränkter Haftung. Den von solcher Stelle kommenden Schuldverschreibungen gegenüber ist, wie schon oben bemerkt, besondere Vorsicht am Platze, denn während bei der Aktiengesellschaft bis zu einem gewissen Grade fortdauernd eine Kontrolle durch die Öffentlichkeit stattfinden kann, ist ein Einblick in die Verhältnisse der Einzelfirmen usw. so gut wie ausgeschlossen.

Von den umlaufenden Schuldverschreibungen lauteten dem Betrage nach 586,2 Mill. Mk., gleich 14,8 vom Hundert auf den Inhaber und 3377,9 Mill. Mk. auf den Namen eines Bankhauses usw. und waren durch Indossament übertragbar. In Preußen waren von 2598 Mill. Mk. Schuldverschreibungen nur 34 Mill. Mk. auf die Inhaber ausgestellt. Preußen ist überhaupt sehr zurückhaltend mit der Erteilung der Genehmigung zur Ausgabe von Inhaberschuldverschreibungen, während verschiedene andere Bundesstaaten mit der Erteilung der Genehmigung ziemlich leicht bei der Hand sind. Bezeichnend für die verschiedenartige Auffassung in den einzelnen Bundesstaaten ist es, daß ein Unternehmen vom Range der Großen Berliner Straßenbahn nicht die Berechtigung zur Ausgabe von Inhaberschuldverschreibungen in Preußen erlangen konnte, daß dagegen kürzlich beispielsweise der Lübeckische Staat der Akt.-Ges. Hochofenwerk Lübeck, einem jungen, erst in der Entwicklung begriffenen Unternehmen, die entsprechende Genehmigung erteilt hat.

Was den Zinsfuß anlangt, mit dem die im Umlauf befindlichen Obligationen ausgestattet sind, so trägt nach der Statistik des Regierungsrat Moll der größte Teil, nämlich 45 %, $4\frac{1}{2}$ % Zinsen. Auf 4proz. Schuldverschreibungen entfallen 38 % des Gesamtumlaufes, auf 5proz. 10 %. Wie sich die Aussteller von Schuldverschreibungen nach Zahl und Kapitalbeträgen auf die wichtigsten Gewerbegruppen verteilen, darüber gibt folgende Übersicht Aufschluß:

Gewerbegruppen	Zahl der Aussteller		Umlauf der Schuldverschreibungen	
	überhaupt	in Proz. aller	überhaupt in 1000 Mk.	in Proz. d. Gesamtumlaufes
Bergbau und Hüttenbetrieb	290	14,4	1 066 472	26,9
Elektrotechnische Industrie	18	0,2	234 676	5,9
Gas-, Wasser- und Elektriz.-Werke	122	6,0	325 158	8,2
Textilindustrie	153	7,6	156 985	4,0
Bierbrauerei und Mälzerei	320	15,9	193 144	4,9
Voll-, Klein- u. Straßenbahnen	109	5,4	477 499	12,0
Fluß-, Küsten- und Seeschiffahrt	40	2,0	207 781	5,2
Sonstige Unternehmungen	965	47,8	1 302 312	32,9

Was die Zulassung der Obligationen zum Börsenhandel betrifft, so passierten die Zulassungsstellen insgesamt 2953 Mill. Mk. gleich 74,5 vom Hundert des Gesamtumlaufs an Obligationen.

Die Geldbeschaffung auf dem Wege der Ausgabe industrieller Obligationen hat, wie die Statistik ergibt, einen außerordentlich großen Umfang angenommen. Zurückzuführen ist das darauf, daß das Publikum sich sehr daran gewöhnt hat. Schuldverschreibungen industrieller Unternehmungen usw. als Kapitalanlage zu betrachten. Diese Vorliebe des Publikums für Industrieobligationen ist, wenn die Schuldner gut fundierte Unternehmungen sind, zu verstehen; denn die Verzinsung pflegt höher zu sein als die anderer guter Anlagewerte. Ist jedoch die Fundierung des Schuldners nicht über jeden Zweifel erhaben, so ist das Publikum im Irrtum, wenn es annimmt, daß der Erwerb des festverzinslichen Industriepapiers ein wesentlich geringeres Risiko in sich berge als der Erwerb einer Aktie.

Jedenfalls sollte bei dem Erwerb industrieller Obligationen der Grundsatz gelten, daß je höher die angebotene Verzinsung ist, desto sorgfältiger die Frage der Sicherheit geprüft werden muß. Zum Schluß noch die interessante Feststellung, daß es sogar industrielle Obligationen gibt, die höher bewertet werden als Preußische Konsols. Die $3\frac{1}{2}$proz. Obligationen der Donnersmarckhütte — eines recht gut fundierten Unternehmens — haben nämlich einen Kursstand von ca. 95 %, während $3\frac{1}{2}$proz. Preußische Konsols zurzeit nur mit 89 % bewertet werden. Allerdings haben die $3\frac{1}{2}$proz. Donnersmarck-Obligationen den Vorzug, daß sie bis zum Jahre 1920 durch Pariauslosung getilgt sein müssen, während Preußische Konsols überhaupt nicht ausgelost werden.

Sechster Abschnitt.

Vorzugsaktien mit begrenzter Dividende.

In den letzten Jahren ist aus Amerika, wo die sogenannten preferred shares eine bekannte Einrichtung sind, der Brauch auf uns gekommen, Vorzugsaktien mit begrenzter Dividende auszugeben. Diese Aktienkategorie ist wohl zu unterscheiden von den gewöhnlichen

Vorzugsaktien [1]). die mit einer bevorzugten, aber nicht limitierten Dividende an dem Gewinn der Aktiengesellschaft partizipieren und zumeist dann geschaffen werden, wenn, um die Sanierung einer in ungünstige Verhältnisse geratenen Gesellschaft durchzuführen, neu hinzutretenden Aktionären ein besonderer Anreiz in Gestalt eines bevorzugten Gewinnanspruchs gewährt werden muß.

Bei den Vorzugsaktien mit begrenzter Dividende (gewöhnlich mit Nachzahlungspflicht [2]) handelt es sich um ein Papier, das seiner Verzinsung nach mehr der industriellen Obligation als der Aktie ähnelt. Eine Gesellschaft braucht neues Kapital; sie will oder kann das Unternehmen nicht mit neuen Schulden belasten, will aber auch andererseits die Gewinne der bisherigen Aktionäre nicht mehr beeinträchtigen, als das geschehen würde, wenn die Gesellschaft zur Deckung des Geldbedarfs eine Obligationsschuld aufnehmen würde. Kämen gewöhnliche Aktien zur Ausgabe, so müßten die bisherigen Aktionäre ihre Gewinnansprüche voll mit den neu hinzutretenden Aktionären teilen. Das soll verhindert werden und darum gibt man Vorzugsaktien aus, die zwar einen vor den übrigen Aktionären bevorrechtigten Gewinnanspruch haben, die jedoch niemals mehr Dividende als den fixierten Satz — gewöhnlich 4½ oder 5 % — beziehen. Ist das Unternehmen, das solche Vorzugsaktien ausgibt, eine sehr gut rentierende Gesellschaft, so wird der Besitzer der Vorzugsaktien fast mit der gleichen Sicherheit wie der Obligationär auf eine feste Verzinsung seines Kapitals rechnen können. Freilich muß er stets berücksichtigen, daß er nicht Gläubiger, sondern Teilhaber der Gesellschaft ist und als solcher erst dann einen Anspruch auf das Vermögen des Unternehmens hat, wenn von diesem alle Schulden beglichen sind. Im Vorteil gegenüber dem Obligationär ist hingegen der Besitzer der Vorzugsaktie insofern, als er in der Generalversammlung der Aktionäre ein Stimmrecht besitzt und ihm auch im übrigen alle die Rechte zustehen, die der Aktionär gemäß den Bestimmungen des Handelsgesetzbuches genießt.

Der Kurszettel der Berliner Börse nennt etwa ein Dutzend Werte, die als Vorzugsaktien in dem vorstehend behan-

[1]) Vgl. S. 3.

[2]) Vgl. S. 4.

delten Sinne anzusprechen sind. Eine Zusammenstellung dieser Vorzugsaktien unter Angabe des Kurses[1]), der Vorzugsdividende und der effektiven Verzinsung ergibt folgendes Bild:

	Kurs:	begrenzte Dividende	effektive Verzinsung
Berl. Elektr. Werke	103,80 %	4½ %	4,33 %
Breslauer Wag. Linke	106,80 „	4½ „	4,21 „
Deutsche Gasglühlicht	104,25 „	5 „	4,79 „
Hotelbetriebsges.	103,00 „	5 „	4,85 „
Jeserich	100,60 „	5 „	4,97 „
Lübecker Maschinenfabrik	— „	6 „	— „
Paukſch Maschinen	73,75 „	4½ „	6,10 „
J. D. Riedel	103,50 „	4½ „	4,34 „
Schering Chem. Fabrik	103,60 „	4½ „	4,34 „
Stollwerk	120,00 „	6 „	5,00 „
Westeregeln	100,75 „	4½ „	4,46 „

Wir ersehen aus dieser Zusammenstellung, daß es sich zumeist um Werte solcher Gesellschaften handelt, die als gut fundiert gelten können respektive um solche, die an ihre Stammaktionäre, deren Ansprüche hinter denen der Vorzugsaktionäre rangieren, hohe Dividenden zahlen.

Im einzelnen sei folgendes bemerkt: Die Vorzugsaktien der Berliner Elektrizitätswerke können ab 1913/14 zu 104 % mit höchstens jährlich 25 % durch Auslosung oder Ankauf amortisiert werden. Der Gesamtbetrag der im Umlauf befindlichen Vorzugsaktien der Berliner Elektrizitätswerke beläuft sich auf 20 Mill. Mk. Dahinter kommt das Aktienkapital von etwa 44 Mill. Mk., auf das regelmäßig hohe Dividenden, zuletzt 12 % gezahlt wurden. Die Breslauer Waggonfabrik Linke-Hofmann ist ein gutfundiertes, aus der Vereinigung der Linke Waggonfabrik mit der Hofmann Waggonfabrik hervorgegangenes Unternehmen. Die Rückzahlung der Vorzugsaktien erfolgt nach Beschluß der Generalversammlung zum Nennwerte. Das Vorzugsaktienkapital der Linke-Hofmann Werke beläuft sich insgesamt auf 3,3 Mill. Mk., das Stammaktienkapital auf 16 575 000 Mk. Die Deutsche Gasglüh-

[1]) Anfang des Jahres 1912.

licht Aktien-Gesellschaft Auer hat ein verhältnismäßig hohes Vorzugsaktienkapital, nämlich 13,2 Mill. Mk. gegenüber 6,6 Mill. Mk. Stammaktien. Auf die Stammaktien wurden in den letzten Jahren je 50 % Dividende gezahlt; pro 1911/12 sollen 25 % ausgeschüttet und den Aktionären Gratisaktien ausgehändigt werden. Und zwar soll auf je zwei alte Aktien eine neue gewährt werden. Dadurch steigt das Stammaktienkapital auf 9,9 Mill. Mk., ohne daß freilich die Basis der Gesellschaft breiter wird. Die Rückzahlung der Vorzugsaktien der Deutschen Gasglühlichtgesellschaft Auer erfolgt zu 105 % nach Beschluß der Generalversammlung durch Ankauf oder Auslosung. Die Vorzugsaktien der Hotelbetriebsgesellschaft in Berlin sind zu 106 % durch Ankauf oder Auslosung einlösbar. Das Unternehmen hat 9,5 Mill. Mk. Stammaktien, auf die zumeist hohe Dividenden gezahlt wurden, und 2,8 Mill. Mk. Vorzugsaktien. Von minderer Qualität sind die Vorzugsaktien der Jeserich Asphaltgesellschaft. Zweimal trat der Fall ein, daß auf diese Vorzugsaktien erst nachträglich, das heißt aus Gewinnen späterer Jahre Dividenden gezahlt werden konnten. Als Anlagepapiere kommen die Vorzugsaktien der Jeserichgesellschaft, die zu 125 % eventuell einlösbar sind, ebenso wenig in Betracht, wie die Vorzugsaktien der Paucksch Maschinenfabrik. (Für das letzte Geschäftsjahr konnte die Dividende auf die Vorzugsaktien der Paucksch Maschinenfabrik nur unter Zuhilfenahme des Spezialreservefonds gezahlt werden, im Jahre 1912 wurde eine Sanierung der Gesellschaft beschlossen, zu der auch die Vorzugsaktien durch Zusammenlegung im Verhältnis von 4 zu 3 herangezogen werden sollten.) Die Vorzugsaktien der Chemischen Fabrik J. D. Riedel und der Schering chemischen Fabrik können den besseren Werten der in Frage kommenden Kategorie zugezählt werden. Beide Unternehmungen erfreuen sich einer befriedigenden Rentabilität. Die Rückzahlung der Vorzugsaktien von Riedel und von Schering erfolgt zu 105 %. In den Vorzugsaktien der Gebrüder Stollwerck Akt.-Ges. begegnen wir den typischen Gebilde der sogenannten preferred shares, die der amerikanischen Aktiengesellschaft schon sogleich bei ihrer Begründung mit ins Leben gegeben werden. Bei der Bildung industrieller Gesellschaften wird nämlich in den Vereinigten Staaten das Aktienkapital des Unternehmens gleich von vornherein zumeist je zur Hälfte in Vorzugsaktien und Stammaktien zerlegt, bei denen dann den ersteren eine wesentlich höhere Dividende zugesprochen wird, als sie der Inhaber von Schuldverschreibungen empfängt. So erhalten beispielsweise die Vorzugsaktien des Stahltrusts, aber auch die der meisten anderen großen amerikanischen Montangesellschaften eine begrenzte Vorzugsdividende von 7 %. Bei der Schokoladenfabrik Stollwerck finden wir getreu nachgebildete Verhältnisse. Das Aktienkapital dieses Unternehmens beträgt zurzeit 16 Mill. Mk., wovon beinahe die Hälfte, nämlich 7 Mill. Mk., Vorzugsaktien sind, und diesen steht ein Rentengenuß zu, den man dem Besitzer von Schuldverschreibungen in Deutschland nicht einzuräumen pflegt, nämlich ein solcher von 6 %. Die Tilgung der Vorzugsaktien von Stollwerk erfolgt eventuell zu 120 %. Die Vorzugsaktien der Westeregeln Alkaliwerke werden zu 105 % durch Verlosung getilgt.

Als ein unerfreulicher Besitz haben sich bisher die Vorzugsaktien der Lübecker Maschinenfabrik erwiesen. Das Unternehmen zahlte früher auf seine Stammaktien hohe Dividenden, die aber mit der wirklichen Lage des Unternehmens nicht in Einklang zu bringen waren. Im Jahre 1910 wurden dann 6 proz. Vorzugsaktien ausgegeben. Das Unternehmen geriet aber bald infolge einer unökonomischen Dividendenpolitik auf eine abschüssige Bahn und konnte nicht einmal die Vorzugsdividende herauswirtschaften. Für die Zukunft wird man die Verhältnisse der Lübecker Maschinenfabrik insofern günstiger beurteilen können, als sie Anschluß an den Konzern von Orenstein u. Koppel gefunden hat.

Siebenter Abschnitt.

Deutsche Reichs- und Staatsanleihen.

Wenn die nationalökonomische Wissenschaft die Phänomene gegenüberstellt, über die wir durch Forschung und Erfahrung etwas wissen, und die, über die wir noch im unklaren sind, so wird sie den niedrigen

Kursstand der Reichs- und Staatsanleihen keineswegs unter die Erscheinungen einreihen dürfen, für die wir bereits festen Boden gewonnen haben und deren Entwicklung durch lückenlose Beweisführung restlos erschöpft werden kann. Kein Problem hat dem Praktiker und Theoretiker in den letzten Jahren soviel Kopfzerbrechen gemacht, wie die Kursbewertung der deutschen Rentenpapiere. Immer wieder schielen wir nach Frankreich und England und fragen uns, wie kommt es, daß die Schuldverschreibungen der deutschen Bundesstaaten, die die größte dingliche Sicherheit bieten, und deren Zinsenerfordernis durch die Überschüsse aus den sogenannten privatwirtschaftlichen Betrieben reichlich überdeckt ist, hinsichtlich ihrer börsenmäßigen Bewertung so weit hinten rangieren. Man hat uns, und dies mit Recht, zur Antwort gegeben, daß England und Frankreich kapitalkräftiger seien, man hat, wenn alle anderen Gründe versagten oder nicht ausreichend erschienen, in weiterer Ausspinnung des Gedankens von der größeren Kapitalkraft darauf aufmerksam gemacht, daß der landesübliche Zinsfuß in England und Frankreich niedriger sei als bei uns. Aber auch dieses Moment ist nicht mehr beweiskräftig genug, seitdem beispielsweise auch die Bewertung der italienischen Rentenpapiere die der deutschen weit hinter sich gelassen hat. Und wenn man auch alle erwähnten Gründe gelten ließe, so bliebe immer noch die Frage offen, wie kommt es, daß das Ausland dem die Sicherheit unserer Anleihen doch kein unbekanntes Terrain ist, sich die höhere Verzinsung nicht zu nutze macht. Besagt doch ein bekanntes volkswirtschaftliches Gesetz, daß das Kapital immer dahin strömt, wo es bei gleicher Sicherheit die höchsten Erträge erzielt.

Herr Arthur v. Gwinner, Direktor der Deutschen Bank, hat vor einiger Zeit im preußischen Herrenhause, als wiederum die niedrigen Kurse unserer Staatspapiere zur Diskussion standen, auf die Fehler hingewiesen, die nach seiner Ansicht unsere Finanzverwaltung gemacht hat. Er hat ihr Ungeschicklichkeit bei der Auswahl des Gewandes, in dem sich der Etat präsentiert, vorgeworfen, er hat ihr falsche Sparsamkeit und unüberlegte Ausgaben vorgehalten, hat ihr gesagt, daß auch das Schuldenmachen eine Kunst sei, die ihren Meister braucht, und hat schließlich die Technik des staatlichen Emissionswesens bemängelt.

Und das alles in kraftvoller Art und mit erfrischender Deutlichkeit. Erschöpft hat indes auch Herr v. Gwinner das Thema vom niedrigen Kursstande der Anleihen nicht. Hätte er das getan, so würde er zu dem Resultat gekommen sein, daß auch die Bankwelt an der mangelhaften Plazierung unserer Anleihen nicht unschuldig ist: Das wichtigste Erfordernis für eine reiche Bewertung der Anleihen eines Landes, das nur den inländischen Kredit in Anspruch nimmt, ist eine günstige Relation zwischen Kapitalerfordernissen und Kapitalneubildung. Wenn bei uns dieses Verhältnis ungünstig ist, wenn trotz der raschen Aufeinanderfolge der Anleihe-Emissionen der Kapitalerzeugung manches Hemmnis in den Weg gelegt wurde, so sind dafür in erster Linie die Kreise verantwortlich, die das Volkswohl und damit auch die Kapitalbildung gefördert glaubten, wenn sie großagrarische Interessen vertraten und den größten Teil der Lasten mit voller Wucht auf die Schultern der Schwachen niedersausen ließen. Ohne zu bedenken, daß die Kapitalkraft eines Landes um so eher zunimmt, je mehr der Wohlstand und die Konsumfähigkeit der breiten Massen der Bevölkerung wachsen.

Haben nun die führenden Männer unserer Bankwelt etwas dazu getan, um die Macht der Feinde des mobilen Kapitals zu brechen? Gewiß nicht! Haben etwa die Direktoren unserer Banken die Chefs der großen Finanzhäuser sich an den Kundgebungen zugunsten eines volksfreundlicheren und gerechteren Wahlsystems beteiligt? Im Gegenteil; sie hielten sich ostentativ fern und unterstützten teilweise die diametral laufenden Bestrebungen. Damit haben sie indirekt zur Verhinderung einer reichlichen Kapitalneubildung beigetragen. Ja, ihren Einfluß auf den Hansabund nutzten sie nicht einmal in der erwähnten Richtung aus, sie statuierten für diesen noch nicht einmal das Leitmotiv, daß alle die Lebenshaltung verteuernden Zölle unbedingt fallen müssen.

Aber auch unter anderen Gesichtspunkten betrachtet, sind unsere Großbanken an dem Mißverhältnis zwischen Anleiheproduktion und Aufnahmefähigkeit des Kopitals nicht ganz unschuldig. Es ist eine oft beklagte Tatsache, daß unsere Banken zu bereitwillig die Geldverleihung nach dem Auslande unterstützen. Es gibt Auslands-

Emissionen, bei denen es unklug wäre, wollte Deutschland sich zurückhalten. Aber es gab und gibt genug Fälle, in denen die Geldabgabe an das Ausland angesichts unserer durch die großen Industrieerfordernisse schon an und für sich recht schmalen Kapitalbasis ein sträflicher Leichtsinn war und ist. Schließlich fallen aber auch die Mißgriffe, die in technischer Hinsicht bei der Ausgabe unserer Anleihen begangen worden sind, keineswegs ausschließlich der Finanzverwaltung zur Last. Die Banken haben — insbesondere in früheren Jahren — dem Fiskus zuviel Entgegenkommen gezeigt. Sie haben nicht darauf gedrungen, daß für die, die Plazierung der Anleihen vermittelnden Firmen ein genügender Gewinn und für die Erwerber der Anleihen ein gewisser Anreiz übrig blieb.

Wir haben oben gesagt, daß die deutschen Staatsanleihen einen niedrigeren Kursstand haben, als die englischen und französischen Rentenpapiere. Diese Erscheinung ist indes nicht erst durch die letztjährigen Kursrückgänge der deutschen Anleihen hervorgerufen worden, sondern sie war stets zu beobachten. Der Wertminderungsprozeß, dem die inländischen Papiere ausgesetzt sind, ist nämlich keine neue und nur Deutschland eigentümliche Erscheinung.

Ein belgisches Finanzblatt hat jüngst folgende Zusammenstellung veröffentlicht, die die bekannte Tatsache augenfällig bestätigt, daß die Renten fast a l l e r europäischen Länder in den letzten fünfzehn Jahren eine erhebliche Entwertung erfahren haben.

Fonds d'états	1897	1912	baisse Frc.	baisse %
	(en francs)			
3% Français	105,25	91,65	13,60	12,09
Consol. angl. (en 3%) [1].........	123,28	93,90	29,38	23,8
3% Belge	102,20	85,10	17,10	16,7
3% Danois	99,70	79,75	19,95	20,00
3% Hollandais	99,75	82,45	17,30	17,3
3% Norvégien	100,00	80,60	19,40	19,4
3% Prussien Consolidé	98,25	81,30	16,95	17,3
3% Russe	96,50	79,80	16,70	17,3
3% Suédois	102,00	82,50	19,50	19,1
3% Suisse	102,00	81,00	21,00	20,02

[1]) Englische Konsols waren bis zum Jahre 1889 mit einem 3proz. Zinsfuß ausgestattet, trugen bis zum Jahre 1903 2¾ % Zinsen und bringen seitdem 2½ %

Die Tatsache, daß nicht nur die deutschen Papiere, sondern die Renten fast aller Länder in den letzten Jahrzehnten an Wert eingebüßt haben, befreit uns nicht von der Pflicht, den Gründen des Kursrückganges nachzugehen, und da finden wir neben den oben angegebenen, für den niedrigen Kursstand an sich verantwortlichen Momenten als besondere Ursache die hohen Geldleihsätze der letzten Jahre und die starke Vermehrung des Anleihematerials.

Die Anleihen des Reichs und aller Bundesstaaten zusammen betragen rund 18 Milliarden Mk., während die Schuldenlast Frankreichs ca. 24 Milliarden Mk., die Großbritanniens ca. 15 Milliarden Mk. beträgt. Bei solchen Vergleichen darf freilich nicht übersehen werden, daß Deutschland sehr große werbende Anlagen besitzt und daß insbesondere ein erheblicher Betrag der Schuldenlast in den Eisenbahnen rentierlich angelegt ist. Zum Teil, wenn auch lange nicht in dem Maße, ist dies auch in Rußland, Österreich-Ungarn und Italien der Fall, während in Großbritannien, Frankreich und den Vereinigten Staaten von Amerika ein verhältnismäßig geringer Teil der Schulden auf produktive Anlagen entfällt. Hätte England Staatseisenbahnen wie Deutschland, so würde seine Schuldenlast voraussichtlich viel größer sein als die Deutschlands. Dasselbe gilt für Frankreich (dessen Schulden ja an und für sich höher sind), doch ist hier zu berücksichtigen, daß dieses Land nach Ablauf einiger Jahrzehnte durch den vertragsmäßigen Rückfall seiner Eisenbahnen an den Staat unentgeltlich in den Besitz großer produktiver Anlagen gelangen wird. Die Schulden des Deutschen Reiches, allerdings ohne die der Bundesstaaten, beliefen sich im Jahre 1887 nur auf 486 Millionen Mk. Dagegen betrugen sie ungefähr fünfundzwanzig Jahre später, nämlich am 30. September 1911, insgesamt 4,689,166,546 Mk. Diese Summe zerfiel in:

4proz. Schuldverschreibungen	865,814,896	Mk.
3½proz. Schuldverschreibungen	1,980,492,109	„
3proz. Schuldverschreibungen	1,483,870,057	„
4proz. Schatzanweisungen	333,989,484	„
Unverzinsliche Schatzanweisungen	25,000,000	„

Um ein gleichmäßiges Bild zu liefern, sind in der obigen Tabelle die Kurse der englischen Konsols durch einen entsprechenden Aufschlag so berechnet worden, als ob sie noch jetzt 3 % Zinsen bringen.

Die Anleihen des Reiches sind begeben worden zu folgenden Durchschnittskursen:

4proz. Reichsschuld	100.621 %
früher 4proz., jetzt 3½proz. Reichsschuld	100.046 „
3½proz. Reichsschuld	100.169 „
3proz. Reichsschuld	88.274 „

Es sind demgemäß zu verzinsen die

4proz. Reichsschuld mit	3.975 %
früher 4proz., jetzt 3½proz. Reichsschuld mit	3.533 „
3½proz. Reichsschuld mit	3.494 „
3proz. Reichsschuld mit	3.399 „

An arbeitendem Aktivvermögen besitzt das Reich, als solches ohne die Bundesstaaten, im wesentlichen nur die Post und Telegraphie, die Reichsdruckerei und die Reichseisenbahnen in einem Gesamtwerte von ca. 1¾ Milliarden Mk. Die Sicherheit der Reichsanleihen wird jedoch durch die relativ gerineg Höhe des werbenden Vermögens nicht berührt. Es liegt in der Natur der Sache, daß die Anleihen des Reiches weniger auf Erträgnisse aus eigenem Besitz angewiesen sind, als auf Einnahmen, die dem Reich auf Grund der bestehenden Verträge, teils durch die ihm abgetretenen Einnahmen und teils durch die Beiträge der Bundesstaaten zufließen. Die Bundesstaaten haften somit mittelbar auch für die Schulden des Reiches.

Die hauptsächlich für Bahnanlagen verwendete Staatsschuld Preußens beläuft sich auf 9,8 Milliarden Mk., während die Staatsbahnen allein mit ca. 10,8 Milliarden Mk. bewertet werden. Außerdem verfügt Preußen über andere wertvolle Aktiven: Domänen, Forsten, Bergwerke, Salinen usw. Der Zinsendienst der preußischen Anleihen von mehreren hundert Millionen Mark wird allein schon durch die Erträgnisse der Staatsbahnen übertroffen — der beste Beweis für die außerordentlich gute Qualität der preußischen Konsols. Außer den 4proz. und 3½proz. Konsols und den 4proz. preußischen Schatzanweisungen mit kurzer Laufzeit gibt es eine sogenannte Staffelanleihe, die bis Ende März 1918 mit 4 %, sodann weitere fünf Jahre hindurch mit 3¾ % und schließlich mit 3½ % verzinst wird. Bei der 4proz. preußischen konsolidierten Anleihe ist ebenso wie bei der 4proz. Deutschen Reichsanleihe die Kündigung oder Zinsfußherabsetzung bis zum Jahre 1918 ausgeschlossen. Zur Zeit der Niederschrift dieser Arbeit hatten die 4proz. Reichsanleihe und Konsols einen Kurs von etwa 100 %, die 3½ proz. einen Kurs von etwa 90 % und die 3proz. einen Kurs von 80 %. Die Nettoverzinsung ist demnach am günstigsten bei den 4proz. Anleihen; doch sind die Kurschancen bei den 3½ proz. und 3proz. Anleihen größer; denn ein 4proz. Papier wird sich im allgemeinen im Hinblick auf die spätere Kündigungsgefahr nicht sehr wesentlich über 100 % heben. Auslosungen oder Kündigungen der fundierten Deutschen Reichsanleihe oder der preußischen Konsols finden zurzeit nicht statt, soweit Tilgungen stattfinden, werden sie durch Rückkäufe vorgenommen. Die 4proz. Schatzanweisungen haben zur Zeit der Niederschrift dieser Arbeit einen Kursstand von ca. 100 %, ihr Kauf ist für solche Kapitalisten geeignet, die für einige Jahre ihr Geld mit 4 % anlegen und dann das Kapital zurückgezahlt erhalten wollen.

Die Staatsschuld des Königreichs Bayern beläuft sich auf ca. 2½ Milliarden Mk. Sie findet Deckung in dem auf ca. 3¼ Milliarden Mk. geschätzten Vermögen des Staates, das aus Eisenbahnen, Bergwerken usw. besteht.

Der einzige größere deutsche Bundesstaat, der im Laufe der letzten Jahre seine Staatsschulden vermindern konnte, ist das Königreich Sachsen. Sachsen hat seit dem Jahre 1902 überhaupt keine Anleihe mehr aufgenommen, seine Schulden, die zu Beginn des Rechnungsjahres 1906 noch 941 Mill. Mak. betrugen, haben sich inzwischen auf ca. 868 Mill. Mk. ermäßigt. Die Aktiven des sächsischen Staates gehen über die Schulden weit hinaus, sie wurden zuletzt auf ca. 1735 Mill. Mk. bewertet. Die Schuldenlast Sachsens erfordert nach dem Voranschlag für 1912/13 38,78 Mill. Mk. (davon 11,84 Mill. Mk. für Tilgung), der Reinertrag aus Bahnen und Forsten beträgt dagegen mehr als 60 Mill. Mk. Die Anleihen Sachsens bestehen zum weitaus größten Teil aus 3proz. Werten.

Die Staatsschuld Württembergs beläuft sich auf rund 620 Mill. Mk. Was die Fundierung der Staatsschuld Württembergs angeht, so ergibt sich, wenn das Anlagekapital der Staatseisenbahnen mit 795 Mill. Mk. und der Kapitalwert der Staatsforsten mit 380 Mill. Mk. angenommen wird, eine wesentliche Überdeckung. Dabei sind noch unberücksichtigt geblieben die Kapitalwerte der Post und Telegraphenverwaltung, der Bodensee-Dampfschiffahrts-Verwaltung, der Domänen, der Hüttenwerke und Salinen usw.

Badens Staatsanleihen sind im wesentlichen für Eisenbahnzwecke aufgenommen worden. Sie betragen ca. 580 Mill. Mk. Dagegen wird das Anlagekapital der Staatsbahnen allein mit 820 Mill. Mk. berechnet. Außer den gewöhnlichen 4proz., 3½proz. und 3proz. Anleihen hat Baden im Jahre 1867 eine 4proz. Prämienanleihe[1]) begeben, die bis zum Jahre 1917 getilgt sein muß. Der Hauptgewinn beträgt in den Jahren 1913, 1915 und 1917 je 300 000 Mk., in den Jahren 1914 und 1916 je 120 000 Mk. Die „Niete" beläuft sich auf 100 % = 300 Mk. pro Stück. Bei einem Kurse von 175 % droht den Besitzern der Prämienanleihe im Falle der Auslosung mit der „Niete" mithin ein empfindlicher Verlust, gegen den er sich allerdings durch Versicherung[2]) des Loses schützen kann. Die an sich schon schmale Verzinsung der Badischen Losanleihe (die Nettorente beträgt bei einem Kurse von 175 % nur wenig über 2¼ %) wird dann allerdings durch die Versicherungsprämie aufgezehrt.

Was über die Sicherheit der Anleihen der vorstehend aufgeführten größeren deutschen Bundesstaaten gesagt ist, gilt auch im wesentlichen für die Anleihen der mittleren und kleinen Bundesstaaten. Die Anleihen des Reiches und der größeren Bundesstaaten können an der Börse leichter umgesetzt werden, als die Anleihen der mittleren und kleinen Staaten. Infolgedessen werden die ersteren an der Börse höher bewertet, als die letzteren, und zwar haben Reichsanleihen und Preußische Konsols die relativ höchsten Kurse. Die Deutsche 4proz. Reichsanleihe wird beispielsweise[3]) um ca. 1 %

---

[1]) Prämienanleihen haben außer Baden auch Braunschweig (20 Taler Lose), Sachsen-Meiningen (7 Gulden Lose) und Oldenburg (40 Taler Lose) im Umlauf. Die Anleihen Braunschweigs und Sachsen-Meiningens sind unverzinslich. Die Anleihe Badens trägt 4 %, die Anleihe Oldenburgs 3 %

[2]) Vgl. S. 11.

[3]) Feststellungen auf Grund der Kurse vom Juni des Jahres 1912.

höher im Kurse notiert als die Hessische 4proz. Anleihe vom Jahre 1908, obgleich bei beiden eine Kündigung, mithin auch eine Herabsetzung des Zinsfußes, bis 1918 ausgeschlossen ist. Die Preußischen 3½proz. Konsols werden um ca. 2% höher bewertet, als die Mecklenburgischen 3½proz. Konsols, aber auch um fast 2% höher, als die Bayerische 3½proz. Anleihe. Dagegen hat die 3proz. Sächsische Anleihe aus den oben angeführten Gründen [1]) einen fast ebenso hohen Kursstand wie die Deutsche 3proz. Reichsanleihe [2]) resp. wie die Preußischen 3proz. Konsols. Einen noch höheren und zwar einen wesentlich höheren Kurs als die Deutsche 3proz. Reichsanleihe und die Preußischen 3proz. Konsols hat die Badische 3proz. Anleihe vom Jahre 1896. Das hat aber eine ganz besondere Ursache: Während nämlich für die Anleihen des Reiches und für viele bundesstaatliche Anleihen keine ein für allemal festgelegte Tilgungsverpflichtung besteht, gibt es einige wenige, die regelmäßig alljährlich mit einem vorgeschriebenen Prozentsatz durch Auslosung resp. Rückkauf getilgt [3]) werden müssen. Zu diesen wenigen zählt die Badische 3proz. Anleihe vom Jahre 1896, die bis zum Jahre 1949 vollständig getilgt sein muß. Es ist klar, daß Papiere, deren Kurs sich unter dem Nominalbetrage resp. unter 100% bewegt, bei feststehenden Tilgungen, besonders wenn sie durch Auslosung erfolgen, höher bewertet werden als Papiere, bei denen keine Auslosung erfolgt. Denn der Besitzer sieht stets die Chance vor Augen, die für ihn die Auslosung al pari, d. h. zu 100% bedeutet. Der Kurs der Badischen 3proz. Anleihe von 1896 belief sich beispielsweise im Juni 1912 auf 88% und ließ eine Rente von 3,4%. Berechnet man aber die Auslosungschance in der Weise, daß man die 12% Kursdifferenz zwischen dem Börsenpreise und dem Einlösungspreise auf 37 Jahre verteilt, so würde man pro Jahr einen Gewinn von 0,32% erhalten resp. eine Nettorente (3,40+0,32%) von 3,72%. Auch die Tilgung durch Rückkauf muß auf die Kursentwicklung einen günstigen Einfluß ausüben, da sich das im Umlauf befindliche Material

---

[1]) Vgl. S. 44.

[2]) Die Deutsche 3proz. Anleihe ist zum Ultimohandel zugelassen, ebenso die 3proz. Preußischen Konsols und die 3proz. Sächsische Anleihe.

[3]) Für Stadtanleihen besteht solche Verpflichtung allgemein.

fortdauernd vermindert. Die Amortisationspflicht hat unstreitig den Vorteil, daß der Kursentwertung eine gewisse Grenze gezogen ist. In welchem Maße diese vorher bestimmten Tilgungen auf die Kurse vielfach einwirken, davon kann man sich erst eine Vorstellung machen, wenn man die Reichs- und Staatsanleihekurse mit den höchst notierten Kursen der Stadtanleihen vergleicht. In nachstehender Tabelle sei diese Gegenüberstellung gebracht, und zwar ist hinter der abgekürzten Jahreszahl der Anleiheausgabe auch die des spätesten Rückzahlungstermins beigefügt. Die Kurse entsprechen der Notierung der Berliner Börse vom 17. Juni 1912:

3% Reichsanl. 1890-03	belieb.	80.10	3% Bonn 1896	1953	83.—
„ Pr. Kons. 1890-04 .	„	80.10	„ Cottbus 1895	1936	87.—
„ Baden 1896	1949	88.40	„ Karlsruhe 1886-89 ..	1929	89.70
„ Bayern 1892-1896 .	belieb.	79.30	„ Lübeck, Stadt 1895 .	1942	89.60
„ Bremen 1896-1902 .	„	77.90	„ Nürnberg 1903	1937	87.40
„ Hamburg 1886-02 ..	1970	79.75	„ Offenburg 1895	1934	87.30
„ Lübeck, Staat 1895 .	belieb.	78.—	„ Regensburg 1889 ..	1955	83.25
„ Sachsen 1876-1902..	„	79.90	„ Rostock 1895	1961	83.50
3½% Reichsanl. 1877-06	belieb.	90.—	3½% Erfurt 1893-01 ...	1944	94.80
„ Pr. Kons. 1876-06	„	90.—	„ Ems 1903	1938	95.10
„ Baden 1859-1886 .	1945	93.—	„ Essen 1879-01	1928	96.75
„ „ 1892-1900 .	1965	90.—	„ Fraustadt 1898 ...	1934	95.—
„ „ 1902 .	1960	88.20	„ Fürstenwalde 1900.	1939	96.70
„ „ 1904 .	1962	88.10	„ Halle 1886-92.....	1943	95.—
„ „ 1907 .	belieb.	88.10	„ Hamm 1903	1934	96.75
„ Bremen 1887-1905	„	88.50	„ Hannover 1895 ...	1931	96.50
„ Hamb. Rte. 1878 .	„	88.60	„ Harburg 1903.....	unbest.	96.25
„ „ 1886-93 .	1956	88.60	„ Hildesh. 1889-95 ..	1932	94.50
„ „ Anl. 1887-04	1965	88.60	„ Hohensalza 1897 ..	1934	95.—
„ Barmen 1876-05 .	1935	94.50	„ Landsbg. 1890-96 .	1933	94.—
„ Berlin 1876-78 ...	1918	99.—	„ Langensalza 1903 .	1942	94.10
„ Bochum 1902	1937	95.—	„ Lauban 1897	1934	95.50
„ Bonn 1901-1905 ..	1945	94.90	„ Liegnitz 1892	1929	95.80
„ Brandenbg. 1901..	1938	95 75	„ Münster 1897	1924	95.—
„ Cassel 1887	1935	95.10	„ Oppeln 1902	1932	94.60
„ Charlb. 1885-1889	1933	96.30	„ Potsdam 1902 ...	ca. 1930	94.60
„ Cottbus 1889	1918	97.—	„ Rheydt 1891	1928	94.—
„ Crefeld 1882-88...	1933	96.—	„ Spandau 1895 ...	1935	94.—
„ Dresden 1893	1942	94.50	„ Stargard 1895 ...	1931	95.10
„ Düsseldorf 1876 ..	1913	99.—	„ Trier 1903	1935	95.50
„ Elberfeld 1875-89 .	1930	95.75	„ Wiesbd. 1879-83 ..	1926	95.60

Die vorstehenden Zahlen liefern den Beweis dafür, daß der niedrige Kursstand der Reichs- und Staatsanleihen zum großen Teil dem Mangel fester Tilgungsbestimmungen zuzuschreiben ist. Die Schuldentilgung beeinflußt schon Jahrzehnte vor dem letzten Kündigungstermin die Kurse erheblich. Selbst wenn die Rückzahlungen nur durch Aufnahme neuer Anleiheschulden zu ermöglichen sind, was ja auch verschiedentlich bei den Kommunen geschieht, so würden die Reichs- und Staatsanleihen das Publikum zum Erwerb mehr, als es bisher der Fall war, bei feststehenden Tilgungen anreizen.

Um die Kurse der deutschen Staatsanleihen zu heben, sind im Laufe der letzten Jahre die verschiedensten Versuche gemacht worden, ohne aber daß irgendwelche Erfolge erzielt worden wären. In neuester Zeit wird hauptsächlich nach Zwangskäufern gesucht: Die Feuerversicherungssozietäten sind verpflichtet worden, 25 % ihrer Bestände in Anleihen des Reiches oder der Bundesstaaten anzulegen; analoge Bestimmungen enthält das Gesetz über die Angestelltenversicherung, und ferner sieht auch die Reichsversicherungsordnung die Schaffung künstlicher Reservoire zur Aufnahme von Anleihen vor. In der Schwebe ist der Plan, die Sparkassen und privaten Versicherungsgesellschaften zum Kauf von Anleihen zu zwingen; beide haben bisher nur bescheidene Teile der Einlagen resp. Prämienreserven in deutschen Reichsanleihen und preußischen Konsols investiert. Gelingt es, einen festen Stamm von Käufern für unsere Anleihen heranzuziehen, so ist eine Hebung und Stabilisierung der Kurse wahrscheinlich; denn das Geheimnis der hohen Wertstufe der französischen und italienischen Rentenpapiere besteht darin, daß in Frankreich und Italien öffentliche und private Institutionen jährlich in großem Umfange Anleihen kaufen. Im übrigen ist daran festzuhalten, daß die Entwicklung unserer Rentenkurse eine Funktion der allgemeinen wirtschaftlichen Entwicklung und von dieser nicht loszulösen ist. Zweifellos ist mancher Kapitalist nur deshalb zu fremden Staatspapieren übergegangen, weil die preisverteuernde Tendenz der heutigen Wirtschaftspolitik in Deutschland ihn nötigt, neben seinem Einkommen aus Arbeit eine höhere Verzinsung seines Kapitals zu suchen und damit ihn auch zwingt, um der höheren Zinsen willen eine geringere Sicherheit für sein Kapital einzutauschen.

Achter Abschnitt.

Staats- und Stadtschuldbücher.

Einer steigenden Beliebtheit erfreut sich seit einigen Jahren die Benutzung des Preußischen Staatsschuldbuches resp. des Reichsschuldbuches.

In das Preußische Staatsschuldbuch waren am 31. Dezember 1911 eingetragen 59 551 Konten im Gesamtbetrage von 2 915 606 950 Mk. Wie sich die Eintragungen in das Staatsschuldbuch bisher gestaltet haben, ergibt sich aus der nachstehenden Tabelle:

Es waren eingetragen am:

31. März 1885	52 192 700	Mk.
31. „ 1890	451 137 600	„
31. „ 1895	994 816 600	„
31. „ 1900	1 385 316 900	„
31. „ 1905	1 781 170 750	„
31. „ 1906	1 839 936 750	„
31. „ 1907	1 965 368 250	„
31. „ 1908	2 039 597 950	„
31. „ 1909	2 237 489 250	„
31. „ 1911	2 744 150 800	„
30. Juni 1911	2 805 867 050	„
30. Sept. 1911	2 852 206 000	„
31. Dez. 1911	2 915 606 950	„

In das Reichsschuldbuch waren bis zum 31. Dezember 1911 19 249 Konten im Gesamtbetrage von 1 125 638 900 Mk. eingetragen. Über die Entwicklung der Eintragungen in das Reichsschuldbuch gibt die nachstehende Tabelle eine Übersicht.

Es waren eingetragen am:

31. März 1893	84 067 400	Mk.
31. „ 1895	186 137 200	„
31. „ 1900	304 508 000	„
31. „ 1905	407 258 300	„
31. „ 1906	567 833 200	„
31. „ 1907	604 607 000	„
31. „ 1908	631 065 100	„

31. März 1909	686 381 400	Mk.
31. „ 1910	848 568 300	„
31. „ 1911	1 037 603 300	„
30. Juni 1911	1 079 700 000	„
30. Sept. 1911	1 099 805 600	„
31. Dez. 1911	1 125 648 900	„

Im Jahre 1912 haben die Eintragungen in das Staatsschuldbuch resp. in das Reichsschuldbuch weiter zugenommen.

Für wen kommt die Benutzung des Schuldbuches in Frage? Für jedermann, der preußische Konsols resp. deutsche Reichsanleihen zu dauernder Anlage besitzt oder erwerben will.

Was hat man zu tun, um sich eine Buchschuld eintragen zu lassen? Wer schon Besitzer von Konsols ist, sendet sie an die Hauptverwaltung der Staatsschulden und verbindet damit den Antrag, sie in das Staatsschuldbuch eintragen zu lassen. Wer noch nicht im Besitz von Konsols ist, kann auch ohne Ankauf von Konsols die Eintragung ins Staatsschuldbuch erwirken. Provision und Kurtage für den Ankauf kann er ersparen, wenn er sich an die Seehandlung (Preußische Staatsbank) wendet und dort lediglich sein Geld einzahlt. Er muß soviel einzahlen, wie er nach Kurswert und laufenden Zinsen zum Ankauf von Anleihen aufwenden müßte. Sollte z. B. der Ankauf am 6. Januar erfolgen, und zwar — so wollen wir annehmen — der Ankauf von 3000 Mark 4proz. Preußischer Konsols, so würde sich, wenn diese Preußischen Konsols mit April—Oktober-Kupons ausgestattet sind, und der Kurs 101% beträgt, die Rechnung folgendermaßen stellen:

Mk. 3000 Preußische 4proz. Konsols à 101%	3030	Mk.
Zinsen ab 1. Oktober 96 Tage	32	„
	3062	Mk.

d. h. um die Eintragung von 3000 4proz. Konsols in das Staatsschuldbuch zu erwirken, müßten 3062 Mk. bei der Seehandlung eingezahlt werden.

Die Seehandlung besorgt provisions- und kurtagefrei jede gewünschte Eintragung (4proz., 3½proz. und 3proz. oder auch Staffelanleihe) [1]. Bei jeder beliebigen Postanstalt innerhalb

[1]) Vgl. S. 43.

Preußens können an die Seehandlung auf deren Konto Geldeinzahlungen geleistet und Antragsformulare für Schuldbucheintragungen entgegen genommen werden. Alles dieses kostenlos. Wem es bequemer ist, kann auch bei jeder beliebigen Regierungshauptkasse oder Kreiskasse seine Konsols einliefern oder sein Geld einzahlen.

Welche Vorteile bietet die Eintragung in das Staatsschuldbuch gegenüber dem Besitz von Anleihestücken? Anleihestücke können beschädigt und vernichtet, gestohlen und verloren werden. Die Buchschuld ist diesen Gefahren nicht ausgesetzt. Die Aufbewahrung der Anleihestücke kostet, wenn man nicht Gefahr laufen will, sie in eigener Verwahrung zu behalten, fortlaufende Aufbewahrungsgebühren. Bei der Buchschuld werden solche Gebühren erspart. Bei Anleihestücken müssen die Zinsscheine abgeschnitten und versilbert werden. Die Zinsen der Buchschuld werden dem Berechtigten ohne die geringsten Umstände nach seiner Wahl durch Reichsbank-Girokonto oder durch Postsendung pünktlich ausgezahlt. Die Zinszahlungen erfolgen überdies in der Regel portofrei.

Welche Gebühren und Kosten entstehen? Laufende Kosten werden nicht erhoben. Völlig gebührenfrei ist aber auch die Eintragung der Buchschuld, sowie die Eintragung von Vermerken aller Art. Gebührenpflichtig ist nur die Austragung der Buchschuld. Sie kostet einmal 7½ Pfennig für 100 Mk. Für diese 7½ Pfennig kann sich also der Anleihebesitzer jahre- und jahrzehntelang und noch länger — solange es ihm beliebt! — von Sorge und Kosten der Aufbewahrung befreien und überdies seine Zinsen auf die bequemste und billigste Art beziehen.

Ebenso wie das Deutsche Reich und einige Bundesstaaten beginnen jetzt auch die Städte mehr und mehr Schuldbücher einzurichten. So erließ z. B. die Stadt M.-Gladbach kürzlich folgende Bekanntmachung:

Schuldbuch der Stadt M.-Gladbach.

Schuldverschreibungen der Stadt M.-Gladbach können unter Hinterlegung bei der Stadthauptkasse in das

Stadtschuldbuch

eingetragen werden.

Die Stadt besorgt alsdann die **gesamte Verwaltung** der hinterlegten Stadtobligationen **einschl. der Kontrolle der Verlosung, Übermittelung der Zinsen** usw.

Verwaltern von Kassen, Mündel-, Stiftungs- und ähnlichen Vermögen, sowie allen denjenigen, welche die Schuldverschreibungen als dauernde Kapitalanlage betrachten, ist die Benutzung des Stadtschuldbuches besonders zu empfehlen.

Über den Inhalt des Schuldbuches ist das gesamte mitwirkende Personal diensteidlich zu strengster Geheimhaltung verpflichtet.

Gebühren werden nur dann berechnet, wenn eingetragene Schuldverschreibungen zurückverlangt werden.

Wer Stadtanleihen erwirbt, kann mithin dieselben Bequemlichkeiten hinsichtlich Aufbewahrung seines Geldes genießen, wie der Käufer von deutschen Staatspapieren.

Neunter Abschnitt.

Stadtanleihen.

Mit den der Kurserhöhung der deutschen Anleihen geltenden Bestrebungen, auf die in dem Kapitel „Deutsche Staatsanleihen" hingewiesen wurde, steht vermutlich auch die Verfügung in einem gewissen Zusammenhang, die vor einiger Zeit die preußischen Minister des Innern und der Finanzen an die Oberpräsidenten gerichtet haben, um sie von neuem auf das Anschwellen der kommunalen Schuldenlast aufmerksam zu machen und sie zu strengerem Vorgehen gegen die sich als eine „bedrohliche Erscheinung" kennzeichnende Anleihevermehrung zu veranlassen.

Daß die schnelle Entwicklung, die die deutschen Großstädte im letzten Jahrzehnt genommen haben, eine erhebliche Zunahme der Ausgaben und speziell der Anleihen notwendig machte, ist bekannt und kann angesichts der vielen umfassenden Aufgaben, die den städtischen Verwaltungen auf allen Gebieten der Wohlfahrt zufielen, nicht als überraschend angesehen werden. Zuzugeben ist weiter, daß an dem finanzpolitischen Idealgrundsatz „Anleihen nur für werbende Zwecke" sich nicht immer festhalten ließ. Aber auch wenn die rasch wachsende Bevölkerungszahl und die technischen Fortschritte von den Städten einen beschleunigten Ausbau der Verkehrswege, die Herstellung vermehrter sanitärer und hygienischer Einrichtungen, die Umgestaltung der Beleuchtungsanlagen usw. verlangten oder ihnen nahelegten, so kann doch nicht bezweifelt werden, daß die Grenzen notwendiger Ökonomie häufig verlassen und auch für Luxuszwecke, Verschönerung der Straßen, Bau von Stadthallen, Brücken usw. hohe Schulden gemacht, Anleihen emittiert worden sind. Solange die hierdurch den Städten erwachsenden Lasten die Steuerkraft der Bevölkerung nicht überschritten, konnte die Sache hingehen. Es hat sich aber nachgerade gezeigt, daß manche Städte die Steuerschraube aufs äußerste anziehen müssen.

Das neueste Statistische Jahrbuch für den preußischen Staat enthält eine Übersicht über die Schulden und Steuern der preußischen Städte mit mehr als 10 000 Einwohnern im Rechnungsjahr 1911. Dabei ist es zunächst von Interesse, daß *Berlin* mit 212 Mk. kommunaler Kopfverschuldung hinter nahezu allen Großstädten zurückbleibt. Den *höchsten* Satz an Schulden weist *Frankfurt a. M.* mit 656 Mk. auf; danach kommen *Charlottenburg* und *Wiesbaden* mit je 515 Mk. Schulden. Von anderen preußischen Großstädten sind verschuldet: *Schöneberg* mit 443, *Dortmund* mit 413, *Düsseldorf* mit 412, *Berlin-Wilmersdorf* mit 401, *Elberfeld* mit 396, *Köln* mit 375, *Krefeld* mit 367, *Barmen* mit 363, *Kiel* mit 336 Mk. In weiterem Abstande davon folgen *Altona* mit 290, *Stettin* mit 287, *Erfurt* mit 280, *Posen* mit 269, *Königsberg*, *Neukölln* und *Kassel* mit 256, *Hannover* mit 242, *Magdeburg* und *Duisburg* mit 232, *Aachen* mit 231 und *Mülheim (Ruhr)* mit 225 Mk. Kopfverschuldung. Hinter Berlin bleiben zurück: *Breslau* mit 205, *Essen* mit 190, *Danzig* mit 180 und *Gelsenkirchen* mit 148 Mk. Von den preußischen Großstädten weist Kiel mit 250 v. H. den größten Kommunalsteuer-Zuschlag zur Staatseinkommensteuer auf; ihm nahe kommen Danzig mit 231, Barmen mit 230, sowie Königsberg und Gelsenkirchen mit 225 v. H. Mit 100 v. H. Zuschlag begnügten sich bisher Berlin, Charlottenburg, Schöneberg, Neukölln, Wilmersdorf und Wiesbaden, mit 103 v. H. Altona, mit 125 v. H. Hannover. Im übrigen gehören auch Großstädte mit etwa 200 v. H. Kommunalsteuerzuschlag durchaus nicht zu den Seltenheiten (Stettin, Posen, Dortmund, Krefeld u. a.), wozu alsdann noch sehr beträchtliche Realsteuern (Grund- und Gebäudesteuer, Gewerbesteuer, Betriebssteuer u. a.) kommen.

Abgesehen davon, daß die Städte die Steuerschraube übermäßig anziehen müssen, gibt es ein weiteres, wichtiges Moment, das für die Städte die Mahnung enthält, ihre Ausgaben und demgemäß ihre Anleiheemissionen mehr zu beschränken: Es hat sich gezeigt, daß die Aufnahmefähigkeit des Kapitals für neue Anleihen allmählich erlahmt.

Dieses Erlahmen kommt zum Teil in dem Kursrückgang zum Ausdruck, der auch den deutschen Stadtanleihen nicht erspart geblieben ist. Betrug noch vor wenigen Jahren die Durchschnittsverzinsung der deutschen Stadtanleihen 3½ %, so ist sie jetzt auf über 4 % — unter Berücksichtigung der Amortisationschance teilweise sogar nennenswert darüber — gestiegen. In absoluter Zahl betrachtet sind, wie auch schon in dem Kapitel „Deutsche Staatsanleihen" dargelegt [1]) wurde, die Kurse der 3½proz. und 3proz. Stadtanleihen vielfach höher, als die der Staatsanleihen. Die Begründung hierfür ist in der regelmäßigen Tilgung gegeben, die teils durch Auslosung, teils durch Rückkauf geschieht. Wo die Städte nach den Anleihebestimmungen die Wahl haben zwischen Auslosung oder Rückkauf, werden sie naturgemäß solange der Kurs sich unter 100 % hält, die Tilgung durch Rückkauf vornehmen. Welche Bedeutung die regelmäßige Tilgung für die Anleihebesitzer hat, darauf ist in der Presse wiederholt hingewiesen worden. So führte eine mit dem Markt der Stadtanleihen besonders vertraute Persönlichkeit, Herr M. Oske, in der Abendausgabe des Berliner Tageblattes vom 29. März 1911 u. a. folgendes aus:

[1]) Vgl. S. 47.

Den Inhabern 3½proz. und 3proz. Renten ist an dieser Stelle des öfteren empfohlen worden, ihre Anleihen nicht an den Markt zu bringen, ohne diese auf ihren wirklichen Wert zu prüfen. Denn die meisten, besonders 3½proz. Anleihen, die in ihrer großen Mehrheit spätestens 1930 bis 1940 getilgt sein müssen, verzinsen sich infolge der von Jahr zu Jahr stärker werdenden Amortisationen bei dem heutigen Kursstand mit 4 % und höher. Nun ist im Publikum vielfach die Anschauung vertreten, daß mit solchen Berechnungen nichts anzufangen sei, weil man ja schließlich die Effekten nicht immer deshalb besitzt, um sie bis zur letzten Rückzahlung al pari zu behalten; schließlich können ja die Kurse in späterer Zeit, in der man dann die Renten verkaufen will, unverändert oder gar noch ungünstiger sein, in welchem Falle der Kapitalschaden noch größer wäre. Diesem Einwand kann man die Spitze durch den Hinweis auf die Tatsache brechen, daß sich die Kurse, wenn nicht Ereignisse besonderer Art eintreten, jedes Jahr um den Bruchteil eines Prozentes durchschnittlich erholen *müssen*, weil die Einlösung der Stücke zum *Nennwert* zu geschehen hat. Und zwar werden sich die Kurse desjenigen Rentengebietes dem Parikurse am schnellsten nähern, deren Anleihen die kürzeste Tilgungsfrist haben; das ist der Markt der 3½proz. und 3proz. Stadtanleihen.

Die Vorboten dieser Bewegung sind auf diesem Gebiete bereits da: 34 (zum Teil augenblicklich gestrichene) 3½%ige Stadtanleihen von 59 mehrfach zusammennotierten Jahrgängen werden heute schon mit 94 % und teilweise beträchtlich höher bewertet. In den Kreisen des der Börse fernstehenden Publikums mag das buntscheckige Bild der Stadtanleihekurse oft Verwunderung erregen, den Kenner dieses Marktes überraschen solche Differenzierungen nicht. Es handelt sich hier um ein ungewöhnlich umfangreiches Gebiet mit mehreren hundert verschiedenartigen Anleihen, deren Kapital einschließlich der 4proz. Werte vier bis fünf Milliarden beträgt. An dieser Stelle soll heute in erster Reihe von den 3½proz. und 3proz. Stadtanleihen die Rede sein, und es dürfte die Renteninhaber interessieren, die inneren Verhältnisse dieses Marktes unter Zugrundelegung statistischer Berechnungen kennen zu lernen.

Eine Umfrage Anfang des Jahres 1911 bei allen Stadtverwaltungen im Reich, deren 3½proz. und 3proz. Anleihen an der Berliner Börse zugelassen sind, ergab das überraschende Resultat, daß von den seinerzeit ausgegebenen Anleihen in Höhe von 1 965 903 700 Mk. nur noch 1 574 544 000 Mk. = 80,09 % im Umlauf waren[1]). Von diesen Anleihen waren jedoch 84 500 000 Mk. (Dresden 1905, Konstanz, Nürnberg 1905 und 1906, Plauen, Regensburg 1901, 1903, 1905, Worms 1903 und Stettin Lit. R.) bisher noch keiner Tilgung unterworfen, so daß sich bei Nichtberücksichtigung dieser Summe die Verhältnisziffer sogar auf 79,20 % verschiebt. Hiernach waren also am Anfang d. J. von den bereits tilgbaren, in Berlin börsenfähigen Anleihen 20,80 % (391 359 700 Mk.!) gar nicht mehr vorhanden, inzwischen sind jedoch weiter viele Millionen aus dem Verkehr gezogen worden, weil die Tilgungen unaufhörlich in stets verstärktem Tempo fortschreiten. Diese Tilgungen betrugen für das Jahr 1910 — einschließlich der 3¾proz. Bonner Stadt- und der 3½proz. Teltower Kreisanleihen — 39 824 000 Mk. (unter Hinzurechnung der Tilgungen auf 6 350 000 Mk. der in Berlin nicht lieferbaren Teilbeträge von den 3½proz. Barmer, Marburger, M.-Gladbacher, Regensburger und Stuttgarter Anleihen, deren Amortisationen sich auf die ganzen Anleihen erstrecken). Hiervon sind 9 381 600 Mk. durch Auslosung zum Parikurs gekündigt worden, von denen wieder 6 692 100 Mk. einer Verlosungspflicht unterworfen waren, während 866 900 Mk. infolge des freiwilligen Verzichtes auf das Rückkaufsrecht seitens der drei Städte Dresden, Mannheim und Stuttgart, und endlich 1 822 600 Mk. deshalb zum Nennwert ausgelost wurden, weil der letztere Tilgungsbetrag durch Ankauf nicht erhältlich war. Durch Rückkauf getilgt wurden 30 442 400 Mk., welche Ziffer auf die 305 Börsentage des Jahres 1910 verteilt, einen Amortisationsbedarf von 100 000 Mk. pro Tag im Durchschnitt ergibt.

Diese Rückkäufe sind schon heute für die Entwicklung des Marktes von großer Bedeutung geworden. Früher oder später werden die

[1]) Die angegebene Zahl bezieht sich nur auf die 3½proz. und 3proz. Stadtanleihen, in denen mit einer einzigen Ausnahme seit dem Jahre 1906 keine Neuausgaben mehr stattgefunden haben. Der Gesamtbetrag an Anleihen inkl. der 4proz. ist nicht zurückgegangen, sondern wesentlich gewachsen.

Gemeinden nicht mehr wie bisher in der Lage sein, das Material für Tilgungszwecke aufzulesen, sie werden es fordern müssen. Diese Nachfrage allein, ohne die Kaufaufträge für Kapitalanlagen, betrug pro 1911 annähernd 3 % des Umlaufs aller durch Rückkauf tilgbaren 3½proz. Stadtanleihen, sie bildet also nicht nur ein Bollwerk gegen weitere Kursreduktionen, sondern auch das beste Fundament für die Erholung des Marktes. Wohin die Kurse unter Umständen gehen können, wenn beispielsweise Breslau, Dortmund, Düsseldorf nahezu je 1 Million, Köln, Frankfurt a. M. noch darüber, Magdeburg und München je 1¼ Million, Charlottenburg und Stettin 2 Millionen, Berlin sogar 13 Millionen ihrer Schuldverschreibungen ankaufen müssen, das zeigen die Kurse jener 34 Anleihen an, die bereits über 94 bis 99 % herauf notieren. Meines Erachtens bieten deshalb diese Anleihen — 176 von 276 Jahrgängen —, deren Tilgungsquoten durch Rückkauf gedeckt werden können, eine sicherere Gewähr gegen eventuelle Kursverluste als die (genau 100) 3½proz. und 3proz. Stadtanleihen, deren Tilgung alljährlich durch das Los zum Parikurs stattfinden muß. Während sich bei den ersteren jedes Jahr die Rückkaufsaufträge wiederholen, werden nur selten Ersatzstücke für die gekündigten Anleihen der verlosbareu Stadtanleihen gesucht. Daher bieten die letzteren nicht in diesem Maße die Chancen einer Kurssteigerung, weil deren Kurse in Ermangelung ähnlicher Nachfrage wie in den durch Rückkauf tilgbaren Stadtanleihen nicht die nötige Widerstandskraft innehaben, wenn ein Angebot sich bemerkbar macht. Die Chance in den nur auslosbaren Anleihen liegt eben lediglich in der Verlosung selbst.

Zu den nur durch das Los tilgbaren Anleihen gehören unter anderen die 3½proz. und 3proz. Anleihen von Kottbus, Darmstadt, Freiburg i. Br., Karlsruhe, Mainz, München (1886 bis 1894), Schöneberg (vom Jahre 1896) und andere. Ebenso haben bisher — wie bereits mitgeteilt — Dresden, Mannheim und Stuttgart ihre Anleihen nur ausgelost, obwohl ihnen das Recht des Rückkaufs zusteht. Ferner werden nur durch das Los alle in Berlin zur Notierung gelangenden 3proz. Stadtanleihen getilgt. Auch diese Anleihen sind wie die 3½proz. in ihrem inneren Wert voneinander durchaus verschieden. Während im Jahre 1911 von den 3proz. Anleihen der

Städte Regensburg, Bonn, Rostock, Lübeck 1,1, 1,2, 1,6 resp. 1,9 % der am 1. Januar 1911 umlaufenden Summe mit 100 % ausgelost werden, gelangen von den Anleihen von Nürnberg 2,6, von Kottbus und Offenburg 2,9, von Karlsruhe sogar 4 resp. 5,4 % des Umlaufs zur Auslosung. Bis 1910 waren von den einst mit 37 470 000 Mk. zugelassenen 3proz. Stadtanleihen insgesamt 1 873 600 Mk. durch Verlosung aus dem Verkehr gezogen. Diese Anleihen unterscheiden sich von den meisten 3½proz. dadurch, daß verstärkte Tilgungen, und dadurch eine frühere Gesamteinlösung, als in den Tilgungsplänen vorgesehen, bei den 3proz. Stadtanleihen nicht eintreten dürften. Dagegen werden in einer großen Anzahl 3½proz. Stadtanleihen durch Amortisationsverstärkungen die letzten Ziehungen um viele Jahre früher stattfinden, als in den Prospekten und dem Text der Effekten angegeben ist. Auch dieses Moment ist einer der wichtigsten Faktoren bei der Beurteilung der Marktlage, weil sich die wirkliche Verzinsung der Anleihen, die außerordentlichen Tilgungen unterworfen sind, wesentlich höher stellt.

Soweit die Ausführungen von Oske. Folgt man ihnen, so darf man es gewiß mit Genugtuung begrüßen, daß die zuständigen Regierungsstellen seit längerer Zeit der Anleihepolitik der deutschen Städte vermehrte Aufmerksamkeit schenken und besonders die Vorschriften für die Amortisationspflicht verschärft haben.

Während in dem Preußischen Erlaß vom 1. Juli 1891 der Amortisationssatz der Anleihen auf mindestens 1 % festgesetzt war, wird gegenwärtig von der Regierung für alle neu aufzunehmenden Kommunalanleihen als niedrigst zulässige Tilgungsquote der Satz von 1¼ % unter Zuwachs der ersparten Zinsen angesetzt. Eine entsprechende Erhöhung gegenüber den früheren Verhältnissen erfolgt für solche Inhaberanleihen, die schon nach den älteren Vorschriften in größerem Umfange zu tilgen waren, namentlich in den Fällen, in denen der Zweck einer Anleihe schon vor dem Zeitpunkte erschöpft ist, bei dem eine Anleihe unter der Voraussetzung einer 1¼proz. Amortisation zuzüglich der ersparten Zinsen getilgt sein würde. Beispielsweise hat beim Anleihebedarf für Straßenbauten und ähnlichen Unternehmungen jetzt eine Tilgung von mindestens 2½ % (früher 2 %), für Kanalisationsanleihen von rund 2 % jährlich (früher 1½ %)

stattzufinden. Für Anleihen, deren Erlös zu produktiven Zwecken verwendet wird, hat sich der Tilgungssatz möglichst nach der mutmaßlichen Lebensdauer der Anlagen zu richten. Er soll beispielsweise bei Schaffung von Gasanstalten aus Anleiheerlös möglichst hoch sein, damit die Anleihe in einer kürzeren als in einer 30jährigen Frist getilgt wird. Im allgemeinen bewegt sich die Tilgungsdauer zwischen 30 und längstens 40 Jahren. Die Städte pflegen nun bei Anleihen, deren Erlös zu verschiedenartigen Zwecken verwendet wird, die Tilgungssätze derart festzustellen, daß sie für die einzelnen Verwendungszwecke besondere Rechnungen aufmachen und dann die einzelnen Beträge zusammenfassen und einen Durchschnitt der Amortisation herausrechnen. Während früher jeder Teilbetrag der Anleihe nach einem besonders für ihn bestimmten Tilgungssatze amortisiert wurde, erfolgt jetzt aus praktischen Gründen die Gesamttilgung nach dem Durchschnittssatz.

Als Grundlagen für die Beurteilung einer Anleihe und Festsetzung der Sätze kommen für die Aufsichtsinstanzen vor allem folgende in Betracht:

die Steuerkraft, ihre Verteilung, sowie die Zuschläge in den letzten Jahren;
die Verschuldung, ob steigend oder stagnierend, das Verhältnis der Schulden zum Vermögen, die Frage, wie hoch sich die Schuld pro Kopf stellt;
das Steuersoll pro Kopf der Bevölkerung;
der Stand der kommunalen Finanzen im Verhältnis zu dem der Provinz und des Staates;
ob ein Zuwachs oder eine Abwanderung der Bevölkerung zu verzeichnen ist;
ob die Hausbesitzer und Gewerbetreibenden in besonderem Maße verschuldet sind; endlich
ob es sich um Luxusbauten, um soziale Bauten, um dringliche Ausgaben handelt.

Die hier wiedergegebenen Grundsätze für die Beurteilung einer Anleihe können auch für die Erwerber von Stadtanleihen maßgebend sein; nur steht diesen zumeist nicht das erforderliche Material zur Verfügung; denn die Prospekte, auf Grund deren neue Stadtanleihen zum Börsenhandel zugelassen werden, sind gewöhnlich sehr lückenhaft.

Was die Frage der Mobilisierungsmöglichkeit betrifft, so sind die an den Börsen eingeführten Anleihen leichter verkäuflich als die, die keinen öffentlichen Markt haben. Aber auch unter den ersteren gibt es wieder Unterschiede: die Anleihen der größeren Städte sind im allgemeinen leichter umzusetzen als die der mittleren und kleineren. In den Anleihen der mittleren und kleineren Städte finden zuweilen wochenlang keine Schlüsse statt. Das hat den Börsenvorstand im Jahre 1910 veranlaßt, die tägliche Kursfeststellung für einige Werte aufzuheben und nur zweimal in der Woche die Notierung durch die Kursmakter vornehmen zu lassen. Folgende Grundsätze wurden in dieser Beziehung vom Börsenvorstande aufgestellt:

> Für Stadtanleihen, die in Beträgen von weniger als 5 000 000 Mk. Nennwert an die Börse gebracht werden und wofür auch bei Zusammenlegen der Notiz mit anderen gleichartigen Anleihen ein Nennbetrag von 5 000 000 Mk. auf den sich die Notierung dann bezieht, nicht erreicht wird, wird nur zweimal in der Woche eine Kursfeststellung vorgenommen. Diese Kursfeststellung findet statt am Dienstag und Freitag jeder Woche und am 31. Dezember jeden Jahres. Fällt an einem dieser Tage die Börsenversammlung aus, so soll die Kursfeststellung am vorhergehenden Börsentage erfolgen. An den anderen Börsentagen wird im amtlichen Kursblatt die Notiz des vorangegangenen Notierungstages fortgeführt. Anleihen von Städten, die zu dem engeren Wirtschaftsgebiet von Berlin gehören, werden in allen Fällen börsentäglich notiert. Für Stadtanleihen, die neu an der Börse eingeführt werden, findet bis zum Schluß des auf die Einführung folgenden Semesters eine tägliche Kursfeststellung statt.

Mußten auch in den letzten Jahren wiederholt Mahnungen an die Stadtverwaltungen gerichtet werden, mit der Aufnahme neuer Schulden zurückhaltend zu sein, so können doch die deutschen Kommunalanleihen im allgemeinen als gute Kapitalanlage angesehen werden. Was die ausländischen Kommunalverwaltungen betrifft, so haben die italienischen Städte einen schlechten Ruf. Es braucht nur an die bösen Erfahrungen erinnert zu werden, die das deutsche Publikum mit den Prämienanleihen einiger italienischer Städte gemacht hat: Willkürliche Steuerbelastungen, Unregelmäßigkeiten bei den Ziehungen, vollständige Zahlungseinstellungen! Die Namen Barletta und Bari bilden in dieser Hinsicht ganz besonders unerfreuliche Kapitel in den Finanzgeschichten der italienischen Städte. Auch die Losanleihe der spanischen Hauptstadt, die 3proz. Madrider Losanleihe von 1868 hat dem deutschen Kapital Verluste gebracht. Die Kuponszahlungen wurden schon vier Jahre nach Emission der Anleihe sistiert.

Ausländische Stadtobligationen haben sich also keineswegs immer als ein einwandfreier Besitz erwiesen, und das deutsche Publikum wird gut daran tun, sorgfältige Auswahl zu treffen, wozu ihm die unter der Rubrik: „Ausländische Renten" veröffentlichten Ausführungen eine Anleitung geben.

Zehnter Abschnitt.

Landschaftl. Pfandbriefe. — Berliner Pfandbr. — Magdeb. Pfandbr. — Rentenbriefe.

Als gute Anlagepapiere haben sich in mehr als 140jähriger Entwicklung die landschaftlichen Pfandbriefe bewährt, Vereinigungen, die durch Friedrich den Großen ins Leben gerufen worden sind, in der Absicht eine Organisation des adeligen, später des allgemeinen ländlichen Grundbesitzes herbeizuführen. Nur einmal, in der schweren Zeit nach 1813, vermochten die Landschaften ihren Verbindlichkeiten nicht nachzukommen und mußten, wie damals alle Schuldner, durch staatliche Moratorien vor Exekutionen geschützt werden; seitdem aber haben politische wie wirtschaftliche Stürme, Kriege und Mißernten ihnen nichts anzuhaben vermocht, obwohl sie gerade durch letztere ihrer Natur nach viel schwerer getroffen werden als die beinahe ausschließlich dem städtischen Grundkredit dienenden Hypothekenbanken, so daß in solchen Jahren die Zinsrückstände bei den Landschaften gewöhnlich eine erhebliche Höhe erreichen.

Die älteste, die Schlesische Landschaft, wurde im Jahre 1769 begründet. Seitdem hat sich ihre Zahl in Preußen auf 17 erhöht. Außerdem bestehen ähnliche Verbände in Sachsen, Braunschweig, Mecklenburg usw.

Bei den älteren landschaftlichen Pfandbriefen waren alle Erfordernisse einer Hypothekenurkunde vorhanden, die Pfandbriefe waren als Teilhypothekeninstrumente auf ein bestimmtes, ihnen mit verpfändetes Gut ausgefertigt. Seit dem Jahre 1849 ist mit diesem System gebrochen worden. Die besondere Eintragung auf das einzelne Grundstück ist nicht mehr vorhanden, die Pfandbriefe sind lediglich Schuldverschreibungen der Landschaften, basiert auf deren sehr verschiedenartigen statutarischen Bestimmungen. Und diese Verschiedenheit der Fundierung erstreckt sich nicht nur auf die Pfandbriefe der verschiedenen Landschaften, sondern auch, wie wir noch sehen werden, auf die Pfandbriefe einer und derselben Landschaft. Bei den älteren Landschaften, der Schlesischen, Kur- und Neumärkischen, Pommerschen, Ostpreußischen und Westpreußischen, außerdem bei der Zentrallandschaft besteht eine Generalgarantie der Kreditverbundenen. Das heißt: Die Grundbesitzer alter Landschaften haben betreffs der von ihrem Verband ausgegebenen Pfandbriefe alle für einen und einer für alle aufzukommen, und zwar gleichviel ob der betreffende Grundbesitz „bepfandbrieft“ [1]) ist oder nicht. In Schlesien erstreckt sich die Generalgarantie auch auf die Domänen und in Ostpreußen auf die Domänen und Forsten des Staates. Bei den neueren Landschaften besteht eine Generalgarantie der Kreditverbundenen gar nicht oder doch nur teilweise. Im übrigen ergibt sich die Mannigfaltigkeit in der Fundierung der

[1]) Den Betrag der Darlehen empfangen die Grundbesitzer nicht in bar, sondern in Pfandbriefen zum Nennwert.

landschaftlichen Pfandbriefe aus folgender der Frankfurter Zeitung entnommenen Zusammenstellung:

Berliner Pfandbriefamt: solidarische Haftung der Verbundenen.

Kur- und Neumärkische: solidarische Haftung der Verbundenen.

Ostpreußische: solidarische Haftung aller beliehenen Güter, einschließlich aller bepfandbriefungsfähigen adligen usw. Landgüter, sowie die staatlichen Domänen und Forsten; Sicherheitsfonds.

Pommersche: solidarische Haftung.

Neue Pommersche: haftend auf solchen ländlichen Grundstücken, die von der Pommerschen Landschaft nicht beliehen werden können; Sicherheitsfonds und Tilgungsfonds.

Posener: 4proz. alte und D, 3½proz. ohne Buchstaben und 3proz. Buchstabe A, haften auf der ersten Hälfte, die anderen Emissionen auf dem vierten Sechstel des Wertes. Jede Emission hat eigene Fonds.

Sächsische: Für etwaige Verluste der Landschaft haften ihre Mitglieder solidarisch bis 5 % ihres Höchstschuldbetrages; doch darf diese Garantie bei jedem Mitglied nur einmal in Anspruch genommen werden.

Schlesische: Altlandschaftliche und Lit. A fundiert auf der ersten Werthälfte von Rittergütern, unter Generalgarantie der Kreditverbundenen; Lit. C auf dem vierten Sechstel von Rittergütern ohne Solidarhaft, bei eigenem Sicherheitsfonds und unter Haftung des eigentümlichen Fonds der Landschaft; Lit. D auf ländlichen Gütern bis ⅔ des Wertes, ohne Solidarhaft, aber mit eigenem Sicherheitsfonds.

Schleswig-Holsteiner: Für Ausfälle der Pfandbriefgläubiger haften die Verbandsmitglieder solidarisch bis 5% ihrer Darlehen.

Westfälische: Die Mitglieder haften bis 5 % ihres Höchstschuldbetrages einmal solidarisch.

Westpreußische (ritterschaftliche): Serie I bis zur Hälfte des Taxwertes mit Solidarhaft, Serie II auf dem sechsten Zehntel ohne Solidarhaft mit Sicherheitsfonds.

Neue Westpreußische: Für die von der Westpreußischen Landschaft nicht beleihbaren Güter; ohne Solidarhaft.

Zentrallandschaft: Solidarhaft sämtlicher mit Zentralpfandbriefen beliehenen Güter, daneben eigentümliche Fonds.

Die Solidarhaft der Kreditverbundenen bietet bis zu einem gewissen Grade die Gewähr dafür, daß bei der Beleihung der einzelnen Objekte mit besonderer Vorsicht vorgegangen wird: was aber die praktische Realisierbarkeit der Generalgarantie für den Ernstfall betrifft, so sind die Ansichten darüber geteilt. Professor Dr. v. Brünneck[1]) kommt in dieser Beziehung im wesentlichen zu folgendem Ergebnis:

Die Generalgarantie gewährt den Pfandbriefinhabern keinen unmittelbaren Anspruch gegen die einzelnen zur Landschaft verbundenen Grundeigentümer. Das Recht der Pfandbriefinhaber aus der Generalgarantie beschränkt sich darauf, daß sie berechtigt sind, zu verlangen, daß die Landschaft, sofern sie ihren Verpflichtungen aus eigenen Mitteln nicht mehr nachzukommen vermag, auf das Vermögen ihrer Mitglieder zurückgreift. Dieser Rückgriff kann aber nur geschehen unbeschadet der auf den einzelnen Gütern im Grundbuche eingetragenen Hypotheken und sonstigen Realrechte.

Die Sicherheit des Kapitals und der Zinsen der landschaftlichen Pfandbriefe beruht, wenn man die Garantiefrage ausscheiden läßt, in der Hauptsache auf den erworbenen Amortisationshypotheken. Hinsichtlich der Frage, ob den Pfandbriefinhabern ein Vorrecht auf die Unterlagshypotheken zusteht, kommt Prof. v. Brünneck in seiner schon erwähnten Arbeit zu dem Resultat, daß den Pfandbriefinhabern weder ein Realrecht an den beliehenen Gütern noch ein Faustpfandrecht an den Hypothekenurkunden zustehe. Die in den Statuten der Landschaften begründeten Vorrechte der Pfandbriefinhaber hätten mit der Einführung der Konkursordnung ohne weiteres ihre Geltung verloren. Die im Einführungsgesetz zur Reichskonkursordnung in Aussicht genommene landesgesetzliche Einführung eines Faust-

---

[1]) Die Pfandbriefsysteme der Preußischen Landschaften.

pfandrechtes zugunsten der Pfandbriefinhaber ist bisher nicht erfolgt. [1])

Das Ergebnis, zu dem Professor v. Brünneck kommt, ist insofern nicht ganz bedeutungslos, als aus der Garantie einzelner Landschaften für ihre Darlehnskassen sehr wohl einmal erhebliche Ansprüche entstehen können. Die Darlehnskassen bezwecken, den Verbundenen der Landschaft vorübergehenden Personalkredit zu verschaffen, vor allem aber haben sie bei Aufnahme, Konvertierung, Verwertung und Ablösung der Pfandbriefschulden mitzuwirken und dadurch die Operationen der Landschaften selbst zu unterstützen und zu ergänzen. Im übrigen ist die Geschäftstätigkeit der Darlehnskassen eng umgrenzt, spekulative Unternehmungen sind ihnen gänzlich untersagt. Das schließt allerdings Verluste nicht völlig aus, es hinderte z. B. nicht, daß die Kur- und Neumärkische Ritterschaftliche Darlehnskasse durch Lombardierung beim Kontokorrentverkehr seinerzeit in industrielle Engagements hineingeriet, die dem Institut Verluste brachten. Laut Statut ist die Darlehnskasse mit dem Ritterschaftlichen Kreditinstitut unter dessen Garantie verbunden, dieses ist als Inhaberin der Firma eingetragen und haftet für die von der Kasse ausgegebenen Schuldverschreibungen (Kommunalobligationen) [2]).

Die landschaftlichen Pfandbriefe dürfen zur Anlegung von Mündelgeld benutzt werden, und das Vertrauen, das sich hierin aus-

[1]) Die Rechte der Pfandbriefinhaber unterscheiden sich mithin zurzeit von denen anderer Gläubiger nicht; die Pfandbriefbesitzer können sich im Wege der Zwangsvollstreckung an das Aktivvermögen des Schuldners halten. Auf diese Weise können sie naturgemäß auch die vorhandenen Hypotheken des Instituts pfänden und sich überweisen lassen. Dadurch rücken sie dann (in Höhe ihrer Forderung) in die vollen Gläubigerrechte des Hypothekars ein. Nichts anderes besagt es, wenn beispielsweise in den Statuten §§ 15, 15 a) des Berliner Pfandbriefamtes den Pfandbrief- und Zinsscheininhabern das Recht eingeräumt wird, sich bei Ausbleiben fälliger Zahlungen „durch das Gericht irgendeine Hypothek des Pfandbriefinstituts nach ihrer Wahl mit dem Rechte des Zessionars überweisen zu lassen". Dieses Recht bedeutet eine besondere Sicherung der Pfandbriefinhaber gegenüber sonstigen Gläubigern nicht.

[2]) Ähnlich wie die Hypothekenaktienbanken gibt die Kur- und Neumärkische Ritterschaftliche Darlehnskasse Obligationen auf Grund von Darlehen an Kommunen aus.

spricht, ist nach der schon in der Einleitung hervorgehobenen, bisherigen Entwickelung vollauf berechtigt. Immerhin zeigen die vorstehend gegebenen Darlegungen, daß das System der Landschaften und ihre Pfandbriefausgaben einer einheitlichen und rechtlich völlig geklärten Organisation entbehren. Das zum Ausdruck zu bringen, war besonders deshalb notwendig, weil die Publizität der Landschaften sehr zu wünschen übrig läßt, und laut § 40 des Börsengesetzes landschaftliche Pfandbriefe ohne Prospekt an die Börse gelangen. In den Kursen der Pfandbriefe der Landschaften kommen gegenwärtig die Unterschiede in der Fundierung der einzelnen [1]) Kategorien kaum zum Ausdruck. Immerhin wird der Erwerber landschaftlicher Pfandbriefe nicht wahllos zu kaufen brauchen, sondern die oben erwähnten Unterschiede berücksichtigen können.

Vergleicht man die landschaftlichen Pfandbriefe mit den Hypothekenbankpfandbriefen, so spricht zugunsten der ersteren:

> Die erworbenen Hypotheken sind Amortisationshypotheken, so daß die Schulden der Darlehnsnehmer sich von Jahr zu Jahr verringern *sollen*.
>
> Das Taxwesen gilt als besser ausgebildet.
>
> Die Landschaften sind keine Erwerbsinstitute.

Zugunsten der Hypothekenbanken spricht vor allem, daß sie ein großes Aktienkapital und zumeist hohe Reserven haben.

* * *

Auf denselben Ideen aufgebaut wie die Preußischen Landschaften ist das im Jahr 1868 von den Berliner Stadtbehörden begründete Berliner Pfandbriefinstitut, dessen Ziel die Erleichterung des städtischen Hypothekarkredits ist.

Das juristische Prinzip, das sowohl den Landschaften als auch dem Berliner Pfandbriefinstitut zugrunde liegt, ist dasjenige einer öffentlich-rechtlichen Gesellschaft nach den Vorschriften des Preußischen Allgemeinen Landrechts. Die Grundbesitzer, die ihre Grundstücke „bepfandbriefen" wollen, schließen sich unter der Autorität der

[1]) Vgl. S. 63 u. 64.

öffentlichen Behörden zu einem Verein zusammen. Dieser gibt auf Grund einer Königlichen Ermächtigung Pfandbriefe, d. h. auf den Inhaber lautende, mit Zinsscheinbogen versehene Schuldverschreibungen aus. Schuldner ist bei diesem Verhältnis der Verein als solcher, Gläubiger der jeweilige Inhaber des Pfandbriefs. Die „Bepfandbriefung" geschieht in der Art und Weise, daß der Grundstückseigentümer dem Verein mit seinem Grundstück Hypothek bestellt, und zwar zur ersten Stelle des Grundbuchs. In der Höhe der Hypothek werden ihm Pfandbriefe ausgehändigt, die er an der Börse verkaufen lassen kann. Der Grundstückseigentümer ist also Schuldner des Vereins, dem er selbst angehört.

So hat der Verein eine Doppelstellung: er ist Gläubiger des Grundeigentümers und Schuldner des Kapitalisten, der sein Geld in Pfandbriefen anlegt. Der Verein vermittelt dadurch den Verkehr zwischen dem Grundeigentum und dem beweglichen Kapital, dessen der Grundeigentümer bedarf, um sein Grundstück zu bewirtschaften und nutzbar zu machen. Während sich bei der gewöhnlichen Hypothek, der sogenannten Individualhypothek, nur zwei Personen gegenüberstehen, der Grundeigentümer als Schuldner und der Hypothekenbesitzer als Gläubiger, tritt bei der „Bepfandbriefung" zwischen diese beiden Personen das Pfandbriefinstitut. Es gewährt einerseits dem Kapitalisten eine verstärkte Sicherheit dadurch, daß dieser sich nicht an einen einzelnen Schuldner zu halten braucht, und andererseits bietet es dem Grundstückseigentümer den großen Vorteil, daß er nicht von dem Wohlwollen eines einzelnen Gläubigers abhängig ist, sondern als Schuldner einer Behörde gegenübersteht, die ihn nach feststehenden Verwaltungsgrundsätzen behandelt, *ihm das Darlehn auch — abgesehen von gewissen Ausnahmefällen — niemals kündigen darf.*

Die Berliner Pfandbriefe sind mündelsicher für den Bereich des Preußischen Staates. Der Gesamtbetrag der ausgegebenen Pfandbriefe darf den Gesamtbetrag der dem Berliner Pfandbriefinstitut zustehenden hypothekarischen Kapitalforderungen nicht übersteigen. Bei jeder Kassenrevision muß der Beweis hierfür geführt werden.

Die unmittelbare Aufsicht über das Pfandbrief-Institut führt der Berliner Magistrat; das Pfandbriefamt ist indes keine städtische Institution, und die Stadt Berlin haftet nicht für die Verbindlichkeiten des Pfandbriefamtes. Dagegen ist z. B. das Pfandbriefamt der Stadt Magdeburg[1]), dessen Pfandbriefe, ebenso wie die des Berliner Pfandbriefamts zur Notierung an der Berliner Börse zugelassen sind, eine rein städtische Institution. Für die Verbindlichkeiten des Pfandbriefamtes der Stadt Magdeburg haftet die Stadtgemeinde ohne Einschränkung. Infolgedessen sind die Pfandbriefe des Magdeburger Pfandbriefamtes im ganzen Deutschen Reiche zur Anlegung von Mündelgeldern geeignet, die Berliner Pfandbriefe, wie schon oben erwähnt, nur in Preußen. Und dies, obwohl die Beleihungsgrenze bei dem Magdeburger Pfandbriefamt weniger eng gezogen ist als bei dem Berliner Pfandbriefamt. Die Beleihung der Grundstücke darf sich nämlich in Magdeburg bis zu 60 % Wertes der Grundstücke erstrecken, während die Beleihungsbedingungen des Berliner Pfandbriefamtes ungefähr eine Beleihung bis zu 50 % involvieren. Im übrigen ist über die Grundlagen der Magdeburger Pfandbriefe folgendes zu bemerken: Der Gesamtbetrag der im Umlauf befindlichen Pfandbriefe muß durch Hypotheken von mindestens gleicher Höhe und mindestens gleichem Zinsfuße gedeckt sein; die Pfandbriefe sind hierbei mit ihrem Nennwert in Rechnung zu stellen. Ist infolge Rückzahlung von Hypotheken diese Deckung nicht mehr vollständig vorhanden, und ist weder die Ergänzung durch andere Hypotheken noch die Einziehung eines entsprechenden Betrages der Pfandbriefe sofort ausführbar, so hat die Verwaltung die fehlende Deckung einstweilen durch Schuldverschreibungen des Deutschen Reiches, eines Deutschen Bundesstaates oder einer deutschen kommunalen Körperschaft oder durch bares Geld zu ersetzen. Die Schuldverschreibungen dürfen höchstens mit ihrem Kurswerte in Ansatz gebracht werden.

---

[1]) Das Pfandbriefamt der Stadt Magdeburg ist auf Grund der Satzungen vom 10. Juni 1911 zwecks Gewährung von Darlehen gegen erststellige hypothekarische Sicherheit auf bebaute Grundstücke im Stadtbezirke Magdeburg errichtet worden. Mit Allerhöchster Ermächtigung vom 18. September 1911 ist dem Pfandbriefamt unter dem 12. Oktober 1911 die ministerielle Genehmigung zur Ausgabe von Pfandbriefen zunächst bis zum Gesamtbetrage von 20000000 Mk. erteilt worden.

Beide Pfandbriefe, die Berliner sowohl als auch die Magdeburger, dürfen den besten festverzinslichen Werten zugezählt werden.

* * *

Als Anlagepapiere ersten Ranges kommen von den Werten, die auf den Grundbesitz fundiert sind, auch die sogenannten Rentenbriefe in Betracht. Ja, die Rentenbriefe verdienen unter dem Gesichtspunkte der Sicherheit vor den landschaftlichen Pfandbriefen den Vorzug, weil der Staat die formelle Bürgschaft für Kapital und Zinsen nach § 3 des preußischen Rentenbankgesetzes vom 2. März 1850 übernimmt. Die Rentenbriefe sind entstanden aus der Ablösung grundherrlicher Hoheitsrechte. Die bäuerlichen Besitzer hatten noch aus der Zeit der Leibeigenschaft her den Grundherren gegenüber Verpflichtungen in Gestalt von Naturalleistungen. Die moderne Gesetzgebung machte eine Umwandlung der Naturalleistungen in Geldleistungen erforderlich, und zwar übernahmen deren Einziehung die durch das Gesetz vom 2. März 1850 errichteten Rentenbanken. Die zur Ablösung kommenden Reallasten wurden abgeschätzt, und die Bauern verpflichtet, die von ihnen zu zahlende Rente an die Rentenbanken abzuführen. Der berechtigte Grundherr wurden durch Schuldverschreibungen der Rentenbank abgefunden, die mit 4 % verzinslich sind. Und zwar empfing jeder Berechtigte den zwanzigfachen Betrag der abgeschätzten Jahresrente.

Außer den 4proz. Rentenbriefen, deren Ausgabe zur Ablösung der bäuerlichen Lasten erfolgte, haben die Rentenbanken auch 3½proz. Rentenbriefe emittiert zum Zwecke der erleichterten Errichtung von Rentengütern. Dieses System beruht auf einem Gesetz vom 7. Juli 1891, das u. a. die Rentenbanken ermächtigt, 3½proz. Rentenbriefe auszugeben, die zur Zahlung des Kaufgeldes oder Restkaufgeldes an den Verkäufer dienen sollen, während der Käufer das Rentengut zugunsten der Rentenbank hypothekarisch verpfändet. Die Realsicherheit der 4proz. Rentenbriefe gilt als besser als die der 3½proz. Rentenbriefe.

Elfter Abschnitt.

Hypothekenbank-Obligationen.

Pfandbriefe, Kommunal-Schuldverschreibungen und Kleinbahn-Schuldverschreibungen; Prämienpfandbriefe; Auslandswerte.

Während die Beleihung des ländlichen Grundbesitzes in erster Reihe den Landschaften zufällt, sind die Hypotheken-Aktien-Banken die wichtigsten Darlehnsgeber für den städtischen Grundbesitz. Über das Wesen der Hypothekenbanken und die Art ihres Geschäftsbetriebes wird des näheren in dem Abschnitt „Bankaktien" gesprochen. Können auf Grund der dort angestellten Untersuchungen die Aktien der deutschen, den Bestimmungen des Reichshypothekenbankgesetzes unterstellten Hypothekenbanken, als eine relativ sichere Kapitalanlage gekennzeichnet werden, so gilt das in wesentlich verstärktem Maße von den Obligationen[1]) der Hypothekenbanken. Man wird hier zu unterscheiden haben zwischen den sogenannten Hypothekenbank-Pfandbriefen, Hypothekenbank-Kleinbahnobligationen und den Hypothekenbank-Kommunalobligationen[2]).

Der Gesamtbetrag der im Umlaufe befindlichen Hypothekenpfandbriefe muß nach § 6 des Hypothekenbankgesetzes in Höhe des Nennwerts jederzeit durch Hypotheken von mindestens gleicher Höhe und mindestens gleichem Zinsertrage gedeckt sein. Werden von einer Hypothekenbank auf Grund von Darlehen, die an Kleinbahnunternehmungen gegen Verpfändung der Bahn gewährt sind, Schuldverschreibungen (Kleinbahnobligationen) ausgegeben, so müssen diesen Schuldverschreibungen jederzeit

[1]) Inwieweit zur Anlage von Mündelgeldern zulässig, ergibt sich aus dem Kapitel „Mündelsichere Wertpapiere".

[2]) Der Betrag der von den Hypothekenbanken ausgegebenen Hypothekenpfandbriefe übersteigt um ein Vielfaches den Betrag der Kleinbahn- und Kommunalobligationen.

Darlehnsforderungen von mindestens gleicher Höhe und mindestens gleichem Zinsertrage gegenüberstehen. Dieselbe Bestimmung gilt für Schuldverschreibungen (Kommunalobligationen), die ausgegeben sind auf Grund nicht hypothekarischer Darlehen an Körperschaften des öffentlichen Rechtes. Das heißt also: jedes von einer Hypothekenbank ausgegebene Emissionspapier muß durch entsprechende Unterlagen, die einem Treuhänder [1]) übergeben werden, fundiert sein.

Hinsichtlich der Beleihungstätigkeit der Hypothekenbanken enthält das Gesetz eine ganze Reihe von Schutzvorschriften, deren wichtigste die sind, daß die Beleihungssumme nicht über 60 % des Wertes des beliehenen Objektes hinausgehen soll, daß die Beleihung in der Regel zur ersten Stelle erfolgen und nur solche Grundstücke betreffen darf, die einen dauernden Ertrag bringen. Die Geschäftstätigkeit der Hypothekenbanken ist im übrigen eng begrenzt [2]) und um ihnen Schädigungen möglichst fernzuhalten, sind z. B. folgende Bestimmungen getroffen: Der Erwerb von Grundstücken ist den Hypothekenbanken nur zur Verhütung von Verlusten an Hypotheken oder zur Beschaffung von eigenen Geschäftsräumen gestattet. Das Wertpapierkonto darf nur eigene Pfandbriefe enthalten oder eventl. solche Effekten, die die Notenbanken auf Grund des Bankgesetzes von 1875 kaufen dürfen. (Im wesentlichen deutsche Staats- und Kommunalanleihen, Pfandbriefe der Landschaften usw. und Hypothekenbankpfandbriefe.) Wechsel darf eine Hypothekenbank nur insoweit erwerben, wie diese den Ansprüchen genügen, die eine Notenbank hinsichtlich der Qualität der Wechsel stellen muß. (Der Wechsel muß spätestens in drei Monaten fällig und mit mindestens zwei guten Unterschriften versehen sein.) Lombardgeschäfte darf die Hypothekenbank nur auf Grund einer bestimmten Anweisung machen, die die Genehmigung der Staatsbehörden finden muß.

Naturgemäß können die durch das Gesetz getroffenen Schutzmaßregeln nicht absolut gefahrausschließend wirken; die Möglichkeit von Verlusten, wenn sie auch auf ein Mindestmaß herabgesetzt worden ist, konnte nicht und kann wohl nie gänzlich aus der

[1]) Zumeist aktive oder inaktive Staatsbeamte.

[2]) Vgl. Abschnitt Nr. 13 „Bankaktien".

Welt geschafft werden. Politische und wirtschaftliche Krisen namentlich können zu Entwertungen der von den Hypothekenbanken beliehenen Grundstücke und damit zu unmittelbaren Vermögensverlusten der Banken führen, und die Obligationäre würden ihren Anteil daran zum mindesten in der Kursbewegung der Pfandbriefe zu fühlen bekommen. Schon leichtere Krisen, insbesondere solche auf dem Bau-, Terrain- und Grundstücksmarkte, haben gewöhnlich ein wenn auch leichtes Sinken der Pfandbriefkurse zur Folge im Zusammenhang mit der Tatsache, daß die Verlustmöglichkeit für die Hypothekenbanken bei einer ungünstigen Lage des Immobilienmarktes in größere Nähe gerückt ist.

Die Qualität der Deckung der Obligationenunterlagen pflegt in verschiedenen Bundesstaaten, so insbesondere in Preußen, durch die Staatsaufsicht (Staatskommissar oder Bankinspektoren) nachgeprüft zu werden. Da die richtige Schätzung der zu beleihenden Grundstücke den Angelpunkt der Solidität einer Hypothekenbank bildet, ist auf die Zuverlässigkeit der Grundstückstaxe seitens der Bankverwaltungen und der Aufsichtsbehörde das Hauptaugenmerk zu richten. Die Schätzung darf nicht ausschließlich auf einer Rentabilitätsberechnung, z. B. Zusammenzählung der Mietzinse beruhen, sondern muß auch andere Faktoren, wie die Brandversicherung, die früheren Kaufpreise sowohl des in Frage stehenden Objekts als anderer Grundstücke in ähnlicher Lage oder mit ähnlicher wirtschaftlicher Beschaffenheit berücksichtigen, überhaupt in einer der Wahrheit möglichst nahekommenden Weise den Wert des zu beleihenden Objekts zu ermitteln suchen.

Ein Pfandrecht steht den Besitzern der Hypothekenpfandbriefe und sonstigen Emissionspapiere an den Deckungsunterlagen nicht zu; man hat sich vielmehr darauf beschränkt, die Pfandbriefgläubiger ohne Einräumung eines Pfandrechtes im Konkurse sicherzustellen [1]). Aus

[1]) § 35 Abs. 1 des Hypothekenbankgesetzes lautet: „Ist über das Vermögen der Hypothekenbank der Konkurs eröffnet, so gehen in Ansehung der Befriedigung aus den in das Hypothenregister eingetragenen Hypotheken und Wertpapieren die Forderungen der Pfandbriefgläubiger den Forderungen aller anderen Konkursgläubiger vor. Das Gleiche gilt von Geld, das dem Treuhänder zur Deckung der Hypothekenpfandbriefe in Verwahrung gegeben ist. Die Pfandbriefgläubiger

diesem Grunde wird von manchen Seiten der Ausdruck „Pfandbrief", der durch den Gesetzestext eingeführt ist, als irreführend beanstandet.

Bei Betrachtung der Bilanz der Hypothekenbank wird man, um ein Urteil über die Deckung der ausgegebenen Pfandbriefe und Obligationen zu gewinnen, zunächst auf den Aktivposten „Unterlagshypotheken" und auf den Passivposten „Pfandbriefe" zu achten haben. Je größer die Differenz, desto besser gedeckt erscheinen die Pfandbriefe, vorausgesetzt, daß alle Unterlagshypotheken tatsächlich von guter Qualität sind. Das heißt also: die Sicherung der Pfandbriefe einer Bank, die 300 Mill. Mk. Unterlagshypotheken hat, und deren Pfandbriefumlauf 280 Mill. Mk. beträgt, ist besser als die Sicherung der Pfandbriefe einer Bank, die bei 300 Mill. Mk. Unterlagshypotheken 298 Mill. Mk. Pfandbriefe in den Verkehr gebracht hat. Die zweite Prüfung, die man anzustellen hat, muß sich auf das Verhältnis des Pfandbriefumlaufs zu dem Aktienkapital und zu den Reserven erstrecken. Hier kann man sagen: Je kleiner die Differenz, desto größer erscheint die Sicherheit der Pfandbriefe. Die Situation einer Bank, die bei 20 Mill. Mk. Aktienkapital 150 Mill. Mk. Obligationen im Umlauf hat, erscheint in einem günstigeren Lichte als die Situation einer Hypothekenbank, die bei 20 Mill. Mk. Aktienkapital 300 Mill. Mk. Obligationen emittiert hat. Denn die Sicherung beruht ja außer auf den Hypotheken auch auf dem Aktienkapital.

Nun wäre es allerdings falsch, den Pfandbrief einer Hypothekenbank aus der Erwägung heraus zu kaufen, daß der Pfandbriefumlauf im Vergleiche mit dem Hypothekenbestand respektive mit dem Aktienkapital niedrig ist. Denn dieses Verhältnis kann sich jederzeit ändern, weil die Bank das Recht hat, Hypothekenpfandbriefe bis zum vollen Betrage der in ihrem Besitz befindlichen Unterlagshypotheken und bis zum fünfzehnfachen Betrage des eingezahlten Grundkapitals und Reservefonds auszugeben. Das Verhältnis zwischen Hypothekenbestand und Pfandbriefumlauf einerseits und Aktienkapital, Reserven und

haben untereinander gleichen Rang". (Für die Inhaber von Hypothekenbank-Kommunalobligationen und Hypothekenbank-Kleinbahnobligationen finden die Bestimmungen des § 35 sinngemäße Anwendung. § 41, § 42 des Gesetzes.)

Pfandbriefumlauf andererseits läßt also zwar einen Schluß auf die derzeitige Situation der Hypothekenbank zu; keinesfalls wird man aber daraus für alle Zukunft Schlüsse ziehen dürfen.

Will man weitere Prüfungen vornehmen, so hätten sich diese u. a. zu erstrecken auf die Höhe der Zinsrückstände der Schuldner, auf die Subhastationen, an denen die Bank beteiligt ist, und auf die Werte, mit denen das Aktienkapital und die Reserven belegt sind. Dabei wird besonders auch darauf zu achten sein, wieviel „freie", nicht als Deckung für die Pfandbriefe geeignete Hypotheken die Bank erworben hat. Die Situation einer Bank, die nur wenige zur Pfandbriefdeckung nicht geeignete Hypotheken besitzt, ist günstiger zu beurteilen als die Situation einer Bank, die einen großen Teil des Aktienkapitals in freien Hypotheken angelegt hat.

Weiter hat die Prüfung der Verhältnisse einer Hypothekenbank die „Stückelung" der Hypotheken zu beobachten und insbesondere auch festzustellen, ob sich große Posten unter den Hypotheken befinden. Je mehr das Risiko verteilt ist, desto günstiger darf im allgemeinen die Lage der Hypothekenbank beurteilt werden. Infolgedessen wird es nicht zu Unrecht getadelt, wenn eine Hypothekenbank ein einziges Grundstück mit sehr großen Summen beleiht. Um die damit verknüpfte Gefahr herabzumindern, haben die Hypothenbanken in manchen Fällen sich zu den sogenannten Millionenbeleihungen nur dann verstanden, wenn die Hypothek durch eine angesehene Kreditbank garantiert wurde. So hat z. B. für die Beleihung des Warenhauses A. Wertheim in der Leipziger Straße in Berlin durch die Hypothekenbank in Hamburg die Diskonto-Gesellschaft eine Bürgschaft für Kapital und Zinsen übernommen.

Die Aufsichtsbehörde erscheint den Millionenbeleihungen gegenüber als retardierendes Element. Insbesondere gegen „reine" Industriebeleihungen soll sie nicht selten ihre warnende Stimme erhoben haben — sicherlich zum Nutzen der Pfandbriefgläubiger.

Die Sicherheit von Industriehypotheken, sowohl von solchen auf Fabrikgrundstücken wie auf Warenhäusern und Hotels, beruht im wesentlichen auf der Wiederverwendbarkeit des beliehenen Grundstücks, sei es zu denselben, sei es zu anderen Zwecken. Die Ertragsfähigkeit des Grundstücks muß als dauernd — eventuell auch in der Hand eines neuen Eigentümers — nachgewiesen sein; in diesem Falle kann die Beleihung bei vorsichtiger Bewertung als unbedenklich gelten. Für die großen Darlehen, die Millionenbeleihungen der Hypothekenbanken, kommen vorwiegend Grundstücke jener Art (Warenhäuser usw.) in Frage. Wegen der besonderen Natur dieser Geschäfte ist eine Übersicht über Anzahl und Höhe der von den einzelnen deutschen Hypothekenbanken gewährten Millionendarlehen nicht ohne Interesse. Die hier folgende Tabelle gibt über Bestand und Höhe der Millionenbeleihungen der deutschen Hypothekenbanken nach dem Ausweis vom 31. Dezember 1911 Auskunft:

	1—1,5 Mill.M.	1,5—2 Mill.M.	2—3 Mill. M.	3—4 Mill. M.	4—5 Mill. M.	Mehr als 5 Mill. Mk.	Anzahl der Mill.-Beleihg.	Betrag der gewährten Millionen-Darlehen.
Deutsche Hypothekenbk. Berlin	8	4	1	—	1	—	14	24 240 000
Preuß. Bodenkredit-Akt.-Ges.	15	13	4	1	1	—	34	34 200 000
Preuß. Zentralbod.-Kr.-Akt.-G.	20	5	4	2	1	1	33	58 594 779
Preuß. Pfandbriefbank	5	13	—	—	1	—	19	34 550 000
Pr. Hypotheken-Akt.-Bank...	5	3	2	—	—	—	10	16 876 500
Berl. Hypothekenb. Akt.-Ges. .	14	7	1	—	1	1	24	42 530 350
Schles. Bodenkreditbk. Breslau	9	1	—	—	—	—	10	11 814 000
Norddeutsche Grundkr.-Bank .	4	—	—	—	—	—	4	5 048 500
Rh.-Westf. Bodenkr.-Bank Köln	1	—	1	—	—	—	2	3 768 964
Frankf. Hypothekenbank.....	2	—	1	—	—	—	3	4 915 000
Hypothekenbank in Hamburg .	12	5	5	1	—	1	24	46 523 019
Braunschw.-Hannov. Hyp.-B.	2	1	—	—	—	—	3	4 295 000
Leipziger Hypothekenbank...	1	—	—	—	—	—	1	1 100 000
Dtsch. Grundkreditbank Gotha	19	11	10	4	2	—	46	85 858 192
Deutsche Hyp.-Bank Meining.	5	3	2	1	—	—	11	20 099 483
Pfälz. Hyp.-B. Ludwigshafen	2	1	1	1	—	—	5	10 208 485
Rhein. Hyp.-Bank Mannheim	6	2	—	—	—	—	8	10 929 750
Württ. Hyp.-Bank, Stuttgart	5	1	—	—	—	—	6	7 778 663
Bay. Bodenkr.-Anst., Würzb.	6	2	—	—	—	—	8	11 613 541
Vereinsbank, Nürnberg	2	1	—	—	—	—	3	4 400 000
Bayer. Handelsbank	17	2	2	—	—	—	21	28 373 844
Bayer. Hyp.- u. Wechselbank .	17	7	5	5	1	1	36	74 316 787
Südd. Bodenkr.-Bank, München	3	2	—	—	—	—	5	7 041 174
Bayer. Vereinsbank	9	5	5	2	—	—	21	39 005 906

Aus der Tabelle ergibt sich, daß die absolut höchste Anzahl von Millionenbeleihungen (d. h. Beleihungen in Posten von mehr als einer Million Mark) die Deutsche Grundkreditbank in Gotha vorgenommen hat; sie übertrifft mit 46 Beleihungen in Gesamthöhe von 85 858 192 Mk. selbst die Bayerische Hypotheken- und Wechselbank, die 36 „Millionendarlehen" mit insgesamt 74 316 787 Mk. vergeben hat, wobei noch zu berücksichtigen ist, daß der Gesamtbestand an Registerhypotheken bei der Gothaer Bank Ende 1911 338 520 000 Mk. betrug, während der Bestand der Bayerischen Hypotheken- und Wechselbank zur gleichen Zeit sich auf 1 114 540 000 Mk. belief. Bekannt ist, daß die Deutsche Grundkreditbank in Gotha am Berliner Markt vielfach interessiert ist. Absolut und relativ weit niedriger stellt sich die Höhe der Millionenbeleihungen der Preußischen Zentralbodenkreditaktiengesellschaft, die 33 solcher Beleihungen mit insgesamt 58 594 779 Mk. aufweist; ihr gesamter Hypothekenbestand betrug am 31. Dezember 1911 818 889 000 Mk. Ihr folgt die Hypothekenbank in Hamburg, die bei 24 Millionenbeleihungen (darunter die schon erwähnten Beleihungen des Warenhauses A. Wertheim) 46 523 019 Mk. vergeben und einen Gesamthypothekenbestand von 554 285 000 Mk. hat. Zu beachten ist, daß eine ganze Anzahl von deutschen Hypothekenbanken Millionenbeleihungen überhaupt nicht vorgenommen hat; von den größeren seien beispielsweise genannt der Frankfurter Hypothekenkreditverein mit einem Hypothekenbestand von 381 162 000 Mk. und die Sächsische Bodenkreditanstalt, Dresden, die 171 293 000 Mk. Registerhypotheken hatte.

Bemerkt muß werden, daß den Hypothekenbanken bisher, soweit bekannt geworden, Schäden aus den „Mammutbeleihungen" nicht erwachsen sind; wie denn überhaupt, unter der wohltätigen Einwirkung einer stets präsenten Staatsaufsicht, namhafte Verluste bei Hypothekenbanken in den elf bis zwölf Jahren seit der Geltung des Gesetzes nicht eingetreten sind.

* * *

Der Zinsfuß der Hypothekenpfandbriefe beträgt zumeist $3\frac{1}{2}$ und 4 %, vereinzelt $3\frac{3}{4}$ und $4\frac{1}{2}$ %. Die Nettoverzinsung ist am Kursstande gemessen, zur Zeit höher, als 3½ resp. 4 %. Schlagen wir den Kurszettel auf, so finden wir z. B. im April 1912 für die Pfandbriefe resp. Kommunalobligationen der Preuß. Zentral-Boden-Kredit-Akt.-Ges. folgende Notierungen:

4	Preuß.	Ztr.-Bod.-K. v. 1890	98.00
4	„	1899, 1901, 1903	97.80
4	„	1906 unk. b. 1916	98.20
4	„	1907 unk. b. 1917	98.25
4	„	1909 unk. b. 1919	98.80
4	„	1910 unk. b. 1920	99.00
4	„	1912 unk. b. 1922	99.50
3½	„	1886, 89, 94, 96	87.90
3½	„	1904 unk. b. 1913	88.30
4	„	Komm.-Obl. 1901	99.70
4	„	„ 1908	99.80
4	„	„ 1912	100.60
3½	„	„ 1887, 91, 96	89.10
3½	„	„ 1906	89.80

Diese Zusammenstellung zeigt, daß die neuesten Jahrgänge der Pfandbriefe einen höheren Kurs haben, als die der alten Jahrgänge; denn die 4proz. Pfandbriefe vom Jahre 1912 sind mit 99½ % notiert, die 4proz. Pfandbriefe von 1890 mit 98 %. Und diese Erscheinung ist nicht etwa nur eine zufällige und nur bei den Pfandbriefen der Preuß. Zentral-Boden-Kredit-Akt.-Ges. zu beobachten, sondern sie ist auch bei den Pfandbriefen und sonstigen Obligationen der anderen Hypothekenbanken zu konstatieren. Der Grund hierfür liegt darin, daß die Hypothekenbanken den Effektenbanken und Bankgeschäften, die den Verkauf von Hypothekenbankpfandbriefen vermitteln, auf die neuesten Jahrgänge sogenannte Bonifikationen gewähren. Ein Beispiel möge das illustrieren: Das Bankhaus Schulze u. Co. erhält z. B. von einem Kunden den Auftrag, 6000 Mk. 4proz. Pfandbriefe der Berliner Hypothekenbank zu kaufen. Die Firma führt diesen Auftrag nicht an der Börse aus, sondern sie wendet sich direkt an die Berliner Hypothekenbank. Diese berechnet ihr die 6000 Mk. 4proz. Pfandbriefe neuester Jahrgang zum Börsenkurs abzüglich 1 % Bonifikation. Diese Bonifikation gewährt die Berliner Hypothekenbank unter der Voraussetzung, daß die Pfandbriefe mindestens ein Jahr lang nicht wieder an den Markt kommen. Geschieht es doch, so verlangt die Berliner Hypothekenbank die ganze oder einen Teil der Bonifikation von der Firma Schulze u. Co. zurück. Infolge dieses Systems, das sich für den Geschäftsbetrieb der Hypothekenbanken bisher als unentbehrlich erwiesen hat, werden dem Publikum von den Vermittlern im allgemeinen nur die neuesten Serien der Hypotheken-Obligationen empfohlen. Denn auf die älteren zumeist bereits im Publikum plazierten Jahrgänge gewähren die Hypothekenbanken keine oder nur eine geringere Bonifikation. Die neuesten Serien haben aber unberechtigterweise höhere Kurse als die älteren, so daß die Bonifikation vom Publikum bezahlt wird. Die 4proz. Pfandbriefe der Preuß. Zentral-Boden-Kredit-Akt.-Ges. vom Jahre 1890 werden, wie schon oben erwähnt, mit 98 % notiert, die 4proz. Pfandbriefe vom Jahre 1912 mit 99½ %. Der sachliche Unterschied zwischen beiden Jahrgängen besteht darin, daß die Pfandbriefe von 1890 schon jetzt ausgelost, d. h. mit 100 % getilgt werden, die Pfandbriefe des Jahrgangs 1912 erst vom Jahre 1922 ab. Werden dem Publikum die bis 1922 unkündbaren empfohlen, so muß es ohne vernünftigen Grund 1½ % mehr aufwenden. „Ohne vernünftigen Grund" deshalb, weil die frühere Kündbarkeit bei einem Preise unter 100 nicht allein kein Nachteil, sondern ein Vorteil ist. Der höhere Preis der bis 1920 unkündbaren Pfandbriefe ist denn auch lediglich darauf zurückzuführen, daß in ihm die Bonifikation mit einkalkuliert ist, die an den Vermittler fließt.

Die Obligationen der meisten deutschen Hypothekenbanken sind als durchaus geeignete Anlagepapiere zu bezeichnen. Das Publikum sollte sich aber immer die preiswertesten Serien aussuchen.

Das Bonifikationswesen an sich ist, solange die Bonifikationen in normalen Grenzen bleiben, nicht zu beanstanden. Bei jedem neuen Papier, das herauskommt, werden den Banken und Bankiers in irgendeiner Form Zwischengewinne zufließen. Und wenn das Deutsche Reich oder das Königreich Preußen neue Anleihen emittieren, so ist der Kurs, den die Banken bezahlen, auch niedriger als der, der für das Publikum vorgesehen ist. Bedenklich ist nur, wenn, wie das besonders früher der Fall war, die Hypothekenbanken, veranlaßt durch den Konkurrenzkampf, den Vermittlern zu große Zwischengewinne gewähren.

Die Umsätze in den Hypothekenbank-Obligationen vollziehen sich nur zum geringen Teil an der Börse, vielmehr erfolgen sie — veranlaßt durch die geschilderte Art des Verkaufs — zwischen Hypothekenbank und Bankier (Verkaufs- oder Vermittlungsstelle) einerseits und Bankier und Publikum andererseits. Bei verschiedenen Banken und Bankiers, besonders in der Provinz, kann man Zug um Zug Hypothekenbankobligationen erhalten, weil die Hypothekenbanken sogenannte Kommissionsläger vergeben. Was an Hypothekenbankobligationen an der Börse zum Verkauf gebracht wird, wird in der Regel von seiten der betreffenden Hypothekenbank aufgenommen, die den Kurs ihrer Pfandbriefe usw. selbst reguliert. Bis jetzt hat sich dieses Eintreten der Hypothekenbanken für ihre Pfandbriefe gut bewährt. Sollte indes einmal aus irgendwelchen politischen oder wirtschaftlichen Gründen der Verkaufsandrang sehr groß werden, so ist die Aufnahme in Frage gestellt; denn man wird der Hypothekenbank nicht zumuten können, daß sie auf der einen Seite Geld als Hypothekendarlehen ausleiht, und daß sie auf der anderen Seite auch noch die Mittel zur Verfügung hat, sehr große Teile des Obligationsumlaufes zurückzukaufen. Bei einem sehr großen Verkaufsangebot würde sich also vermutlich die Notwendigkeit ergeben, die Kurse der Pfandbriefe zu „streichen". In diesem Falle würde an sich noch immer kein Anlaß vorliegen, den inneren Wert der Pfandbriefe geringer zu veranschlagen, nur würden sie dadurch zeitweise den Charakter und Vorzug eines liquiden Papieres einbüßen, den sie in normalen Zeiten vor der Hypothek voraushaben.

Die Kommunalobligationen der Hypothekenbanken haben, wie sich aus der obigen[1]) Kurszusammenstellung ergibt, etwas höhere Börsennotierungen als die Pfandbriefe. Die ihnen zugrunde liegenden Forderungen an Kommunen werden höher eingeschätzt als die den Hypothekenpfandbriefen zugrunde liegenden Hypotheken. Überdies sind die Kommunalobligationen der preußischen Hypothekenbanken in Preußen zur Anlage von Mündelgeldern zugelassen, die Pfandbriefe nicht. Dagegen besitzen einige mittel- und süddeutsche Hypothekenbanken[2]), wie z. B. die

[1]) Vgl. S. 77.

[2]) Vgl. das Kapitel: „Mündelsichere Wertpapiere".

Bayerische Hypotheken- und Wechselbank, die Deutsche Hypothekenbank in Meiningen und die Rheinische Hypothekenbank in Mannheim, in ihrem Bundesstaate für ihre Pfandbriefe die Mündelsicherheit. Es erklärt sich das aus folgendem: Nach § 1807 BGB. genießen die Pfandbriefe der Hypothekenbanken die Reichs mündelsicherheit nicht. Dagegen wurden nach Art. 212 Einführungs-Gesetz zum BGB. die landes gesetzlichen Bestimmungen aufrecht erhalten, die anderen als den in § 1807 BGB. genannten Wertpapieren Mündelsicherheit gewährten. Hierdurch sah sich eine Reihe mittel- und süddeutscher Staaten veranlaßt, noch vor Inkrafttreten des Bürgerlichen Gesetzbuches — also kurz vor Toresschluß — den Pfandbriefen ihrer Hypothekenbanken fast ohne Ausnahme die Mündelsicherheit zu gewähren, so daß zurzeit die aus dem Kapitel „Mündelsichere Wertpapiere" ersichtlichen Anstalten dieses wichtige Privileg genießen.

Die Pfandbriefe usw. fast sämtlicher deutschen Hypothekenbanken werden bei der Reichsbank in Klasse I (d. h. mit $\frac{3}{4}$ des Kurswertes) beliehen. Als ein weiterer Beweis für die hohe Wertschätzung, die die Pfandbriefe der deutschen Hypothekenbanken genießen, kann gelten, daß die Versicherungsgesellschaften ihre Prämienreserven außer in mündelsicheren Wertpapieren in den Pfandbriefen der deutschen Hypothekenbanken anlegen dürfen.

Nicht verschwiegen kann werden, daß die Geschichte der Hypothekenbanken mit einigen unliebsamen Vorkommnissen belastet ist. In frischer Erinnerung sind noch die Katastrophen der Preußischen Hypotheken-Aktien-Bank und der Pommerschen Hypothekenbank mit ihren Tochtergesellschaften. Indes ist zu berücksichtigen, daß bei diesen Instituten die Schwierigkeiten gerade durch das Inkrafttreten des Reichs-Hypothekenbankgesetzes ans Tageslicht gefördert wurden, und daß seitdem ernstliche Verlegenheiten bei anderen Hypothekenbanken [1]) nicht mehr beobachtet wurden. Das Hypothekenbank-Gesetz mit seinen relativ strengen Bestimmungen führte dazu, daß die

[1]) Die Bayerische Boden-Kredit-Anstalt in Würzburg mußte allerdings vor einigen Jahren eine Art innerer Reorganisation (Abschreibungen auf zweifelhafte Hypothekenbestände) vornehmen, doch ist eine Gefährdung der Pfandbriefe nicht eingetreten.

teilweise durch schwere Pflichtverletzung der Vorstandsmitglieder herbeigeführte Mißwirtschaft bei der Preußischen und Pommerschen Hypothekenbank sich nicht mehr verschleiern ließ. Beide Banken mußten saniert werden, doch brauchten die Pfandbriefbesitzer nur relativ kleine Opfer zu bringen und vermochten diese im Laufe der Zeit wiederzugewinnen. Schlechter erging es den Obligationären der Deutschen Grundschuldbank (Tochtergesellschaft der Preußischen Hypotheken-Aktien-Bank und nicht Hypothekenbank im eigentlichen Sinne) und der Mecklenburg-Strelitzer Hypothekenbank. Doch wurde auch hier ein großer Teil der Verluste von denen, die aushartten, wieder eingeholt. Die Pommersche Hypothekenbank hat inzwischen den Namen Berliner Hypothekenbank angenommen. Sie und die Preußische Hypotheken-Aktien-Bank stehen heute unter sorgfältiger Verwaltung und dürfen den besten deutschen Hypothekenbanken zugezählt werden. Ja die Sicherheit der Pfandbriefe der Preußischen Hypothekenbank ist ganz besonders hoch einzuschätzen; denn abgesehen von den Hypothekenunterlagen haftet den Gläubigern der Bank ein Aktienkapital von 50 Mill. Mk. [1]).

* * *

Einige Hypothekenbanken (die Meininger Hypothekenbank und die Gothaer Grund-Kreditbank) haben noch aus früherer Zeit sogenannte Prämienpfandbriefe im Umlaufe. Bei einem Kauf dieser Papiere kann indes nicht von einer Kapitalanlage, sondern nur von einem Lotteriespiel die Rede sein. Denn bei dem hohen Kursstand [2]) dieser Prämienpfandbriefe ist die Verzinsung, von der noch die Versicherungsprämie [3]) gedeckt werden muß, sehr geringfügig. Der Hauptgewinn beträgt bei den Meininger Pfandbriefen im Laufe der nächsten Jahre abwechselnd 40 000 und 85 000 „Taler“, die Niete etwas über 100 Taler. Bei den Prämienbriefen

---

[1]) Nur die Bayerische Hypotheken- und Wechselbank hat mit 60 Mill. Mk. ein noch höheres Aktienkapital. Der Pfandbriefumlauf des bayerischen Instituts ist aber mehr als dreimal so groß wie der der Preußischen Hypothekenbank.

[2]) Meininger 4proz. Prämienpfandbriefe, Kurs etwa 136 %, Gothaer 3½proz. Prämienpfandbriefe, Kurs ca. 118 %.

[3]) Vgl. S. 11 und den Abschnitt „Los- und Prämienanleihen“.

der Gothaer Grund-Kreditbank beträgt der Hauptgewinn in den geraden Jahren immer 50 000 Taler, in den ungeraden 2 à 10000 Taler; die Niete beträgt 100 Taler. Von dem Betrage der Gewinne über 100 Taler hinaus werden 5 % zugunsten der Koburg-Gothaischen Staatskasse in Abzug gebracht. Statt 50 000 Taler kommen mithin zur Auszahlung

	49 900
./. 5%	2 495
	47 405
+	100
	47 505 Taler = 142 515 Mk.

In Zukunft dürfen Prämienpfandbriefe nicht mehr ausgegeben werden; denn nach § 9 des Hypothekenbankgesetzes ist die Emission von Pfandbriefen, deren Einlösungswert den Nennwert übersteigt, untersagt. Zu den verbotenen Zuschlagspfandbriefen gehören auch Prämienpfandbriefe. Die Ausgabe dieser letzteren ist aber auch an und für sich infolge des Reichsgesetzes vom 8. Juni 1871, betr. die Inhaberpapiere mit Prämien nicht gestattet.

* * *

Wohl zu unterscheiden von den Pfandbriefen der inländischen Hypothekenbanken sind die der ausländischen Boden-Kredit-Institute usw. Im allgemeinen sind die in Frage kommenden ausländischen Gesetzes- und Aufsichtsbestimmungen nicht so streng, wie die deutschen, so daß schon aus diesem Grunde die Obligationen ausländischer Hypothekenbanken usw. hinter denen der inländischen an Wert zurückstehen. Für die Schweiz ist durch das am 1. Januar 1912 in Kraft getretene neue schweizerische Zivilgesetzbuch die gesetzliche Möglichkeit der Ausgabe von Pfandbriefen, d. h. also von Anleihetiteln mit Grundpfandrecht geschaffen worden. Der Gesetzgeber hat sich dabei [1]) nicht zum wenigsten von dem Gedanken leiten lassen, das durchaus verfahrene Bankobligationswesen [2]), für das bisher

---

[1]) Vgl. Frankfurter Zeitung vom 14. April 1912.

[2]) Vgl. das Kapitel „Bankschuldverschreibungen".

so gut wie keine gesetzlichen Bestimmungen vorhanden waren, zu reformieren. Es ist eine allgemein bekannte Tatsache, daß das heutige Institut der Bankobligationen eine der ärgsten Schattenseiten des schweizerischen Bankwesens darstellt. Die Bankobligationen sind in der Schweiz in Wirklichkeit nichts weiter als Kassenscheine, die gegenüber dem Aktienkapital den einzigen Vorzug haben, daß sie eine im Konkursfalle forderungsberechtigte Schuld der betreffenden Bank darstellen. Es wohnt ihnen aber keine dingliche Sicherheit inne. Das will natürlich nicht besagen, daß die Obligationen namentlich der Großbanken nicht eine faktische Sicherheit bieten, besonders dort, wo die Bank ein bedeutendes Hypothekargeschäft betreibt. Auch bei einer Anzahl mittlerer Banken werden die Obligationen wenigstens zum größten Teil tatsächlich gesichert sein, das gilt aber nicht für die meisten Mittel- und Kleinbanken der Schweiz, denen die Obligationenausgabe nichts weiter ist als eine Form, ihre Betriebsmittel zu erweitern, da eine solche Erweiterung durch Erhöhung des Aktienkapitals gewöhnlich nicht angängig ist. So kommt es, daß es in der Schweiz Banken mit einem Aktienkapital von 1 Mill. bis 3 Mill. Fr. gibt, deren Obligationengelder den acht- bis zehnfachen Betrag übersteigen.

Als relativ gute Anlagepapiere gelten die Hypothekenpfandbriefe Schwedens, Norwegens und Dänemarks, wie überhaupt das Finanzwesen der nordischen Staaten auf gesunder Grundlage beruht. Als ziemlich sicher gilt auch der Besitz von russischen und polnischen Pfandbriefen; schlechte Erfahrungen hat dagegen das Publikum in früheren Jahren mit italienischen Hypothekenobligationen gemacht. Zurückhaltung ist gegenüber den exotischen Pfandbriefen am Platze. Es ist in dieser Hinsicht daran zu erinnern, daß die Banco Hypothecario de la Provincia de Buenos Aires vor etwa zwanzig Jahren in Zahlungsschwierigkeiten geriet. Die Obligationen, die auch in Deutschland weite Verbreitung gefunden hatten, waren von der Provinz Buenos Aires garantiert worden. Nichtsdestoweniger dauerte es mehr als zehn Jahre, bis die Gläubiger eine einigermaßen akzeptable Ordnung der Angelegenheit erlangen konnten. Im Jahre 1912 sind nach Deutschland

Chilenische Hypothekenobligationen gebracht worden. Ob damit dem deutschen Kapital eine geeignete Anlage zugeführt worden ist, wird sich erst noch zu erweisen haben.

Zwölfter Abschnitt.

Ausländische Renten.

Auf wenigen anderen Gebieten der Anlagewerte herrscht wohl eine so große Verschiedenartigkeit der Qualität, selten ist eine sorgfältige Unterscheidung des einzelnen Wertpapieres in so hohem Grade erforderlich, wie gerade bei ausländischen Rentenwerten. Nichts wäre weniger angebracht, als fremde Renten generell zu behandeln und sie etwa in Bausch und Bogen als wenig empfehlenswerte Kapitalanlagen hinzustellen. Es gibt unter den ausländischen Renten, wie das auch bei anderen Anlagewerten der Fall ist, eine Reihe erstklassiger Papiere, deren innerer Wert sehr hoch zu veranschlagen ist. Es gibt ferner eine große Anzahl guter Mittelpapiere; neben ihnen existieren aber auch fremde Renten, deren Sicherheit in berechtigte Zweifel gezogen werden muß. Eine Untersuchung, inwieweit sich fremde Renten als Anlagepapiere eignen, kann daher nur zum Ziele führen, wenn die Rentenpapiere jedes einzelnen Landes für sich betrachtet und beurteilt werden. Die nachstehende Übersicht kann keinen Anspruch auf Vollständigkeit erheben, weder was die einzelnen dort erwähnten Rentenpapiere anlangt, noch was die historische und kursmäßige Entwicklung betrifft; die Übersicht soll nur dem Kapitalisten einen ungefähren Anhalt dafür geben, worauf beim Kauf ausländischer Papiere zu achten ist.

Als erstklassige Rentenpapiere können englische Konsols und die französische Rente angesehen werden. Sie erfreuen sich infolge des größeren Kapitalreichtums Englands und Frankreichs einer höheren Bewertung als unsere deutschen Anleihen. Es kann ihnen aber keinesfalls eine höhere Sicherheit als unseren heimischen Anleihen [1]) zuerkannt werden. Würden doch in Preußen schon die Eisenbahneinnahmen ausreichen, um die Anleihen zu verzinsen. An unseren heimischen Anleihen ist allerdings, wie schon an anderer Stelle dieses Buches hervorgehoben, im Laufe der Zeit viel Geld verloren worden. Aber auch den Besitzern französischer Rente und namentlich englischer Konsols sind Verluste nicht erspart geblieben [2]).

Im Gegensatz zur deutschen 3proz. Reichsanleihe, die auch an der Londoner Börse notiert wird, ist der ausschließliche Markt für englische Konsols London. Die englischen Konsols nehmen unter den Staatsanleihen der Welt einen allerersten Rang ein und bilden ein Barometer der internationalen politischen Lage. Sie sind demzufolge auch ein Spekulationspapier und unterliegen relativ starken Kursschwankungen. Ist es doch schon vorgekommen, daß an einem einzigen Börsentage 30 verschiedene Kurse notiert wurden. Wie empfindlich die englischen Konsols auf die politischen Ereignisse reagieren, dafür ein Beispiel: Am 5. Juli 1911, kurz nachdem Sir Edward Grey anläßlich der Marokkoaffäre dem deutschen Botschafter gegenüber sich dahin geäußert hatte, „die Lage sei ernst und wichtig, England könne nicht uninteressiert sein", sanken die englischen Konsols, obwohl die Worte Greys damals nicht in die Öffentlichkeit drangen, um mehr als 1 %. Die deutschen und französischen Renten konnten aber gerade an jenem Tage ihren Kursstand gut behaupten und traten erst später den Abstieg an.

Die höchsten und niedrigsten Notierungen der englischen Konsols stellten sich in den letzten 20 Jahren folgendermaßen:

Jahr:	Höchster Kurs:	Niedrigster Kurs:
1891	97½	94⅜
1892	96⅞	93¼
1893	98¼	97⅞
1894	102½	97⅙

[1]) Vgl. S. 38 und folgende.

[2]) Vgl. die Statistik in dem Abschnitt „Deutsche Staatsanleihen" über die Kursrückgänge der europäischen Rentenpapiere (S. 41).

Jahr:	Höchster Kurs:	Niedrigster Kurs:
1895	$108\frac{1}{2}$	$103\frac{1}{2}$
1896	$113\frac{7}{8}$	$105\frac{1}{8}$
1897	$113\frac{7}{8}$	$110\frac{5}{8}$
1898	$113\frac{3}{8}$	$106\frac{3}{4}$
1899	$111\frac{1}{2}$	$97\frac{3}{4}$
1900	$103\frac{1}{4}$	$96\frac{3}{4}$
1901	$97\frac{7}{8}$	91
1902	$97\frac{7}{8}$	$92\frac{1}{8}$
1903	$93\frac{13}{16}$	$86\frac{7}{8}$
1904	$91\frac{3}{8}$	85
1905	$91\frac{15}{16}$	$87\frac{1}{2}$
1906	$91\frac{1}{4}$	$85\frac{9}{16}$
1907	$87\frac{9}{16}$	$80\frac{3}{4}$
1908	$88\frac{1}{2}$	$83\frac{5}{16}$
1909	$85\frac{9}{16}$	$82\frac{5}{16}$
1910	$83\frac{1}{8}$	$78\frac{7}{8}$
1911	$82\frac{1}{16}$	$76\frac{3}{8}$

Um einen Kurs von $76\frac{3}{8}$ % festzustellen, muß man bis zum Jahre 1831 zurückgehen. Selbst zurzeit des *Deutsch-Französischen Krieges* wichen englische Konsols nicht unter $88\frac{1}{2}$ %. Allerdings ist hierbei zu beachten, daß englische Konsols bis zum Jahre 1889 mit einem 3proz. Zinsfuß ausgestattet bis zum Jahre 1903 mit $2\frac{3}{4}$ % verzinslich waren und seitdem nur noch $2\frac{1}{2}$ % Zinsen tragen. Diese Zinsfußveränderungen spielen aber bei der vergleichenden Statistik deshalb keine so große Rolle, weil die Zinsreduktion auf $2\frac{3}{4}$ und $2\frac{1}{2}$ % nach dem *System Goschen* zu ganz bestimmt vorher bekannten Terminen eintrat, so daß jemand, der englische Konsols beispielsweise im Jahre 1885 erwarb, genau wußte, daß er nur noch kurze Zeit 3 % Zinsen erhalten würde.

Von ihrem höchsten Kursstand, der nach der vorstehenden Tabelle in den Jahren 1896 und 1897 mit $113\frac{7}{8}$ % erreicht wurde, sanken englische Konsols, fast ununterbrochen bis im Jahre 1911, in der Zeit des *Marokkozwistes*, vorher nicht verzeichnete *Tiefkurse* erreicht wurden. Die niedrigste Bewertung erfuhren im Jahre 1911 englische Konsols im September mit einem

Kurse von $76^3/_8$ %. Im ersten Viertel des Jahres 1912 erholte sich der Kurs bis auf ca. 78 %, um dann im Verlauf des Jahres wieder zu sinken.

Die 3proz. französische Rente, die außer in Paris in Deutschland, und zwar in Frankfurt a. M., notiert wird, hat ebenfalls, wenn auch in etwas geringerem Maße, in den letzten Jahren Kursrückgänge erfahren, wie die nachfolgende Zusammenstellung zeigt:

Jahr:	Kurs Ult. Dezember in %
1901	100
1902	99.70
1903	97.75
1904	97.82
1905	99.07
1906	95.175
1907	95.375
1908	96.55
1909	98.60
1910	97.05
1911	94.35
Juli 1912	92.30

Bemerkenswert ist namentlich der bedeutende Kursverlust des Jahres 1911, der im Zusammenhang mit der Marokkoaffäre eintrat. Im Jahre 1912 kam der Kursrückgang der französischen Rente, die sich in den beiden letzten Jahrzehnten von den Staatspapieren der westeuropäischen Großmächte, also denen Deutschlands, Frankreichs und Englands, relativ am besten im Kurse gehalten hatte, aber keineswegs zum Stillstand; die Rente erreichte vielmehr in der ersten Hälfte des Jahres 1912 ein Tiefniveau, wie es in den letzten 20 Jahren überhaupt nicht mehr zu verzeichnen war.

Trotz des scharfen Kursrückganges ist die Nettoverzinsung der englischen Konsols und der französischen Rente noch sehr niedrig. Sie berechnet sich bei beiden Werten auf ca. 3.2 %, gegenüber einem Nettoerträgnis [1]) von ca. 3.75 % bei unseren heimischen 3proz. Anleihen.

[1]) Kursbasis 80 %.

Infolgedessen sind in Deutschland Anlagen in französischer Rente und englischen Konsols nicht häufig. Immerhin haben Kapitalisten, die über große Vermögen verfügen, wenn auch heute nicht mehr in dem Maße wie früher, in politisch bewegten Zeiten, Teile ihres Vermögens in solchen Papieren angelegt.

Eine gewisse Rolle spielten in früheren Zeiten für deutsche Kapitalisten auch die *Regierungsbonds der Vereinigten Staaten von Amerika*. Dies ist aber heute nicht mehr der Fall, da sie bei ihrem hohen Kursstande und der daraus resultierenden sehr niedrigen Nettoverzinsung[1]) keinen Reiz auf das deutsche Publikum ausüben können. Sie stellen aber sehr sichere Anlagewerte dar. Auf ihnen baut sich das *Notensystem der amerikanischen Nationalbanken* auf, bei denen sie infolgedessen zum größten Teil ruhen. Im amerikanischen Publikum sind nur relativ kleine Teile der Vereinigten Staaten Bonds plaziert; denn neben den etwa 7000 Nationalbanken werden nur ca. 20 000 Inhaber von Regierungsbonds registriert.

Im Gegensatz zu den Renten Europas haben sich die Kurse der amerikanischen Regierungsbonds sehr gut behaupten können. Ihr Kursstand ist eben bedingt durch ihre Verwendbarkeit auf Grund des National Banking Act und der Vorschriften über die Hinterlegung von Geldern der Vereinigten Staaten, die bekanntlich keine Staatsbank besitzen. Da man nämlich gegen Hinterlegung solcher Bonds[2]) Noten ausgeben kann, die gesetzliches Zahlungsmittel sind, so ist die tatsächliche Nettorente dieser Bonds für den Bankier gleich den Zinsen, die er für das mit ihrer Hilfe geschaffene Geld plus Zinsen der Bonds minus Steuern und Unkosten erreicht, bzw. die er aus den Geldern erzielt, die ihm die Regiernng — gegen Sicherheitsleistung durch Bonds — anvertraut.

Andere amerikanische Papiere sind mit ähnlichen Vorzügen nicht ausgestattet und haben denn auch einen weit niedrigeren Kursstand resp. bringen ihrem Erwerber aus sich selbst heraus weit höhere Zinsen. So hat z. B. die Stadt New York ihre Anleihen mit 4¼

---

[1]) Kaum mehr als 2 %.

[2]) Mit Ausnahme der von der Regierung ausgegebenen Panamakanalbonds.

bis 4½ % zu verzinsen. Im übrigen ist bei den amerikanischen Regierungsbonds zu beachten, daß sie nach verhältnismäßig kurzer Umlaufszeit al pari fällig werden, so daß die Kursschwankungen schon dieserhalb begrenzt sind.

Wenden wir uns nunmehr solchen fremden Renten zu, die für unsere Kapitalisten vornehmlich in Frage kommen, nämlich den an den deutschen Börsen eingeführten Papieren. Eine Reihe von ihnen hat einen „internationalen Markt", und zwar begegnet man ihnen außer an den deutschen Börsen hauptsächlich in London und Paris, teilweise auch in Amsterdam, Antwerpen, Brüssel und Wien. Die internationale „Marktfähigkeit" eines Papieres kann, insbesondere in kritischen Zeiten, für den Besitzer von außerordentlichem Wert sein, da die Möglichkeit der Realisierung umso größer ist, an je mehr Plätzen die betreffende Anleihe offiziell umgesetzt wird. Der Kapitalist wird daher, wie schon in der Einleitung dieses Buches gesagt, gut daran tun, neben den sonstigen Eigenschaften eines Papieres auch die der „Marktfähigkeit" zu prüfen.

Größeres Interesse haben in Deutschland u. a. die Anleihen des Staates Mexiko erweckt, der eine günstige und verhältnismäßig rasche wirtschaftliche Entwicklung genommen hat. Deutsches Kapital ist in Mexiko stark interessiert und wird hauptsächlich durch die Firma S. Bleichröder, ferner durch die der Deutschen Bank nahestehende Deutsch-Überseeische Bank und die zum Konzern der Dresdner Bank gehörige Deutsch-Südamerikanische Bank vertreten. Die Bewertung der mexikanischen Anleihen ist im wesentlichen von der landwirtschaftlichen Produktion Mexikos und von der Preisgestaltung seiner Mineralproduktion — Gold, Silber, Kupfer usw. — abhängig und war verschiedentlich Schwankungen unterworfen. Die 5proz. Mexikanische äußere Anleihe von 1899, eine der bekanntesten unter ihnen, wurde im ersten Viertel des Jahres 1902 mit ca. 98 % notiert. Ende 1905 erfuhr sie eine Kurssteigerung bis auf 103,50 %. Ein niedriger Stand, nämlich von 99,70 %, wurde im Jahre 1908 erreicht, in dem die Baumwollernte verloren ging und Mais- und Weizenernten sehr spärlich ausgefallen waren. Die nächsten beiden

Jahre standen im Zeichen einer Kurserholung bis auf 102.50 %, die aber nicht lange anhielt. Das Jahr 1911 schloß im Zusammenhang mit den in Mexiko ausgebrochenen Unruhen mit Kursen von ca. 100 % ab, und im Jahre 1912 senkte sich das Kursniveau vorübergehend weiter, da man aus den Unruhen und Kämpfen wirtschaftliche Schäden befürchtete. Wie niedrig früher der Wert einer mexikanischen Schuld eingeschätzt wurde, ergibt sich am besten daraus, daß die erste (6proz.) mexikanische Anleihe im Jahre 1888 zum Kurse von 78¼ % in Deutschland zur Zeichnung gelangte. Die oben geschilderte Kursbewegung der inzwischen auf 5 % konvertierten Anleihe spricht dafür, daß die Anschauungen über den Staatskredit Mexikos sich inzwischen wesentlich geändert haben. Vor einer Überschätzung warnt aber die Revolution der letzten Jahre, die auch den um die wirtschaftliche und finanzielle Entwicklung Mexikos hochverdienten Präsidenten Porficio Diaz aus dem Lande vertrieben hat.

Brasilien, das in der Hauptsache Kaffee, Gummi, Baumwolle und Tabak produziert, kann im großen und ganzen als ein zukunftsreiches — wenn auch jeweilig in hohem Grade von dem Ausfall der Ernten der Haupterzeugnisse abhängiges — Land angesehen werden. In früheren Jahren unterlag die brasilianische Valuta starken Schwankungen. In den 1890er Jahren wurde der brasilianische Wechselkurs im Anschluß an den Sturz des Kaisertums und die hiernach folgende Zerrüttung der Finanzen sowie im Zusammenhang mit einer ins Ungemessene gehenden Ausgabe von Papiergeld von 28 Pence pro Milreis auf beinahe 5 Pence heruntergedrückt. Um dem abzuhelfen, wurden zwei Fonds geschaffen, der eine zur Verminderung, der andere zur Garantie des Notenumlaufs. Unter dem Einfluß dieser Maßnahme stieg der Wechselkurs bis auf 18 Pence im Jahre 1905. Gegenwärtig wird er mit etwa 16 Pence notiert. Von den brasilianischen Staats- und Stadtanleihen sind jetzt an der Berliner Börse die bekanntesten die São Paolo Goldanleihen von 1904 und 1908 und die 5proz. Rio de Janeiro-Goldanleihe von 1909, deren Kursbewegung sich nicht ungünstig gestaltet hat. Sehr trübe Erfahrungen machte das deutsche Kapital mit der 5prozentigen, von der brasilianischen

Provinz Minaes-Geraes garantierten Prioritätsanleihe der Oeste de Minas Eisenbahngesellschaft; denn die Bahn wurde insolvent, und die Provinz bestritt ihre Garantieverpflichtung. Dagegen hat das deutsche Kapital mit den schon erwähnten São Paolo Goldanleihen recht gute Erfahrungen gemacht. Die Anleihe von 1909 wurde zum Kurse von 92½ % emittiert, jetzt wird sie mit über 100 % an der Berliner Börse bewertet. Für die Gewährung der Anleihe, die den Zweck verfolgte, den Staat São Paolo aus den Nöten zu befreien, in die er durch seine Kaffeespekulationen geraten war, ließen sich die Geldgeber eine mehrfache Sicherheit einräumen. Die Anleihe besitzt die Garantie der Bundesregierung; außerdem sind zugunsten der Anleihe der Ausfuhrzoll auf Kaffee und ein großes Quantum Kaffee verpfändet worden.

Chilenische Anleihen, von denen die 4½prozentige Goldanleihe von 1889 im Jahre 1901 einen Tiefstand von 80.40 % erreichte, hoben sich in den nächsten Jahren bis auf 100.50 % im Jahre 1905. Von da an ging es wieder abwärts, bis im Jahre 1907 das Niveau auf 85.50 % herabgedrückt wurde. Diese ungünstige Kursbewegung hatte ihren Grund darin, daß der Kredit Chiles, das einst den ersten Rang unter den südamerikanischen Staaten einnahm, infolge der lokalen Überspekulation in chilenischen Minenwerten, aber auch durch große Erdbebenschäden in den Jahren 1906 und 1907 stark gefährdet worden war. Die folgenden Jahre brachten den Anleihen eine allerdings nicht einheitliche Aufwärtsbewegung. Das Jahr 1911 schloß aber wieder mit ziemlich niedrigen Kursen, nämlich von 92.50 % ab. Die chilenische Valuta hat sehr heftige Schwankungen erlebt. Der Wechselkurs in Valparaiso für 90 Tage Sicht auf London erreichte 1907 einen höchsten Stand von $14^1/_8$ d und einen niedrigsten von 8 d, im darauffolgenden Jahre einen Stand von 12¾ d resp. $7^{11}/_{16}$ d. Im Jahre 1909 hielten sich die Schwankungen zwischen $13^5/_8$ d und $9^{11}/_{16}$ d. In den nächsten beiden Jahren war der Wechselkurs geringeren Veränderungen unterworfen. Damit im Zusammenhang steht eine der wichtigsten Fragen in Chile, nämlich die Einführung der Goldwährung. Die allgemeine Wirtschaftslage Chiles ist im letzten Jahre durch die Besserung der Lage der Salpeter-Industrie günstig beeinflußt worden. Die Staatsfinanzen haben sich aber noch wenig befriedigend gestaltet. Das Defizit überstieg im Jahre 1911 den Betrag von 100 Mill. Dollars. Das Urteil über Chile läßt sich dahin zusammenfassen, daß bei den führenden Männern der Wille zu einer wohlgeordneten Staats- und Finanzgestaltung vorhanden ist. Ob sie für die Dauer zu erzielen ist, wird von der politischen und wirtschaftlichen Entwicklung des Landes abhängen, wobei sehr ins Gewicht fällt, daß die wirtschaftliche Entwicklung sehr wesentlich von einer einzigen Industrie, nämlich von der Salpeter-Industrie, beeinflußt wird.

Argentinien, das zu Beginn der neunziger Jahre des vorigen Jahrhunderts fast vollständig zusammenbrach, hat sich verhältnismäßig rasch erholt. Der große Krach von 1891, der das alte Londoner Bankhaus Baring Brothers mit unter seinen Trümmern begrub, hat für Argentinien die segensreiche Folge gehabt, daß man sich von unfruchtbarer Spekulation abwandte und mit aller Macht auf die landwirtschaftliche Produktion warf. Seit dieser Zeit ist die agrarische Produktion rapide gewachsen, ebenso hat die Viehzucht Argentiniens gewaltige Fortschritte aufzuweisen. Der wirtschaftliche Aufschwung Argentiniens ist nicht die Wirkung einer Treibhauskultur, sondern das Resultat einer planmäßigen, intensiven Bodenbearbeitung. Argentiniens Stärke ist freilich gleichzeitig auch Argentiniens Schwäche. Bei einem Lande, das in solchem Maße wie Argentinien auf die Ausfuhr seiner Bodenerzeugnisse angewiesen ist, können mehrere schlechte Ernten eventuell auch wieder einmal neue Ungelegenheiten heraufbeschwören. Argentinien, bei dessen Namensnennung der deutsche Kapitalist Jahre hindurch drei Kreuze zu schlagen pflegte, darf aber augenblicklich als ein Land angesehen werden, dessen Staatskredit bei der europäischen Finanzwelt Ansehen genießt.

Der Bankerott Argentiniens, der zu Beginn der neunziger Jahre des vorigen Jahrhunderts eintrat, war, wie schon oben angedeutet, eine Folge der Überschätzung der Entwicklungsmöglichkeiten des Landes und insbesondere eine Folge des allzu stürmischen Vorgehens der Landesverwaltung. Vergeblich war die argentinische Regierung von seiten der deutschen Bankwelt auf das Mißverhältnis der angestrebten Zwecke und der dazu bereiten Mittel aufmerksam gemacht, vergeblich vor der großen Vermehrung des Papiergeldes gewarnt worden. Schon 1891 stieß die Zahlung von Zins und Kapital auf Schwierigkeiten. Bald darauf wurde die argentinische Nationalbank insolvent und ein vom Jahre 1891 datierendes Gesetz verordnete für alle auswärtigen Staatsanleihen die Bezahlung der Zinsscheine für die nächsten drei Jahre in 6prozentigen durch die Zolleingänge garantierten Obligationen. Bei dem Ablauf der dreijährigen Frist erklärte sich Argentinien zur Aufnahme der vollen Barbezahlung außerstande und verlangte von seinen Gläubigern weitere Erleichterungen. So wurde ein Abkommen hergestellt, nach dem die Anleihezinsen für die nächsten 5 Jahre eine Verminderung von 5 auf 3 % erfahren sollten. Der neue Zinsendienst begann am 1. Januar 1904. Die volle Zahlung wurde im Jahre 1898, also noch vor Ablauf der Kürzungsfrist, aufgenommen. Was die Kursentwicklung der argentinischen Anleihen betrifft, so stellte sich der Kurs der 5proz. Argentinischen Anleihe von 1887 vor zehn Jahren auf ca. 90 % und bewegte sich zunächst in steigender Richtung. Diese Bewegung hielt bis zum Jahre 1906, wo ein Kurs von 106 % erreicht wurde, fast ununterbrochen an. Begünstigt wurde sie durch die reichen Ernten in den Jahren 1903 bis 1906. Von da ab gestaltete sie sich uneinheitlich. Verantwortlich zu machen waren dafür: das schlechte Ergebnis der argentinischen Getreide- und Zuckerernte im Jahre 1907, insbesondere aber auch die internationale Wirtschaftskrisis von 1907 bis 1908. Die darauffolgenden Jahre mit ihren befriedigenden Ernten brachten aber wieder eine Besserung der wirtschaftlichen Verhältnisse Argentiniens. Die Produktion an Getreide — die Hauptrolle spielt hier Weizen — und Vieh ist noch weiter steigerungsfähig. Die umfangreichen Waldgebiete Argentiniens bergen noch große Schätze an wertvollem Bauholz und dem stark begehrten Quebrachoholz.

Die beiden letzten Jahre verliefen ohne sehr erhebliche Kursschwankungen der argentinischen Anleihen. Ende 1911 war der Kurs der 5proz. Anleihe von 1887 etwa bei 101 % angelangt.

Für portugiesische Werte sind heutzutage die französischen Börsen der Hauptmarkt, was aber nicht hindert, daß auch deutsche Kapitalisten an Portugal stark interessiert sind. Der deutsche Kapitalmarkt bildete nämlich in früheren Jahren geradezu einen Mittelpunkt für die Kreditansprüche von Portugal. Daraus ergaben sich für die deutschen Besitzer portugiesischer Papiere sehr erhebliche Verluste. Wiederholt mußte Portugal sich bankerott erklären, weil innerpolitische Wirren die Finanzlage des Landes stark in Mitleidenschaft zogen. Dazu kam, daß mangelnde Arbeitsamkeit und Regsamkeit der Bewohner Portugals das Land immer mehr verarmen ließen. Der letzte Staatsbankerott Portugals trat im Jahre 1892 ein, als ein königliches Dekret bestimmte, daß die Koupons der portugiesischen Anleihen nur noch mit dem dritten Teil ihres Handelsbetrages eingelöst werden sollten. Dieser Zustand dauerte zehn Jahre lang und hatte einen Kursrückgang der Anleihen von 1888 und 1889 bis auf 28 % zur Folge. Mit dem Zustandekommen des „Convenio" von 1902, demzufolge die gesamten äußeren Staatsschulden Portugals — mit Ausnahme der Tabakanleihe — in eine 3proz. in 99 Jahren zu amortisierende Anleihe konvertiert wurde, fand der Staatsbankerott einen gewissen Abschluß. Die nunmehrige unifizierte 3proz. Anleihe hatte eine gewisse Sicherstellung erhalten, indem man die Zolleinnahmen, mit Ausnahme von Tabak und Getreide, für ihren Dienst bestimmte, während der Tabakanleihe die Einkünfte des Tabakmonopols verpfändet wurden. Die Kurse der portugiesischen Anleihen haben auch in den letzten Jahren noch häufigen und ziemlich heftigen Schwankungen unterlegen. Namentlich seit der Auflösung des Parlaments im Jahre 1907 senkte sich das Kursniveau sehr beträchtlich, um im folgenden Jahre unter dem Druck der verwirrten politischen Verhältnisse und unter dem Einfluß der Ermordung des Königs und des Kronprinzen bis auf 57.50 % herabzugehen. Die nächsten Jahre standen unter der fortschreitenden Besserung der innerpolitischen Lage im Zeichen einer Kurserholung. Die Absetzung des Königs Manuel und die Proklamation der Republik im Oktober des Jahres 1910, sowie der Monarchistenputsch im Jahre 1912 hatten keine besonderen Kursveränderungen portugiesischer

Werte zur Folge. Dem deutschen Publikum muß aber, solange nicht die Aussicht auf eine durchgreifende Besserung der politischen und wirtschaftlichen Verhältnisse Portugals besteht, der dringende Rat erteilt werden, jede Kapitalbeteiligung an portugiesischen Papieren zu meiden. Das gilt auch für portugiesische Eisenbahnobligationen, die ebenso wie die Staatsanleihe „notleidend" geworden sind und für Lissaboner Stadtanleihen. Anerkannt muß allerdings werden, daß die Stadt Lissabon bisher prompt ihren Verpflichtungen nachgekommen ist. Bei einem Kursstande von 80 % verzinst sich die 4proz. Lissaboner Stadtanleihe mit 5 %. Die Verzinsung ist aber höher, wenn man beachtet, daß die Obligationen al pari durch Auslosung getilgt werden. Allerdings währt die Tilgung bis zum Jahre 1976. Im Jahre 1891 war der Kurs der 4proz. Lissaboner Stadtanleihe auf 44 % zurückgegangen.

Von der spanischen Schuld[1]) ist in Deutschland nur ein kleiner Teil untergebracht. Am verbreitetsten ist sie in Frankreich, wo sie zu den Hauptspekulationspapieren zählt. Im Berliner Kurszettel figuriert die 4proz. spanische äußere Rente seit 1886, nachdem sie 50 Jahre lang aus dem Kurszettel verschwunden war. Sie wurde 1886 mit 66¼ % eingeführt, sank im Jahre 1898 während des Spanisch-Amerikanischen Krieges, der Spanien rund 2 Milliarden Pesetas kostete, bis auf 29¾ %, konnte sich aber in den nächsten beiden Jahren bis auf 65 % erholen. Seitdem befand sich ihr Kurs in fast ununterbrochener Aufwärtsbewegung. Ende 1911 stellte sich der Kurs auf 95.80 %. In den letzten Jahren war in Spanien eine einigermaßen ruhige wirtschaftliche und politische Weiterentwicklung zu bemerken. Die Erträgnisse der Landwirtschaft waren in den letzten Jahren befriedigend[2]). Die Ergebnisse der industriellen Unternehmungen gestalteten sich naturgemäß sehr verschieden, aber nicht entmutigend. Die Produktion fast aller in Spanien vorkom-

[1]) Für die Einlösung der Koupons besteht noch — eine große Belästigung des Publikums — die Vorschrift des „Affidavit". Wer nicht den Nachweis führt, daß er Nichtspanier ist, bekommt die Koupons nur in Pesetas statt in Gold ausgezahlt.

[2]) Die Ernteaussichten des Jahres 1912 werden ungünstig beurteilt.

menden Erze nimmt im ganzen zu und gilt als noch sehr steigerungsfähig. Andererseits war aber eine Abnahme der kaufmännischen Transaktionen festzustellen. Für die deutschen Kapitalisten liegt kein Anlaß vor, spanische Staats- oder Stadtanleihen zu erwerben. Die Stadt Madrid hat sich als ein sehr fauler Zahler erwiesen.

Die sogenannte 5proz. Italienische Rente hat in Deutschland früher eine große Rolle gespielt. Das wurde allmählich anders, weil Italien den Zinsfuß seiner Anleihen wesentlich reduziert hat. Von den Koupons der Anleihen wurde bis zum Jahre 1870 eine Einkommensteuer von 8.8 % in Abzug gebracht, dann 13.2 % und vom Jahre 1894 ab sogar 20 %. Nichts anderes also als eine zwangsweise Zinsreduktion mit den unschuldig klingenden Namen Kouponssteuererhöhung. Mit diesen Gewaltmaßregeln hatte Italien aber Erfolg, seine Staatsfinanzen besserten sich — freilich nicht nur infolge der Zinsenherabsetzung — dermaßen, daß Italien seinen Gläubigern im Jahre 1906 eine freiwillige weitere Kürzung ihres Zinsengenusses, eine Konvertierung zumuten konnte, die nach dem System Goschen darin bestand, daß die 4proz. Rente (5 % brutto abzüglich 20 % Steuer) auf 3¾ % und ab 1. Januar 1912 auf 3½ % konvertiert wurde. Dabei kam der italienischen Regierung der Umstand zustatten, daß der größte Teil der Rente in das Heimatland zurückgeflossen war und im Jahre 1904 einen Kursstand von ca. 104½ % erreicht hatte. Die dem Konvertierungsjahr 1906 folgenden Jahre standen im Zeichen von Kursrückgängen. Fast das ganze Jahr 1907 hindurch bewegte sich dann die italienische Rente auf einem Kursniveau von 100 %, über das sie sich aber in den nächsten Jahren, insbesondere in 1910 (höchster Kurs 103 %) wieder hob. Der Ausbruch des italienisch-türkischen Krieges übte zunächst auf den Stand der italienischen Rente fast keinen Einfluß aus, ja ihr Preis erhöhte sich sogar im Laufe des Monats Dezember (1911) an der Mailänder Börse bis auf etwa 103 Lire. Erst die Zwischenfälle im Tyrrhenischen Meere und die einige Zeit hindurch zu beobachtende Verstimmung zwischen Frankreich und Italien übten ihre Rückwirkung auf den Stand der italienischen Rente aus: Ihr Kurs sank unter den Paristand.

In dem Augenblicke, in dem diese Zeilen niedergeschrieben werden, wird über die Beendigung des Tripoliskrieges verhandelt. Daß er die Finanzlage Italiens beeinflussen wird, kann als sicher angenommen werden. Aber wenn das auch nicht der Fall wäre: die Italienische Rente bringt weniger Zinsen als die deutschen Staatsanleihen; was könnte also das deutsche Kapital veranlassen, italienische Papiere zu erwerben? Mit den italienischen Stadtanleihen und italienischen Hypothekenobligationen hat übrigens das deutsche Kapital teilweise schlechte Erfahrungen gemacht.

Die wirtschaftliche Lage unserer Nachbarmonarchie Österreich-Ungarn ist, wenngleich das Land nicht als reiner Agrarstaat angesprochen werden kann, doch wesentlich durch den Ausfall der Getreideernte bedingt. Neben der landwirtschaftlichen Produktion findet man in der vereinigten Monarchie eine hochentwickelte Eisen- und Textil-Industrie, Bergbau und Erzeugung chemischer Produkte.

Österreich-Ungarn hat namentlich unter innerpolitischen Verwickelungen im Laufe der Jahre stark zu leiden gehabt. Die Kurse seiner Anleihen unterlagen mehrfach Schwankungen und hatten in den letzten zehn Jahren eine vorwiegend rückläufige Bewegung zu verzeichnen. Das Jahr 1912 zeitigte Tiefkurse, wie sie im letzten Jahrzehnt nicht zu beobachten waren. Im allgemeinen dürfen die Staatsanleihen Österreich-Ungarns gleichwohl den besseren Anlagepapieren zugezählt werden; ihre Verzinsung ist am Kursstande gemessen durchschnittlich um ½ % höher, als die der deutschen Anleihen, mit deren Qualität sie freilich nicht wetteifern können.

Die Türkischen Anleihen haben für den deutschen Markt bei den engen politischen und finanziellen Beziehungen zwischen der Türkei und Deutschland wachsende Bedeutung gewonnen. Als Hauptmarkt für türkische Werte gilt aber auch heute noch Paris.

In den letzten Jahren sind fortdauernd neue türkische Papiere in Deutschland emittiert worden, und wenn nicht alle Anzeichen trügen, wird auch in Zukunft das deutsche Kapital in erheblichem Umfange zur Befriedigung des Geldbedürfnisses des Osmanenreiches herangezogen werden. Denn der Regenerationsprozeß, der mit der großen politischen Umwälzung des Jahres 1908 und der Beseitigung des absolutistischen Systems einsetzte, wird noch sehr große Summen erfordern, für deren Hingabe seitens des Auslandes die Beendigung des Krieges mit Italien freilich eine der ersten Vorbedingungen sein muß.

Europa hat kein zweites Land, in dem noch so viel unerschlossene Kräfte ruhen, so viel Arbeit zu leisten wäre wie in der Türkei. Die Landwirtschaft ist primitiv, die Viehzucht genügt nur gerade eben dem inländischen Bedarf, der Bergbau ist schwach entwickelt. Das Schienennetz wird erweitert, neue Straßen werden gebaut werden müssen, das früher gegen jeden Kulturfortschritt hermetisch abgeschlossene Land der Osmanen wird insbesondere den Errungenschaften der Technik seine Grenzen öffnen müssen. Zu alledem gehört aber viel Geld. Dabei ist es von Wichtigkeit darauf hinzuweisen, daß die Jungtürken, die bis vor kurzem am Ruder waren, sich mit gewissen Plänen tragen, deren Realisierung durchaus nicht im Interesse der Gläubiger des Landes liegt. So deuten z. B. manche Anzeichen daraufhin, daß die Jungtürken in der Dette publique, die seit der Zeit der bittersten Finanznöte der Türkei als mächtige Organisation für die Vertretung der Staatsgläubiger hervorragt, eine unerwünschte Bevormundung des Auslandes erblicken. Ursprünglich nur auf die alten Anleihen der Türkei zugeschnitten, sind die Funktionen der Dette publique im Laufe der Jahre auf die Verwaltung und Einkassierung von Einkünften für die jüngeren Anleihen und Garantieverpflichtungen der Türkei ausgedehnt worden, so daß fast das gesamte Schuldwesen des Landes unter internationaler Mitwirkung einheitlich geregelt ist. An dieser lebenskräftigen Organisation sollten die Gläubiger nicht rütteln lassen. Leider sind bereits in der letzten Zeit der Türkei Anleihen gewährt worden, für deren Zinsendienst die Dette publique ausgeschaltet worden ist.

Die Jungtürken haben von Anfang an das Vorhandensein der ottomanischen Staatsschuldenverwaltung als eine Demütigung der verfassungsmäßigen Türkei betrachtet, und ihr Ziel geht offenbar dahin, das Reich aus der Vormundschaft dieser „Zwingburg" des europäischen Kapitals zu erlösen. Der Wirkungskreis der Dette publique soll nicht erweitert werden, die Regierung soll ihr keine neue Anleihe mehr in die Verwaltung übergeben. Man hat die Dette publique also gewissermaßen zur Selbstauflösung verurteilt, so daß sie, wenn die heute von ihr verwalteten Anleihen getilgt sein werden, von selbst aufhören wird zu bestehen. Allerdings steht dieser Zeitpunkt noch in weiter Ferne; die Bagdadanleihe II von 1910 beispielsweise muß erst am 1. Juli 2005 getilgt sein.

So bedauerlich das hier gekennzeichnete Verhalten der Jungtürken vom Standpunkte des europäischen Kapitals aus ist, so soll andererseits anerkannt werden, daß sie den ernstlichen Willen haben, eine Ordnung der Staatsfinanzen herbeizuführen. Um der Staatswirtschaft eine gesicherte Grundlage zu geben, war es vor allem notwendig, ein Budget aufzustellen. Das ist auch geschehen. Das Defizit des ersten Budgets (für das Jahr 1325) betrug 5 460 583, für das Jahr 1326 9 678 681, und für das Jahr 1327 (1911/12) sieht der dem Parlament vorgelegte Budgetentwurf 6 394 468 Türk. Pfd. vor.

Es wird nicht leicht sein, im türkischen Staatshaushalte die Einnahmen und die Ausgaben in Übereinstimmung zu bringen, weil die Aufwendungen für die Heermacht (die mehr als ein Drittel aller Staatsausgaben verschlingen) zu groß sind und vieles nachzuholen ist. Der Krieg scheint bisher keinen allzu erheblichen Einfluß auf die Finanzen des Landes ausgeübt zu haben; immerhin sind die Kurse der türkischen Anleihen nicht unwesentlich zurückgegangen. Als ein Papier, bei dem man „ruhig schlafen" kann, sind türkische Renten heute und in absehbarer Zeit noch nicht anzusehen.

Die Kurse der **Serbischen Renten** waren in den vergangenen Jahrzehnten mehrfach **empfindlichen Kursschwankungen** unterworfen, die ihren Ursprung in der prekären inneren **politischen Lage** Serbiens hatten.

Als die erste serbische mit 5 % verzinsliche Anleihe in Deutschland aufgelegt wurde, erregte das Ereignis das größte Aufsehen. Bis dahin hatte Serbien nicht als ein Land gegolten, dessen Anleihen als Anlagepapiere für das große Publikum in Betracht kommen durften. 1882 war das Land, freilich unter problematischen

Umständen, zum Königreich proklamiert worden. Da glaubte die unternehmungslustige Direktion der eben reorganisierten Berliner Handelsgesellschaft im Jahre 1884 in der Emission serbischer Papiere ein Geschäft zu erblicken, das der Bank wieder zu einer guten Rentabilität verhelfen würde.

Zu 72½ % eingeführt, hob sich die 5proz. serbische Staatsanleihe noch auf etwa 89 % am Ende des Jahres 1890. Die persönliche Lotterwirtschaft des Königs Milan, der wenig Vertrauen erweckende Nachfolger, den er in seinem Sohne fand, der immerwährende und zum Teil gewaltsame Wechsel in dem Regierungssystem und Differenzen mit Österreich, die zu einer scharfen Kampagne von dort gegen den serbischen Kredit führten, erschütterten die staatsfinanziellen Verhältnisse des Landes. Auch die Berliner Handelsgesellschaft, die eine Zeitlang allen Zweifeln an der Vertragstreue Serbiens entgegengetreten war, konnte ihr Mißtrauen schließlich nicht mehr verbergen. Auf ihre Veranlassung wurde ein sogenanntes Schutzkomitee für die deutschen Gläubiger Serbiens begründet. 1895 kam dann die Katastrophe. In den sogenannten Karlsbader Konferenzen wurde die Zwangskonvertierung der 5proz. serbischen Papiere — außer der Anleihe der Staatsbodenkreditanstalt, Uprava Fondava — beschlossen. Wer nicht einwilligte, ging des Kapitals und der Zinsen überhaupt verlustig, da der serbische Finanzminister verordnete, daß die Verlosung und Verzinsung der 5proz. Anleihen eingestellt und nur noch die neue 4proz. Anleihe verlost und verzinst würde. Um den Gläubigern eine größere Sicherung als bisher zu verschaffen, wurde die autonome Monopolverwaltung ins Leben gerufen. Aber auch sie war und ist keine ideale Einrichtung. Neben vier serbischen Mitgliedern gehört ihr bedauerlicherweise nur je ein Vertreter der deutschen und französischen Gläubiger an. Immerhin darf zugegeben werden, daß sich die Monopolverwaltung bisher im Interesse der aus ihren Einnahmen zu befriedigenden Gläubiger bewährt hat, und daß die Ansprüche der letzteren hinsichtlich Kapitalrückzahlung und Verzinsung keine weitere Beeinträchtigung erfahren haben. Trotz mannigfacher Rückschläge führte denn auch die Kursbewegung der serbischen Papiere schließlich wieder aufwärts und brachte im verflossenen Jahr die höchsten je erreichten Notierungen. In der Qualität sind — was die Kapitalisten zu beachten haben — die verschiedenen serbischen Anleihen nicht gleichwertig: Die 4proz. Anleihe von 1895, die aus der Zwangskonvertierung hervorgegangen ist, hat den ersten Anspruch auf die Einnahmen der Monopolverwaltung; die später ausgegebenen Anleihen stehen im Range hinter der 4proz. Anleihe von 1895.

Eine Finanzoperation, von der in der letzten Zeit viel die Rede war, erweist sich, wenn man nicht an irgendwelche böswilligen Pläne denken will, nur als ein Zukunftstraum. Serbien will seine 5- und 4½proz. Anleihen in 4proz. Renten konvertieren, um die auf diese Weise freiwerdenden Annuitäten zur Basis einer neuen für die Zwecke des Eisenbahnbaues bestimmten Anleihe zu gewinnen. Der wunde Punkt dieses Projekts, der auch kaum so bald heilen wird, ist nur der, daß der jetzige Kursstand der serbischen Papiere jede Einwilligung der Anleihegläubiger zu einer Zinsenreduktion ausschließt. Es bliebe also nur der Weg der Zwangskonvertierung übrig, wie ihn Serbien schon einmal beschritten hat. Mit solchen, der Erklärung des Staatsbankerotts gleichkommenden Plänen dürfte sich aber das Reich König Peters nicht tragen und würde auch schwerlich dabei auf irgendeiner Seite Unterstützung finden.

Rumänische Anleihen hatten seit etwa 10 Jahren eine recht günstige Kursentwicklung zu verzeichnen. Das Kursniveau hat sich beständig gehoben und bewies, selbst in 1909 in der Zeit der österreichisch-serbischen Verwicklung, eine beachtenswerte Widerstandsfähigkeit. Die wirtschaftliche Lage des Landes ist im wesentlichen jeweilig von dem Ausfall der Ernte abhängig, die politische hat unter der Regierung König Carols eine bemerkenswerte Festigung erfahren.

Griechischen Anleihen ist keine sonderlich rühmliche Vergangenheit nachzusagen. Griechenland erklärte zweimal den Staatsbankerott, zuletzt im Jahre 1893. Seit 1898 steht es unter der Kontrolle einer aus den sechs Großmächten zusammengesetzten Finanzkommission, die die fälligen Beträge an die Zahlstellen übermittelt. In den letzten Jahren haben sich die Finanzen des Landes etwas konsolidiert. Die Anleihen Griechenlands haben kursmäßig einen sehr niedrigen Stand inne, der sich daraus erklärt, daß die Griechischen Koupons nur mit etwa 50 % des ursprünglichen Zinsversprechens eingelöst werden.

Die Russischen Anleihen gehören zu den bekanntesten internationalen Werten. Ihre Kurse hatten unter den großen politischen, wirtschaftlichen und sozialen Krisen, die Rußland mehrfach durchlebte, zu leiden. Die Jahre 1897 bis 1900 hatten auch Rußland eine Hochkonjunktur gebracht, und wie die westeuropäischen Länder, wurde auch Rußland von der im Jahre 1901 einsetzenden Krise erfaßt. Konnte aber die Depression im Westen mit dem Jahre 1904 für überwunden angesehen werden, so lagen in Rußland die wirtschaftlichen Kräfte, da ja im Jahre 1904 der russisch-japanische Krieg ausbrach, darnieder. Die Kurse bewegten sich zu dieser Zeit auf einem sehr niedrigen Niveau. Noch tiefer sanken sie jedoch im Jahre 1906, in dem der Kurs der 4proz. Anleihe von 1880 bis auf 68 % zurückging. Noch in demselben Jahre erholte er sich aber bis auf $78^5/_8$ %. Während in den Ländern des Westens die Jahre 1906 und 1907 eine neue Hochkonjunktur brachten, streifte der russische Staat, geschwächt durch Krieg und innere Wirren, den Rand des Bankerotts, so daß in Frankeich bereits die Frage aufgeworfen wurde: „Comment sauver nos neuf milliards?"; denn Frankreich, der Verbündete Rußlands, hat gewaltige Kapitalien in russischen Werten investiert.

Das Jahr 1906 stand für Rußland im Zeichen einer völligen Mißernte, und in den Jahren 1907 und 1908 erreichten die Ernten immer noch nicht den Durchschnitt, so daß weite Gebiete von der Hungersnot heimgesucht wurden. Im Jahre 1909 trat dann eine Wendung zum Besseren ein. Den russischen Unternehmungen floß, da am internationalen Markt Zinsfuß und Warenpreise gesunken waren, wieder fremdes Kapital zu, und die wirtschaftlichen Zustände des Zarenreiches, das immer noch als typisches Bauernland anzusehen ist, wurden durch die sehr günstigen Ernteergebnisse der Jahre 1909 und 1910 wesentlich konsolidiert. Die russischen Staatsfinanzen zeigten in den letzten Jahren wachsende Überschüsse. In Übereinstimmung mit dieser Entwickelung war der Kurs der 4proz. russischen Anleihe von 1880 Ende 1911 bei

91.70 % angelangt. In ähnlicher Weise spiegelte sich die Gestaltung der wirtschaftlichen Verhältnisse Rußlands in der Kursbewegung der in Berlin auch im Ultimoverkehr zur Notierung gelangenden russischen 4proz. Anleihe von 1902 wieder. Im Jahre 1906 betrugen ihre tiefsten und höchsten Kurse: 69.25 % resp. 85 %,

in 1907	72.50%	resp.	81.70%
in 1908	79.90%	„	84.90%
in 1909	81.90%	„	91.50%

In 1910 war die Spannung nur 3.30 %, in 1911: 6.30 %. Deutschland hat recht große Summen seines Volksvermögens in russischen Renten und Eisenbahnprioritäten angelegt. Recht sorgenvolle Stunden hat infolgedessen das deutsche Kapital durchmachen müssen. Doch kann mit Genugtuung konstatiert werden, daß die schlimmen Befürchtungen, die einige Zeit hindurch gehegt werden mußten, sich schließlich nicht als begründet erwiesen haben. Gleichwohl und trotz der großen Reichtümer, die noch in Rußland der Erschließung harren, kann auch jetzt der Erwerb russischer Papiere nicht als ganz risikofrei angesehen werden.

Überblickt man die Kursbewegung der 4proz. japanischen Staatsanleihe, der ältesten japanischen Anleihe, die aber nur in London notiert wird, in den letzten zehn Jahren, so ergeben sich ziemlich heftige Schwankungen. Von einem Stande von 74.50 % zu Beginn des Jahres 1902 hob sich der Kurs des Papieres in steilem Aufstieg bis in die erste Hälfte des darauffolgenden Jahres hinein auf ein Niveau von 87.50 %. Da erfolgte in der Zeit des russisch-japanischen Krieges von 1904 bis 1905 ein jäher Absturz, der im Jahre 1904 mit 62 % seinen Tiefpunkt erreichte. Noch im gleichen Jahre setzte aber eine Aufwärtsbewegung ein, die bis zu einem Kurse von 75 % führte. Unaufhaltsam, nur einmal durch eine kurze rückläufige Bewegung unterbrochen, machte die Steigerung, ungeachtet der in Japan herrschenden wirtschaftlichen Depression, bis in das erste Semester des Jahres 1906 weitere Fortschritte bis zu einem Kursstand von 91.50 %. Da brach im Jahre 1907 eine schwere Krisis über Japan herein, die bis in den Herbst 1908 hinein anhielt und im Jahre 1908 eine

Bewertung der Anleihe von 81.50 % zur Folge hatte. Der zweite Teil des Jahres 1908 und die beiden folgenden Jahre brachten dann der japanischen Anleihe unter der günstigen Einwirkung des von der japanischen Regierung im Jahre 1908 veröffentlichten neuen Reformprogramms, das im wesentlichen in der Einschränkung der Rüstungen für Armee und Marine bestand und durchaus von kaufmännischem Geiste getragen war, bis dahin nicht verzeichnete Hochkurse: die 4proz. Anleihe stieg im Jahre 1910 auf 95³/₄ %. Die allerdings mißglückten Versuche, die höherverzinslichen japanischen Anleihen zu konvertieren, sowie die im Herbst 1910 aufs neue drohende Gefahr eines Krieges mit Rußland und im Laufe des Jahres 1911 aufgetauchte Versionen, daß Japan vor dem Staatsbankerott stehe, trugen jedoch eine starke Beunruhigung in die Kapitalistenkreise hinein, so daß der Kurs sich ununterbrochen bis auf ca. 89³/₄ % senkte. Eine ähnliche Kursentwicklung hatten auch die in Deutschland eingeführten japanischen Renten zu verzeichnen. Am deutschen Geldmarkt spielen japanische Anleihen erst seit dem Jahre 1905 eine Rolle, und zwar sind es zwei Anleihen: die 4½proz. japanische Anleihe von 1905 und die 4proz. vom gleichen Jahre. Die erstgenannte zerfällt in zwei Serien, von denen Serie I in London, New York und Hamburg notiert wird. Serie II und die 4proz. Anleihe figurieren im Berliner Kurszettel. Die 4½proz. Anleihe ist durch den Nettogewinn aus dem Tabakmonopol sichergestellt, während für die 4proz. Anleihe keine Spezialsicherheit existiert.

China hat seit 1887 europäische Anleihen aufgenommen, und zwar von 1895 ab in rascher Folge. Es hat sich als durchaus kreditwürdig gezeigt; denn nicht nur während der Wirren in 1901 und während des ostasiatischen Krieges von 1904/5 ist es seinen Verpflichtungen nachgekommen, sondern auch im Revolutionsjahr 1911. Nächst Großbritannien ist das Deutsche Reich von allen europäischen Staaten am stärksten an China interessiert. Als Sicherheit für die für Deutschland in Betracht kommenden Anleihen Chinas dienen in erster Linie die Seezölle. Die Kursentwicklung fast aller chinesischen Anleihen zeichnete sich durch eine verhältnismäßig große Stetigkeit aus.

Im vorstehenden haben wir eine Reihe fremder Renten der verschiedenartigsten Qualität kennen gelernt und gesehen, daß eine scharfe Trennung der Spreu vom Weizen notwendig ist. Das große Publikum freilich sieht meistens in seinem Streben nach hoher Rente nur die hohe Verzinsung, die ja tatsächlich einige exotische Werte gebracht haben, und vergißt dann, die Qualität des Papieres zu prüfen. Oft ist es aber auch gar nicht in der Lage, diese Prüfung mit der nötigen Exaktheit vorzunehmen. Gerade bei fremden Renten muß sich der Kapitalist aber unbedingt darüber im klaren sein, daß er nicht nur ein schönes, künstlerisch ausgeführtes Papier, sondern auch tatsächlich ein „Wert"papier erwirbt. Es ist zu diesem Zweck eine genaue Orientierung über die politische Verfassung und die Steuergesetzgebung des betreffenden Staates notwendig. Ferner sollte sich der Erwerber eines fremden Rentenpapieres mit den Währungs-, Produktions- und Erwerbsverhältnissen, der Höhe der Schulden usw. des fremden Staates vertraut machen. Die Prüfung aller dieser Momente bietet natürlich nicht geringe Schwierigkeiten. Am wenigsten zu empfehlen sind jedenfalls dem nicht selbst genügend unterrichteten Kapitalisten solche fremden Werte, die in Deutschland keinen offiziellen Markt haben. Zu dieser Kategorie zählen u. a. die Anleihen verschiedener süd- und mittelamerikanischen Staaten, deren Finanzen sich zum Teil in der denkbar ungünstigsten Verfassung befinden. Erst vor kurzem, um ein Beispiel herauszugreifen, kam die Meldung, daß der fällige Koupon der 6proz. Nicaragua-Anleihe mangels Deckung nicht eingelöst wird. Charakteristisch für die Anleihen dieser Kategorie ist ferner ein anderes Vorkommnis aus der letzten Zeit. Ein New Yorker Syndikat hatte sich bereit erklärt, die zerrütteten finanziellen Verhältnisse der Republik Honduras durch die Gewährung einer 5proz. Anleihe von 10 Mill. Dollars zu ordnen. Durch diese Anleihe sollten die bisherigen, vor etwa 60 Jahren aufgenommenen Anleihen gegen Zahlung von 10—15 %(!) des ursprünglichen Nennwertes abgelöst werden. Da jedoch die Republik Honduras die Frist, die für die Bestätigung des zum Schutze der amerikanischen Geldgeber entworfenen Vertrags ausbedungen war, verstreichen ließ, trat das Syndikat zurück, und die Anleihe ist vorläufig als gescheitert zu betrachten.

Auch Ecuador und Guatemala sind insolvent geworden. In Ecuador schien, wie dem letzten Jahresbericht des „Council of Foreign Bondholders“ zu entnehmen ist, mit der Einsetzung des Präsidenten Estrada im Herbst vorigen Jahres die Aussicht auf eine Verständigung mit den Inhabern der Guayaquiel and Quito Eisenbahnbonds gegeben. Die täglichen Deponierungen der Zinsendienstquoten wurden am 1. November wieder aufgenommen. Aber schon nach drei 14tägigen Rimessen wurde durch den plötzlichen Tod des Präsidenten und die revolutionären Störungen alles wieder in Verwirrung gebracht. Nachdem der Friede wieder hergestellt ist, darf angenommen werden, daß die neue Regierung ihr Bestreben der Wiederaufrichtung des Kredits des Landes zuwenden wird. In Guatemala hat die Regierung einen Vergleich vorgeschlagen und sich dann geweigert, ihn auszuführen. Seit der Frist von über 12 Jahren, die sie im Amte ist, hat sie niemals einen Pfennig auf die auswärtige Schuld bezahlt und die den Bondsinhabern verpfändeten Sicherheiten zugunsten anderer Gläubiger verwendet. Viermal hat sie Ausgleichs-Abkommen eingebracht und jedes von ihnen nachher zurückgezogen. Nachdem die auswärtigen Staatsgläubiger von Honduras geduldig $2\frac{1}{2}$ Jahre auf die Durchführung des von der Firma Morgan u. Co. in 1909 vorgelegten Abkommens gewartet hatten, ist die genannte Firma nunmehr von dem Vertrage zurückgetreten. Auch die 8proz. Lima-Stadtanleihe, die 3proz. Venezuela-Stadtanleihe und ähnliche Werte kommen nicht als Anlagepapiere in Frage.

Dreizehnter Abschnitt.

I. Bankaktien.

Effektenbanken — Notenbanken — (Reichsbankanteile) — Hypothekenbanken — Maklerbanken — Abrechnungsbanken — Überseebanken — Trustbanken.

Unter den dividendetragenden Papieren werden von manchen Kreisen des Publikums die Aktien der Banken als Kapitalanlage bevorzugt. Bevor wir uns mit diesen Werten näher beschäftigen, sei zunächst ein Überblick über die an der Berliner Börse zur Notierung gelangenden Bankaktien gegeben. Hinzugefügt sind die höchsten und niedrigsten Kurse in den Jahren 1910 und 1911:

	Höchster und niedrigster Kurs:			
	1910:		1911:	
Amsterdamer Bank	201.75	196.10	207.—	195.—
Antwerpener Zentral-Bank	168.80	186.—	196.50	178.50
Azow-Don. Kommerzbank	231.—	234.25	252.75	220.50
Badische Bank	134.50	134.—	134.25	131.—
Banca Commerciale Italiana	181.50	173.10	186.—	165.—
Banca Generale Romana	146.25	169.50	162.75	191.—
Bank für Thüringen	140.—	135.50	141.50	136.50
Barmer Bank-Verein	137.40	125.25	128.—	124.50
„ Kreditbank	102.75	107.25	104.75	108.—
Bayerische Handelsbank	162.50	165.—	161.75	156.50
Bergisch-Märkische Bank	162.25	164.90	163.25	154.—
Berliner Handels-Ges.	184.20	164.25	175.—	162.50
„ Hypothekenbank	126.25	131.10	129.10	121.—
„ Kassen-Verein	123.—	117.—	119.50	115.—
„ Makler-Verein	111.50	117.—	115.75	111.—
Brasilianische Bank für Deutschland	163.10	179.—	180.—	167.25
Braunschw. Bank u. Kreditanstalt	122.50	116.—	117.—	114.—
„ -Hann. Hyp.-Bank	159.—	171.—	164.90	172.—
Breslauer Diskonto-Bank	109.80	112.40	109.—	111.—
Brüsseler Bank	—.—	—.—	227.—	227.—
Chemnitzer Bank-Verein	115.50	123.—	120.—	108.—
Koburger Kredit-Anstalt	92.—	96.—	95.—	92.—

	Höchster und niedrigster Kurs:			
	1910:		1911:	
Komm.- u. Diskonto-Bank	117.50	112.10	119.—	114.—
Kreditverein Neviges	129.—	115.50	118.25	109.—
Dänische Landmanns-Bank	131.80	136.90	136.30	142.—
Danziger Privatbank	127.20	133.—	129.50	137.75
Darmstädter Bank	138.80	130.10	132.25	122.75
Dessauer Landesbank	113.—	119.10	118.—	114.—
Deutsch-Asiatische Bank	157.75	137.25	152.—	133.50
Deutsche Ansiedlungs-Bank	144.25	155.75	153.—	136.75
Deutsche Bank	249.30	263.50	271.40	254.50
„ Effekten u. Wechselbank	106.25	111.75	110.—	123.40
„ Hypotheken-Bank Berlin	151.60	162.40	160.50	155.—
„ Nationalbank Kommand.-Ges.	126.90	112.50	114.25	120.20
„ Palästina-Bank	112.—	128.—	126.—	122.30
„ Überseeische Bank	165.—	175.25	177.50	168.—
Diskonto-Gesellschaft	198.25	185.—	199.40	182.25
Dresdner Bank	167.50	156.25	165.40	151.60
Elberfelder Bank-Verein	107.—	112.—	106.—	110.90
Essener Bank-Verein	128.75	142.50	140.10	126.75
Essener Kredit-Anstalt	165.—	169.90	169.25	162.—
Goth. Grundkreditbank	159.90	168.75	162.—	178.70
„ Privatbank	130.50	137.—	133.—	129.25
Hamburger Hypotheken-Bank	180.70	190.10	189.80	177.50
Hannoversche Bank	150.—	145.50	145.50	153.25
Hildesheimer Bank	158.—	168.25	164.50	175.50
Kieler Bank	126.75	131.—	127.25	120.50
Kjöbenhavns Grund-Kredit-Bank	—.—	—.—	—.—	—.—
Königsberger Vereins-Bank	127.25	134.—	136.25	130.50
Leipziger Kredit-Anstalt	170.—	176.—	174.—	168.—
Lübecker Kommerz-Bank	128.—	136.50	132.—	138.80
Luxemburger Bank	174.75	170.—	174.50	167.50
Magdeburger Bank-Verein	113.—	118.75	112.—	119.50
Märkische Bank	103.—	111.—	109.90	103.—
Mecklenb. Bank (40 % Einzahlung)	120.—	126.30	122.50	125.—
„ Hyp.- u. Wechsel-Bank	265.—	297.25	280.—	305.25
„ -Strelitz. Hypotheken-Bank	119.—	109.—	111.—	105.—
Meining. Hypothekenbank	140.50	149.50	148.50	143.—
Mitteld. Boden- Kredit-Anstalt	104.50	100.50	101.25	109.60
„ Kredit-Bank	119.—	122.25	125.30	120.—
„ Privat-Bank	125.50	129.—	126.40	124.10
Mittelrheinische Bank	121.75	124.25	120.80	112.75

	Höchster und niedrigster Kurs: 1910:		1911:	
Mülheimer Bank	107.—	98.—	100.50	98.75
National-Bank f. Deutschland	122.25	131.—	134.90	120.40
Nordd. Grundkredit-Bank	115.—	123.20	123.60	120.—
„ Kredit-Anstalt	121.—	125.25	125.75	122.—
Oberlausitzer Bank	127.—	131.—	127.50	136.—
Oldenb. Spar- u. Leihbank	177.75	186.50	185.—	179.—
Osnabrücker Bank	142.50	140.—	141.50	119.50
Ostbank f. Handel u. Gewerbe	124.50	130.90	127.50	131.—
Österr. Kredit-Anstalt	215.—	207.25	214.40	198.25
„ Länderbank	124.60	135.25	135.25	138.50
Petersburg. Diskonto-Bank	178.—	211.60	220.—	198.—
„ Internat. Handels-Bank	165.50	217.—	227.—	197.90
Pfälzische Bank	100.75	105.30	103.75	133.50
„ Hypotheken-Bank	197.—	193.25	192.—	198.—
Potsdamer Kredit-Bank	120.75	123.80	118.50	123.—
Pr. Bodenkred.-Bank	162.—	168.—	160.75	166.20
„ Zentral-Boden-Kredit Akt.-Ges.	185.75	196.30	198.25	189.75
„ Hypotheken-Aktien-Bank	125.—	121.50	127.—	119.25
„ Pfandbrief-Bank	154.80	162.30	158.25	164.—
Reichsbank	151.80	141.30	139.75	144.40
Rheinische Bank	110.25	117.—	118.—	110.30
„ Hypotheken-Bank	195.25	199.50	194.—	203.—
„ Kredit-Bank	136.—	139.50	136.—	140.—
Rh.-Westf. Bod.-Kredit-Bank	167.75	173.25	167.—	172.—
Rh.-Westf. Diskonto-Gesellschaft	126.—	130.25	125.80	130.25
Rigaer Kommerzbank	111.50	113.50	116.25	102.40
Rostocker Bank	121.—	129.80	122.50	120.—
Russ. Bank f. auswärtigen Handel	157.75	172.25	173.40	146.25
Sächsische Bank	150.25	160.50	154.—	161.—
„ Boden-Kreditbank	144.20	149.50	148.25	142.50
A. Schaaffh. Bank-Verein	149.50	137.50	144.80	132.80
Schles. Bank-Verein	156.—	154.—	152.—	157.—
„ Boden-Kreditbank	158.50	168.—	167.25	161.50
Schwarzburgsche Hypoth.-Bank	115.—	116.50	115.75	112.—
„ Landesbank (40 % Einzahlung)	121.—	124.—	124.—	122.—
Sibir. Handelsbank	224.90	246.—	228.10	254.50
Siegener Bank f. Handel u. Gewerbe	127.25	125.—	126.—	120.—
Südd. Bodenkredit-Bank	178.—	181.25	177.75	173.50
„ Diskonto-Gesellschaft	116.70	119.25	119.10	116.50
Ungar. Kredit-Bank	203.—	200.25	—.—	—.—

	Höchster und niedrigster Kurs:			
	1910:		1911:	
Vereinsbank, Hamburg	175.75	168.75	177.10	170.25
Warschauer Kommerz-Bank	166.50	185.75	192.—	169.—
„ Diskonto-Bank	215.50	190.75	204.75	186.—
Westd. Bodenkredit-Anstalt	148.50	157.25	158.—	153.—
Westf.-Lippische Vereinsbank	108.—	105.—	104.60	100.25
Wiener Bank-Verein	136.25	141.50	142.90	134.25
„ Unionbank	147.50	161.—	160.75	155.60
Württ. Bankanstalt	146.10	150.—	146.—	150.75
„ Vereinsbank	146.80	151.—	151.25	147.—

Zu unterscheiden ist zunächst zwischen den Aktien der sogenannten Effektenbanken, den Aktien der Notenbanken und denen der Hypothekenbanken. Hier soll zuerst von den Aktien der Effektenbanken die Rede sein.

Zurückzuführen ist das Interesse, das die Aktien der Effektenbanken vielfach finden, darauf, daß sie mehr als andere Dividendenträger eine gewisse Stabilität der Erträgnisse — wenn auch keineswegs ausnahmslos — erkennen lassen. Die Erklärung hierfür ist wiederum darin gegeben, daß der Geschäftsbetrieb der großen Banken eine weitgehende Universalität erlangt hat, die es ermöglicht, daß Mindererträgnisse oder Verluste auf dem einen Geschäftsgebiete durch erhöhte Gewinne auf dem anderen ausgeglichen werden. Das hat sich insbesondere in den letzten Jahren gezeigt. War z. B. infolge der politischen Beunruhigungen das Emissionsgeschäft im Jahre 1911 ungünstiger als im Jahre 1910, und erfuhr das Effektengeschäft teilweise mit erheblichen Verlusten verknüpfte Erschütterungen, so konnten auf der anderen Seite im Kreditverkehr, sei es infolge erhöhter Anforderungen der Kreditnehmer, sei es infolge Aufsteigens der Zinssätze, größere Gewinne als im Jahre 1910 erzielt werden.

Wie die Dividenden der Berliner Großbanken sich in den letzten Jahren entwickelt haben, wird durch die nachstehende Tabelle illustriert:

	Dividenden					
	1911	1910	1909	1908	1907	1906
Deutsche Bank	12½	12½	12½	12	12	12
Diskontogesellschaft	10	10	9½	9	9	9
Dresdner Bank	8½	8½	8½	7½	7	8½
Schaaffhausen'scher B.-V.	7½	7½	7½	7	7	8½
Darmstädter Bank	6½	6½	6½	6	6	8
Berliner Handelsges.	9½	9	9	9	9	9
Nationalbank	7	7	6½	6	6	7½
Commerz- u. Diskontobank	6	6	6	5½	5½	6½
Mitteldeutsche Kreditbank	6½	6½	6	6½	6½	6½

Durch die vorstehende Zusammenstellung wird die Gleichmäßigkeit der Erträge, von der wir in der Einleitung sprachen, bis zu einem gewissen Grade bestätigt. Diese Stabilität ist es, wie wir sagten, die einen Teil des Publikums veranlaßt, Bankaktien als Kapitalanlage zu erwerben. Immerhin gibt es auch weite Kreise, die diese Vorliebe nicht teilen, ja jeden Ankauf von Aktien einer Bank grundsätzlich ablehnen. Die Ursache dieser Abneigung ist darin zu suchen, daß vielfach das Gefühl vorherrscht, die großen eigenen oder fremden Mittel der Banken seien nicht überall so vorsichtig und liquide angelegt, daß Ereignissen besonderer Art von allen Instituten genügender Widerstand entgegengesetzt werden könnte. Dieses Gefühl ist sicherlich nicht ganz ohne Berechtigung. Seit längerer Zeit wird denn auch von den verschiedensten Seiten immer wieder darauf hingewiesen, daß sich die Liquidität bei unseren Banken fortgesetzt verschlechtert. In wie hohem Maße das zutrifft, zeigt die alljährlich vom „Deutschen Ökonomist" veröffentlichte Statistik. Nach dieser hat sich die Deckung von Depositen und Kreditoren durch „Kasse", in die nach allgemeinem Gebrauch die Guthaben bei der Reichsbank eingerechnet werden, seit 1891 von 16.2 bis auf 7.6 % im Jahre 1910 vermindert. Zurückzuführen ist die starke Anspannung der Mittel darauf, daß die Banken in den letzten Jahren die Kreditgewährung zu sehr ausgedehnt haben. Immerhin steht zu hoffen, daß die in dieser Hinsicht hervorgetretenen Mißstände um so eher in Zukunft verschwinden werden, als die Reichsbank seit neuerer Zeit fortdauernd den privaten Banken die Notwendigkeit einer Hebung der Liquidität vor Augen führt und durch allerhand Maßregeln zu erreichen sucht. Hierzu gehört auch die zwischen der Reichsbank und verschiedenen Banken getroffene Vereinbarung, daß die Banken alle zwei Monate in detaillierter Weise ihre Aktiva und Passiva veröffentlichen müssen. Von den Berliner Großbanken hat sich bisher die Berliner Handels-Gesellschaft dieser Vereinbarung nicht angeschlossen, doch dürfte auch sie über kurz oder lang zur Veröffentlichung von Zweimonats-Bilanzen übergehen; denn die Zulassungsstelle der Berliner Börse läßt keine neuen Bankaktien an die Börse, wenn sich die betreffende Bank nicht zur Publikation von Zweimonats-Bilanzen verpflichtet.

Neben der teilweise mangelhaften Liquidität der Banken ist ein weiterer Grund dafür, daß in manchen Kreisen der Erwerb von Bankaktien perhorresziert wird, darin gegeben, daß einige Provinzinstitute, die viele Jahre hindurch mit scheinbar gleichmäßigen Erträgen gearbeitet, in der letzten Zeit ein sehr böses Ende genommen haben. Es braucht nur an den Zusammenbruch der Niederdeutschen Bank, der Vereinsbank Frankfurt a. O. und der Göttinger Bank erinnert zu werden. In allen diesen Fällen haben die Aktionäre vollkommen ihr Geld verloren; im Falle der Göttinger Bank wurden die Aktionäre gezwungen, noch nach Eintritt des Konkurses auf die nicht volleingezahlten Aktien die Restzahlung zu leisten. Das „Berliner Tageblatt" schrieb darüber folgendes:

> Aktionärfreuden. Vielen Aktionären der in Konkurs geratenen Göttinger Bank Aktiengesellschaft ist von dem Konkursverwalter eine recht unangenehme Überraschung bereitet worden. Gemäß einem Beschluß des früheren Aufsichtsrates war am 31. Dezember 1911 die restliche Einzahlung von 25 % auf die jungen Aktien der Göttinger Bank zu leisten. Es handelt sich um eine Million junge Aktien, also um einen Betrag von 250 000 Mk., der noch einzuzahlen ist. Manche Aktionäre hatten geglaubt, daß diese Einzahlung infolge des Konkurses hinfällig geworden wäre, und sind nun höchlichst verwundert, daß sie plötzlich zu dem vollständig verlorenen Aktienkapital auch noch bares Geld zulegen sollen. Die Restzahlung für die auf den Namen lautenden jungen Aktien ist bis zum

10. Januar zu entrichten. Im Falle nicht pünktlicher Zahlung sind vom 10. Januar ab 5 % Verzugszinsen zu zahlen. Eine große Zahl Aktionäre hat sich zusammengetan, um durch einen Berliner Rechtsanwalt die Verpflichtung zur Einzahlung der restlichen 25 % im Klagewege zu bestreiten, weil die Bank nach ihrer Ansicht schon zu der Zeit, als die Kapitalerhöhung beschlossen wurde, bankerott gewesen sei. Eine solche Klage dürfte zwar sehr kostspielig werden, aber wenig Aussicht auf Erfolg haben.

Bei der Veröffentlichung der Abschlüsse für das Jahr 1911 hat eine ganze Reihe von Provinzbanken den Aktionären Enttäuschungen bereitet, so die Bergisch-Märkische Bank, der Chemnitzer Bankverein und die Osnabrücker Bank durch Dividendenreduktionen, die Rostocker Bank dadurch, daß sie sich — eine im Bankwesen außerordentlich seltene Erscheinung — zur Ausgabe von Vorzugsaktien genötigt sah. Alle diese Institute lieferten mit ihren Abschlüssen pro 1911 wieder einmal den Beweis dafür, daß manche Banken noch immer in einigen, keineswegs risikofreien Engagements zu erhebliche Summen investieren.

Die Nettorente stellt sich bei den gegenwärtigen Kursen für den Erwerber von heimischen Bankaktien auf 5 % und etwas höher. Doch sind naturgemäß auch hier Unterschiede zu verzeichnen. So berechnete sich auf Grund der Dividende des Jahres 1911 im Juli 1912 die Nettoverzinsung der Aktien der Deutschen Bank (12½ % bei einem Kurse von 255) auf ca. 4,9 %, die der Diskontogesellschaft (10 % Dividende bei einem Kurse von 188) hingegen auf ca. 5,3 %. Noch höhere Renten gewähren ausländische Bankaktien und einige deutsche Provinzbankaktien; doch ist gerade hier beim Erwerb Vorsicht geboten, und das gilt insbesondere für die Aktien mancher kleineren und mittleren Institute, zumal wenn diese des Schutzes einer Großbank entbehren. Eine Nettorente von 5 % als Ertrag aus dem Besitz von Bankaktien kann im allgemeinen nicht als ausreichendes Äquivalent für das immerhin mit dieser Kapitalanlage verknüpfte Risiko angesehen werden, so daß als Käufer von Bankaktien nur solche Kreise in Betracht kommen sollten, die ihrem Vermögen nach in der Lage sind, eventuell auch Einbußen ohne erhebliche wirtschaftliche Schädigung zu ertragen, oder die die begründete Erwartung hegen, daß die Gewinne sich in aufsteigender Richtung bewegen werden.

Weit geringeres Risiko als der Besitz von Aktien der Effektenbanken birgt der Erwerb von Aktien der Notenbanken und Hypothekenbanken in sich, und dies, obwohl man hier von einer Universalität des Geschäftsbetriebes, die Verluste auf der einen Seite durch Gewinne auf der anderen ausgleicht, nicht sprechen kann. Bestimmend für das geringere Risiko sind die strengen gesetzlichen Vorschriften, denen sowohl die Notenbanken, als auch die Hypothekenbanken unterliegen. Die Dividenden der Notenbanken stellten sich in den letzten Jahren folgendermaßen:

	Dividenden					
	1911 %	1910 %	1909 %	1908 %	1907 %	1906 %
Reichsbank	5.86	6.48	5.83	7.77	9.89	8.22
Bayerische Notenbank	10	10	10	11	12	11
Sächsische Bank	8	8	8	9	10	8
Württembergische Notenbank	5¾	6	5	6	7	6
Badische Bank	6¼	6½	5¾	7	8	6½
Durchschnitts-Bank-Diskont	4.40	4.35	3.92	4.76	6.03	5.15

Die Bayerische Notenbank, die Sächsische Bank, die Württembergische Notenbank und die Badische Bank sind Aktiengesellschaften im Sinne des Handelsgesetzbuches, die aber, solange sie von dem Notenprivilegium Gebrauch machen, den besonderen Bestimmungen des Bankgesetzes unterliegen. Die Frage, ob die Reichsbank als Aktiengesellschaft zu betrachten, oder welcher andere Charakter ihr beizulegen sei, ist schon wiederholt in der Öffentlichkeit erörtert worden und auch mehrfach der Gegenstand gerichtlicher Entscheidungen gewesen. Rechtlich wird die Reichsbank jedenfalls nicht als Aktiengesellschaft behandelt, sondern sie hat ihr auf der Unterlage ihrer Satzungen und des Bankgesetzes sich aufbauendes Sonderrecht. Das Reichsgericht bezeichnet sie als ein verfassungsmäßiges Institut des Reiches, zu dessen öffentlich rechtlichen Zwecken sie besteht und betrieben wird. Die Oberleitung hat das Reich, doch befinden sich die Anteile ausschließlich in den Händen von Privatleuten. Die Beamten der Reichsbank — die Reichsbeamte sind — dürfen keine Reichsbankanteile besitzen.

Die Geschäfte der Notenbanken sind eng begrenzt, sie dürfen im wesentlichen nur Gold und Silber in Barren und Münzen kaufen oder verkaufen; Wechsel nach bestimmten Vorschriften diskontieren; zinsbare Darlehen gegen bewegliche Pfänder geben; deutsche Staats- und Stadtanleihen, Pfandbriefe usw. kaufen und verkaufen. Verboten ist den Notenbanken, Wechsel zu akzeptieren, Zeitgeschäfte in Waren oder Wertpapieren zu machen. Die Konkurrenz zwischen den privaten Notenbanken und der Reichsbank, die früher bestand, ist seit dem Jahre 1901 fast ganz beseitigt worden; die prviaten Notenbanken müssen in der Hauptsache dieselben Zinssätze innehalten wie die Reichsbank. Das bedeutet für die Privatnotenbanken eine Erschwerung, die die noch auf dem Plan stehenden kräftigen und blühenden Mittelstandsbanken durch verdoppelte Rührigkeit und gesteigerte Kraftentfaltung auszugleichen bestrebt sind. Einige suchen die Einschränkung ihres Diskontogeschäftes dadurch wettzumachen, daß sie, eine kaum beabsichtigte Lücke des Gesetzes benützend, zeitweise große Wechselbestände zu beliebigem Zinsfuß lombardieren. Dieses nach dem Wortlaut des Gesetzes zulässige Verfahren wird dennoch von der Reichsverwaltung kaum als einwandfrei betrachtet werden, zudem ist es technisch durchaus nicht unbedenklich. Die Bayerische Notenbank erklärte denn auch in ihren Geschäftsberichten wiederholt, daß sie aus prinzipiellen Gründen nicht gesonnen sei, Wechsel unter dem Wechselzinsfuß zu lombardieren.

Die Rentabilität der Reichsbank und der Privatnotenbanken hängt im übrigen in der Hauptsache von der Höhe des Bankdiskonts ab. Um das zu demonstrieren, ist in der obigen Tabelle unter die Dividenden der Notenbanken der durchschnittliche Bankdiskont (Wechselzinsfuß der Reichsbank) gesetzt. Es zeigt sich, daß die Dividende der Notenbanken im Jahre 1907, das zeitweise einen Reichsbankdiskont von 7 % brachte, am höchsten war. Dagegen ersehen wir aus der Dividendentabelle der Effektenbanken, daß bei diesen das Jahr 1907 das ungünstigste war. Es läßt sich also folgern:

Höchste Belastung von Handel und Verkehr, größter Gewinn der Notenbanken. Um so wichtiger ist es, daß die Diskont-Politik der Reichsbank, wie das unter ihren bewährten Leitern stets der Fall war, ausschließlich vom gemeinwirtschaftlichen Standpunkt aus inauguriert wird.

Bei einem Vergleich der Dividenden der Reichsbank pro 1910 und pro 1911 zeigt sich ein verhältnismäßig großer Rückgang, der in den Diskontsätzen keine genügende Erklärung findet. Es ist nämlich durch die Bankgesetznovelle vom Jahre 1911 ab eine Änderung in der Gewinnverteilung eingetreten. Diese Änderung ist die vierte seit dem Bestehen der Reichsbank. Was die bisherigen Änderungen in der Gewinnverteilung angeht, so erhielten nach dem Gesetz von 1875 die Anteilseigner zuerst 4½ % Dividende, dann flossen 20 % dem Reservefonds zu, bis er ein Viertel des Grundkapitals erreichte; von dem dann verbleibenden Reste entfiel die Hälfte an das Reich, solange die Gesamtdividende der Anteileigner 8 % nicht überstieg; von dem weiter verbleibenden Reste erhielten die Anteileigner ein Viertel, das Reich drei Viertel. Die Novelle vom 18. Dezember 1889 ließ diese Gewinnverteilung im wesentlichen bestehen und änderte nur den Satz von 8 % in 6 % um. Nach der Novelle vom 7. Juni 1899 erhielten die Anteileigner aus dem Reingewinn zunächst eine Dividende von 3½ %; von dem Mehrbetrag wurde eine Quote von 20 % dem Reservefonds zugeschrieben, solange er nicht den Betrag von 60 Mill. Mk. erreicht hatte; von dem weiter verbleibenden Rest erhielten die Anteileigner ein Viertel, das Reich drei Viertel. Die jetzt gültige Novelle vom 1. Juni 1909 bestimmt über die Gewinnverteilung folgendes: Aus dem beim Jahresabschlusse sich ergebenden Reingewinn der Reichsbank wird: 1. zunächst den Anteileignern eine ordentliche Dividende von 3½ % des Grundkapitals berechnet, 2. von dem verbleibenden Reste den Anteileignern ein Viertel, der Reichskasse drei Viertel überwiesen; jedoch werden von diesem Reste 10 % dem Reservefonds zugeschrieben, die je zur Hälfte auf Anteileigner und Reich entfallen. Erreicht der Reingewinn nicht volle 3½ % des Grundkapitals, so ist das Fehlende aus dem Reservefonds zu ergänzen.

Da der Reservefonds das durch die Bankgesetznovelle vom 7. Juni

1899 vorgesehene Maximum von 60 Mill. Mark schon erreicht hatte, so war eine Dotierung des Reservefonds in den letzten Jahren nicht mehr erforderlich. Durch die oben wiedergegebenen Bestimmungen der Novelle vom 1. Juni 1909 wurde es indes notwendig, die Reservedotierung wieder aufzunehmen, wodurch es ohne weiteres verständlich wird, daß, obwohl der Diskontsatz der Reichsbank im Jahre 1911 sich durchschnittlich etwas höher stellte, als im Jahre 1910, das Ergebnis des Jahres 1911 für den Anteilbesitzer nennenswert ungünstiger war als das des Jahres 1910. Dabei fällt noch insbesondere ins Gewicht, daß, wie aus den vorstehenden Bestimmungen ersichtlich, die Anteilbesitzer in stärkerem Maße von der Dotierung des Reservefonds betroffen werden, als das an dem Gewinn der Reichsbank partizipierende Reich.

Haben sich somit durch die Gewinnverteilungsbestimmungen der Novelle vom 1. Juni 1909 die Chancen der Anteilbesitzer verschlechtert, so wirkt eine andere Bestimmung der Novelle günstig auf die Erträgnisse der Bank ein, nämlich: die Erhöhung der steuerfreien Notengrenze [1]) um 77 resp. 277 Mill. Mk.

Die Befürchtung, daß in Zukunft die Gewinne der Reichsbank noch mehr als bisher durch gesetzliche Vorschriften eingeengt werden könnten, oder daß das Privilegium der Bank bei Ablauf nicht erneuert wird [2]), hält sicherlich viele Kapitalisten vom Erwerb von

[1]) § 59 des Bankgesetzes besagt: „Banken, deren Notenumlauf ihren Barvorrat und den ihnen nach Maßgabe der Anlage zugewiesenen Betrag übersteigt, haben von dem Überschusse eine Steuer von jährlich Fünf vom Hundert an die Reichskasse zu entrichten. Als Barvorrat gilt bei Feststellung der Steuer der in den Kassen der Bank befindliche Betrag an kursfähigem deutschen Gelde, an Reichs-Kassenscheinen, an Noten anderer deutschen Banken und an Gold in Barren oder ausländischen Münzen, das Pfund fein zu 1392 Mk. berechnet." Der der Reichsbank „nach Maßgabe der Anlage zugewiesene Betrag" belief sich vor Inkrafttreten der Novelle vom Juni 1909 auf 472,829,000 Mk., seitdem auf 550 Mill. Mk., an den Quartalsersten aber auf 750 Mill. Mk.

[2]) § 41 des Bankgesetzes lautet: Das Reich behält sich das Recht vor, zuerst zum 1. Januar 1891, alsdann aber von zehn zu zehn Jahren nach vorausgegangener einjähriger Ankündigung, welche auf Kaiserliche Anordnung, im Einvernehmen mit dem Bundesrat, vom Reichskanzler an das Reichsbank-Direktorium zu erlassen und von letzterem zu veröffentlichen ist, entweder

a) die auf Grund dieses Gesetzes errichtete Reichsbank aufzuheben und

Reichsbankanteilen ab. Im übrigen übt aber auch die Verzinsung der Reichsbankanteile, die man auf Grund der Dividende für 1911 auf 4¼ % berechnen kann, keine große Anziehungskraft auf das Anlage suchende Kapital aus. Die Anteile der Reichsbank erscheinen alles in allem nur als eine für den reichen Mann geeignete Anlage, nicht aber ohne weiteres für mittlere und kleinere Kapitalisten.

Etwas besser als die Anteile der Reichsbank verzinsen sich, an den Kursen und den Dividenden gemessen, die Anteile der privaten Notenbanken, doch bleibt auch für diese zu beachten, daß die bestehende Organisation unseres Notenbankwesens durch die Bankgesetz-Novelle vom 1. Juni 1909 zunächst wieder nur für eine Periode von zehn Jahren die gesetzliche Grundlage erhalten hat und daß den Notenbanken die Befugnis zur Ausgabe von Banknoten (§ 44 des Bankgesetzes) von zehn zu zehn Jahren nach vorausgegangener einjähriger Kündigung entzogen werden kann.

Als eine relativ gute Kapitalanlage haben sich bisher — von wenigen Ausnahmen [1]) abgesehen — die Aktien der deutschen Hypothekenbanken erwiesen. Der volkswirtschaftliche Zweck der Hypothekenbanken ist, dem Grundbesitz zu helfen und ihm den notwendigen Kredit möglichst billig zu verschaffen. Das dazu nötige Geld ziehen sie durch die Ausgabe von Hypothekenbankobligationen an sich. Es sind demnach zwei Geschäftszweige, die nach den wirtschaftlichen Voraussetzungen und den gesetzlichen Bestimmungen von den Hypo-

---

die Grundstücke derselben gegen Erstattung des Buchwertes zu erwerben, oder

b) die sämtlichen Anteile der Reichsbank zum Nennwerte zu erwerben.

In beiden Fällen geht der bilanzmäßige Reservefonds, soweit derselbe nicht zur Deckung von Verlusten in Anspruch zu nehmen ist, zur einen Hälfte an die Anteileigner, zur anderen Hälfte an das Reich über.

Zur Verlängerung der Frist nach Inhalt des ersten Absatzes ist die Zustimmung des Reichstags erforderlich.

[1]) Schwere Verluste haben die Aktionäre der Pommerschen Hypothekenbank, der Mecklenburg-Strelitzer-Hypothekenbank und der Preußischen Hypothekenbank erlitten. Seit der vor einem Jahrzehnt durchgeführten Rekonstruktion gehören die Berliner Hypothekenbank (früher Pommersche) und die Preußische Hypothekenbank zu den besten deutschen Hypothekenbanken. Für die Aktionäre der Preußischen Hypothekenbank ist aber die Erzielung großer Dividenden durch das sehr hoch bemessene Aktienkapital (50 Mill. Mk.) erschwert.

thekenbanken hauptsächlich zu betreiben sind: das Hypotheken- und das Pfandbriefgeschäft. Daneben kommen in Betracht:

1. Die Gewährung nicht hypothekarischer Darlehen an inländische Körperschaften des öffentlichen Rechtes und die Ausgabe von Schuldverschreibungen auf Grund der so erworbenen Forderungen;
2. die Gewährung von Darlehen an inländische Kleinbahnunternehmungen gegen Verpfändung der Bahn und die Ausgabe von Schuldverschreibungen auf Grund der so erworbenen Forderungen.
3. der kommissionsweise Ankauf und Verkauf von Wertpapieren, jedoch unter Ausschluß von Zeitgeschäften;
4. die Annahme von Geld oder anderen Sachen zum Zwecke der Hinterlegung; jedoch mit der Maßgabe, daß der Gesamtbetrag des hinterlegten Geldes die Hälfte des eingezahlten Grundkapitals nicht übersteigen darf;
5. die Besorgung der Einziehung von Wechseln, Anweisungen und ähnlichen Papieren.

Alle anderen Geschäfte sind den „reinen" Hypothekenbanken verboten. Neben den reinen Hypothekenbanken — 28 an der Zahl — gibt es 10 „gemischte" Hypothekenbanken, denen gestattet ist, die vor dem Inkrafttreten des Reichs-Hypothekenbankgesetzes betriebenen Geschäfte weiter zu betreiben. Die nachstehende Zusammenstellung enthält sämtliche deutschen Hypothekenbanken, die gemischten sind durch einen * gekennzeichnet:

*Bayerische Hypotheken- und Wechselbank,
Preußische Zentral-Bodenkredit Akt.-Ges.,
Süddeutsche Bodenkredit-Bank,
Hypothekenbank in Hamburg,
Deutsche Hypothekenbank in Meiningen,
Rheinische Hypothekenbank,
Frankfurter Hypothekenbank,
*Bayerische Vereinsbank,
Pfälzische Hypothekenbank,
Preuß. Hypotheken-Aktien-Bank,

Preuß. Bodenkredit-Aktien-Bank,
Schlesische Bodenkreditbank,
*Vereinsbank Nürnberg,
*Bayerische Handelsbank,
Frankfurter Hypotheken-Kredit-Ver.,
Preußische Pfandbrief-Bank,
Braunschw.-Hann. Hyp.-Bank
Württembergische Hypothekenbank,
Rhein.-Westf. Bodenkredit-Bank,
Deutsche Grundkreditbank, Gotha,
Deutsche Hypothekenbank, Berlin,
Akt.-Ges. für Bodenkredit in Elsaß-Lothringen,
Berliner Hypothekenbank,
Leipziger Hypothekenbank,
Bayer. Bodenkredit-A., Würzburg,
Sächsische Bodenkredit-Anstalt,
*Mecklenb. Hyp.- und Wechselbank,
Westdeutsche Bodenkredit-Anstalt,
Norddeutsche Grundkredit-Bank,
*Mitteldeutsche Bodenkredit-Anstalt, Greiz,
Allgemeine Deutsche Kredit-Anstalt [1]),
Schwarzbg. Hypothekenbank,
*Mecklenburg-Strelitzer Hypothekenbank,
Hessische Landes-Hypotheken-Bank [2]),
Hann. Bodenkredit-Bank,
*Landw. Kreditbank, Frankfurt,
*Württemberg. Vereinsbank,
*Grundstücksbank, Königsberg.

Alle anderen ähnlich firmierenden Gesellschaften sind keine Hypothekenaktienbanken im Sinne des Gesetzes. Unter den „gemischten" Instituten sind die großen bayerischen Banken besonders hervorzuheben [3]), die neben dem Hypothekenbankgeschäft ein um-

[1]) Läßt ihr Hypothekenbankgeschäft eingehen.

[2]) Die Aktien sind zum größten Teil im Besitz des hessischen Staates, der auch eine Garantie für Kapital und Zinsen der Obligationen übernommen hat.

[3]) Vgl. Dannenbaum, Deutsche Hypothekenbanken, Berlin 1911.

fangreiches Kreditbankgeschäft betreiben. Sie haben sich im allgemeinen in den Grenzen der Solidität zu halten verstanden und gelten in eingeweihten Kreisen als durchaus vertrauenswürdige Gesellschaften. Immerhin wird man nicht leugnen können, daß die Verbindung des Kreditbankgeschäftes mit dem Pfandbriefgeschäft seine erheblichen Bedenken hat; jedenfalls wird man eine eingehende Kontrolle auch über das Kreditbankgeschäft von der Aufsichtsbehörde[1]) verlangen müssen. Das „gemischte" System bietet freilich geschäftlich auch Vorteile, weil es eventuell die Möglichkeit gibt, verringerte Gewinne in dem einen Geschäftszweige durch erhöhte in dem anderen auszugleichen. Und da das Kreditbankgeschäft einträglicher ist, als das Hypothekenbankgeschäft, so schütten die „gemischten" Hypothekenbanken hohe Gewinne an die Aktionäre aus. Im allgemeinen zeigen die Dividenden der Hypothekenbanken eine große Gleichmäßigkeit, die sich daraus erklärt, daß sich die Spannung zwischen den Zinsenausgaben auf die Hypothekenobligationen und den Zinseneinnahmen aus den Hypotheken annähernd in dem gleichen Verhältnis fortzubewegen pflegt. Selbst Jahre, die den Hypothekenbanken relativ wenig neue Geschäfte bringen, brauchen die Dividende noch nicht zu schmälern, weil ja aus den früher erworbenen Hypotheken die Einnahmen fortlaufend bezogen werden. In der nachstehenden Tabelle sind die letztjährigen Dividenden einiger Hypothekenbanken zusammengestellt:

	Dividenden			
	1911	1910	1909	1908
Preuß. Zentral-Bodenkredit	9½%	9½%	9%	9%
Preuß. Bodenkredit-Bank	8%	8%	8%	8%
Preuß. Pfandbriefbank	8%	8%	8%	8%
Deutsche Hypothekenbank in Berlin	8%	8%	8%	8%
Meininger Hypothekenbank	7%	7%	7%	7%
Hypothekenbank in Hamburg	9%	9%	9%	9%

[1]) Alle Hypothekenbanken unterstehen einer Staatsaufsicht, die von dem Bundesstaate ausgeübt wird, in dem die Bank ihr Domizil hat. Diese Staatsaufsicht wird aber sehr verschiedenartig gehandhabt, in manchen Staaten — so in Preußen — recht streng, in anderen weniger streng.

Bei den gegenwärtigen Kursen verzinsen sich die Aktien der meisten Hypothekenbanken mit 5 %, und da es sich hier um Erträgnisse handelt, die, normale Zeiten vorausgesetzt, auch in Zukunft annähernd gleich bleiben dürften, so kann auch der kleinere Kapitalist eventuell einen Teil seines Vermögens in Aktien der Hypothekenbanken anlegen. Trotz der für alle Hypothekenbanken im wesentlichen gleichlautenden Bestimmungen sind doch nicht die Aktien aller Hypothekenbanken gleichmäßig zu bewerten. Man wird zu unterscheiden haben zwischen den alten Instituten, die große Rücklagen angesammelt haben, und den jüngeren, unter denen sich einige befinden, die bisher mehr an hohe Dividendenzahlungen als an Reservestellungen gedacht haben [1]. Nicht unerwähnt bleiben darf, daß gerade bei den Hypothekenbanken die Lasten durch die Reichsfinanzreform wesentlich gewachsen sind. Zu erinnern ist hier an den erhöhten Effektenstempel und an die Talonsteuer. Weiter ist zu beachten, daß das Grundstücksgeschäft durch die Wertzuwachssteuer und andere Umsatzverteuerungen eine fühlbare Beeinträchtigung erfahren hat. In den Dividenden der Hypothekenbanken sind indes die neuen Lasten bisher nicht zum Ausdruck gekommen, weil die Banken bemüht sind, die an sie gestellten Mehranforderungen auf die Darlehnsnehmer abzuwälzen.

Neben den drei Hauptgattungen unter den Banken — Effektenbanken (zugleich Kreditbanken), Notenbanken und Hypothekenbanken — sind noch die wenigen Abrechnungs- und Maklerbanken zu erwähnen. M a k l e r b a n k e n sind Institute, die das Maklergewerbe als Großbetrieb organisiert und an den verschiedenen Märkten der Börse Vertreter (Agenten) haben, deren Geschäfts-

---

[1]) Das „Berliner Tageblatt" bespricht in seiner Abendausgabe vom 2. März 1912 den Geschäftsbericht einer kleineren Hypothekenbank für das Jahr 1911 und schreibt: „Bei einer vorsichtigen Bilanzierung hätte dafür Sorge getragen werden müssen, daß die Disagioreserve sich mindestens auf die doppelte Höhe des im Vorjahre zurückgestellten Betrages hebt, denn die Bank hat außer einer gesetzlichen Reserve von 323 000 Mk. im Gegensatz zu fast allen anderen Hypothekenbanken fast gar keine Rücklagen. Statt für die Reserven zu sorgen, denkt die Verwaltung nur an die Dividende, die uns mit 5¼ % zu hoch bemessen erscheint."

vermittlung im Namen, für Rechnung und auf Gefahr der Bank erfolgt. An der Berliner Börse gab es in früheren Jahren drei Maklerbankinstitute auf Aktien. Nachdem aber die Maklerbank (1901) und der Börsen-Handelsverein (1904) in Liquidation[1]) getreten sind, besteht in Berlin neben einigen großen Privatmaklerfirmen nur noch eine Aktienmaklerbank, der Berliner Makler-Verein[2]). Der Erwerb seiner Aktien dürfte für den Privat-Kapitalisten kaum in Frage kommen, die Erträgnisse des Instituts sind, entsprechend den Schwankungen der Börsenkonjunktur, stark wechselnd. Das Gleiche gilt von den Hamburger Maklerbanken, unter denen zu erwähnen ist die „Maklerbank", die sich mit Fondsgeschäften und Termingeschäften in Kupfer befaßt, sowie die „Waren-Liquidations-Kasse", deren Geschäftszweck[3]) die Übernahme der Garantie für die Erfüllung von Termingeschäften in Waren bildet.

Unter den Banken, die die Funktionen einer Abrechnungsstelle (Clearinghouse) ausübten, steht an erster Stelle die Bank des Berliner Kassenvereins, deren Aktien ebenso wie die des Berliner Makler-Vereins zum erheblichen Teil in festen Händen (in den Händen der Großbanken) sind.

Schließlich sind noch die Aktien der ausländischen Banken und der deutschen überseeischen Banken zu erwähnen. Bei den ersteren ist zunächst ein großer Unterschied zu machen nach

---

[1]) Die Geschäfte der Maklerbanken sind durch die wiederholten Erhöhungen der Börsensteuern, sowie auch durch das — inzwischen von seinen schlimmsten Härten befreite — Börsengesetz vom 22. Juni 1896 schwer beeinträchtigt worden.

[2]) Die Tatsache, daß es nur eine Maklerbank gibt, bedeutet für diese eine Konkurrenz-Verringerung und hat für die Börse den Vorteil, daß infolge der größeren Konzentrierung der Engagements die letzteren leichter zu übersehen sind.

[3]) Die Waren-Liquidationskassen haben einen doppelten Zweck. Sie garantieren beiden Kontrahenten die ordnungsmäßige Erfüllung der Geschäfte und sind gleichzeitig die Abrechnungsstelle für diese Geschäfte. Zur Erreichung dieses Zweckes hat jede Waren-Liquidationskasse außer den Gesellschafts-Statuten ihre eigene Regulative, und zwar für jeden Handelsartikel, der in das Bereich ihrer Tätigkeit fällt, ein spezielles Regulativ, nach dessen Normen die Termingeschäfte durchgeführt werden. (Vgl. Norden: Die Berichterstattung über Welthandelsartikel, Leipzig 1909.)

der Richtung, ob es Wertpapiere sind, die an einer deutschen, oder nur an ausländischen Börsen zur Notierung zugelassen sind. Die Zulassung eines Papieres zu einer deutschen Börse bietet zwar durchaus keine unbedingte Gewähr für die Qualität, doch kann sie als ein Beweis dafür gelten, daß gewisse Voraussetzungen erfüllt worden sind, die für die Beurteilung der betreffenden Wertpapiere ins Gewicht fallen. Die Notierung in den meisten ausländischen Kursblättern ist viel leichter zu erreichen, als in den deutschen.

In den letzten Jahren sind verhältnismäßig viel Aktien russischer Banken zur Notierung zugelassen, die angesichts der hohen Dividenden den Erwerbern eine relativ günstige Verzinsung bieten. Auch die Kursbewegung gestaltete sich, wie der auf S. 107—110 veröffentlichten Übersicht zu entnehmen ist, für die Erwerber der Aktien vorteilhaft. Die Aktien der Petersburger Internationalen Handelsbank wurden z. B. Ende 1908 mit 132 %, Ende 1909 mit 168 %, Ende 1910 mit 207 % und Ende 1911 mit 215 % notiert. Die Dividenden betrugen: pro 1908: 10 %, pro 1909: 10 %, pro 1910: 12⁴/₅ % und pro 1911: 13 %. Als ruhige Kapitalanlage kann man indes das Papier nicht bezeichnen, es ist vielmehr ein Spekulationspapier, in dem sowohl an der Petersburger, als auch an der Berliner Börse starke Umsätze stattfinden. Bei der günstigen Entwicklung, die die russischen Banken im Laufe der letzten Jahre genommen haben, spielte die Hauptrolle die Besserung der finanziellen und wirtschaftlichen Verhältnisse Rußlands, die wieder ihrerseits auf mehrere aufeinanderfolgende günstige Ernten zurückzuführen war. Da die Banken in den verschiedenen Ländern sich zu Trägern der Volkswirtschaft entfaltet haben, so ist es ja nur natürlich, daß das Wohl und Wehe der Banken in erheblicher Weise von der allgemeinen Entwicklung abhängig ist. Der Erwerber einer ausländischen Bankaktie wird daher nicht nur auf die besonderen Verhältnisse des Instituts zu achten haben, an dem er sich beteiligt, sondern vor allem auch auf die politische und wirtschaftliche Situation des Staates, in dem die Bank ihr Domizil hat.

Die bekannteste ausländische Bankaktie an der Berliner Börse ist die Aktie der Österreichischen Kreditanstalt. Das Institut, in großem Umfange an der — zum Teil noch auf schwachen

Grundlagen beruhenden — österreichischen Industrie beteiligt, hat den Aktionären bisher befriedigende Erträgnisse geliefert.

Ebenso wie die ausländischen Banken sind auch die deutschen Überseebanken in ihrer Rentabilität sehr von den allgemeinen wirtschaftlichen Verhältnissen desjenigen Landes abhängig, in dem sie sich niedergelassen haben. Den wundesten Punkt der überseeischen Banken bilden die Schwankungen, denen die Valuta der meisten überseeischen Länder infolge unzureichender Festigung der Währung ausgesetzt ist. Besonders in früheren Jahren haben die Überseebanken infolge der Valutaschwankungen schwere Verluste erlitten. Das war auch der Grund, weshalb die deutschen Kreditinstitute mit dem Filialsystem im überseeischen Geschäft gebrochen und ihren Beteiligungen die Form besonderer Aktiengesellschaften gegeben haben. Die Deutsche Bank rief die Deutsch-Überseeische Bank ins Leben, deren Hauptaufgabe die Pflege der Beziehungen mit Südamerika, insbesondere mit Argentinien ist. Dort, sowie in Chile, Mexiko, Peru, aber auch in Spanien sind Filialen errichtet. Dem Beispiel der Deutschen Bank folgten später andere Banken, und zwar begründete im Jahre 1887 die Diskonto-Gesellschaft in Gemeinschaft mit der Norddeutschen Bank[1]) in Hamburg die Brasilianische Bank für Deutschland und im Jahre 1895 die Bank für Chile und Deutschland. Ferner trat im Jahre 1889 die Deutsch-Asiatische Bank ins Leben, an der von den Großbanken die Deutsche Bank, die Diskontogesellschaft, die Dresdner Bank, die Darmstädter Bank, die Berliner Handelsgesellschaft, der A. Schaaffhausen'sche Bankverein und die Nationalbank für Deutschland beteiligt sind. Manchen Sturm hatten diese Gründungen deutschen Kapitals auszuhalten. Abgesehen von den schon oben erwähnten Valutaschwankungen, waren es besonders die verschiedenen Revolutionen in den einzelnen Staaten, die das Geschäft der Überseebanken störten. Trotz alledem haben diese, besonders in den letzten Jahren, mit recht günstigem Erfolge gearbeitet, was auch deshalb bemerkenswert ist, weil die ausländische Konkurrenz sich immer mehr verstärkt hat.

[1]) Die sämtlichen Aktien der Norddeutschen Bank befinden sich im Besitz der Diskonto-Gesellschaft.

Mit der Aufzählung der Effektenbanken, Notenbanken, Hypothekenbanken, Maklerbanken, Abrechnungsbanken und Überseebanken sind die wichtigsten Arten erwähnt; schließlich gibt es noch eine Reihe von Trustgesellschaften[1]), die zwar als Banken firmieren, indessen das allgemeine Bankgeschäft nicht betreiben, sondern sich mit der Verwaltung und Finanzierung von Industrie- und Verkehrsunternehmungen beschäftigen. Derartige Trustgesellschaften sind z. B. die Bank für Brauindustrie, die Bank für Bergbau, die Zentralbank für Eisenbahnwerte usw. In einigen Fällen wurden diese „Banken" gewissermaßen zur Umgehung gewisser Bestimmungen des Börsengesetzes gegründet. Da nämlich an die Berliner Börse nur die Aktien solcher Gesellschaften kommen sollen, die ein Grundkapital von mindestens 1 Mill. Mk. haben, so ist es nicht ohne weiteres möglich, die Aktien ganz kleiner Unternehmungen börsenfähig zu machen. Das kann aber indirekt erreicht werden, wenn man eine Aktiengesellschaft mit einem Kapital von 1 Mill. Mk. gründet und nun in diese Aktiengesellschaft die Aktien verschiedener kleiner Unternehmungen „einbringt". Für den Privatkapitalisten empfiehlt es sich, nur die Aktien solcher Trustgesellschaften zu erwerben, die nachweislich rentable, und von Konjunkturschwankungen möglichst unberührte Unternehmungen „kontrollieren".

II. Bank-Schuldverschreibungen.

Im Anschluß an die Ausführungen über die Kapitalanlage in Bankaktien mögen noch einige Worte über die Kapitalanlage in Bankobligationen gesagt sein. In Deutschland kennt man im allgemeinen nur Hypothekenbankobligationen, für deren Sicherung durch besondere gesetzliche Bestimmungen Vorsorge getroffen ist, und die als gewöhnliche Schulden sich kennzeichnenden Obligationen der Trustgesellschaften, einer Unternehmungsart, über die am

[1]) Nicht zu verwechseln mit den amerikanischen „Trusts".

Schlusse des vorigen Kapitels gesprochen wurde. Dagegen gibt es in der Schweiz Bankobligationen[1]), die von den dortigen Kredit- und Effektenbanken mit einer Laufzeit von 1 bis zu 5 Jahren ausgegeben werden. Während man bei uns, wenn man Geld bei einer Bank zur Verzinsung einzahlt, lediglich eine Quittung empfängt, händigen die schweizerischen Banken solchen Deponenten, die ihr Geld fest auf 1—5 Jahre hinterlegen, weiterbegebbare Schuldverschreibungen aus, die mit 4¼ bis 4½ % verzinst werden. Eine spezielle Fundierung besitzen diese Obligationen nicht, ihre Qualität hängt ganz von der Sicherheit und Vorsicht der betreffenden Bank ab. Infolgedessen kann der Erwerb derartiger Bankschuldverschreibungen nur für solche deutschen Kapitalisten in Frage kommen, die ihr Geld in der Schweiz[2]) als einem politisch neutralen Lande besonders gut gesichert glauben, und die im speziellen wissen, daß die die Schuldverschreibungen ausgebende Bank volles Vertrauen verdient.

In Österreich ist auf Grund eines Spezialgesetzes über fundierte Bankschuldverschreibungen vom 27. Dezember 1905 drei großen Instituten die Konzession zur Ausgabe von Bankschuldverschreibungen erteilt worden, die auf Grund von Darlehen ausgestellt werden dürfen. Diese drei Institute sind: Allgemeine privil. österreichische Bodenkreditanstalt, der Wiener Bankverein und die Zivnostenskabanka in Prag[3]). Gegen eine Übertragung dieses Systems auf Deutschland spricht sich einer der besten Kenner unseres Bankwesens, Geh. Justizrat Prof. Dr. Rießer, entschieden aus. Er sagt[4]) u. a.: „Ich würde jedenfalls den Erlaß eines Gesetzes behufs Ermöglichung der Ausgabe fundierter Bankschuldverschreibungen nicht

---

[1]) Vgl. das Kapitel: „Hypothekenobligationen" S. 82.

[2]) Die im Jahre 1912 in Deutschland durchgeführte Emission 4proz. Schweizerischer Staats-Eisenbahnobligationen hatte, obwohl der Emissionskurs mehr als 101 % betrug, einen großen Erfolg, weil die politischen Verwickelungen, die das Jahr 1911 gebracht hat, viele deutschen Kapitalisten veranlaßte, ihr Geld in einem Lande unterzubringen, das den politischen Streitfragen fernsteht.

[3]) In der Bilanz pro 31. Dezember 1911 führt die Zivnostenska Banca unter den Passiven 28,776,000 Kr. Bankschuldverschreibungen auf, denen der gleiche Betrag an Darlehen gegenübersteht.

[4]) Rießer: Die deutschen Großbanken und ihre Organisation.

empfehlen können. Zu einer Erhöhung der Bilanzklarheit würden derartige auf zahlreichen und schwer übersehbaren Industrieunternehmungen fundierte Obligationen recht wenig beitragen."

Vierzehnter Abschnitt.

Eisenbahnwerte.

Verstaatlichungen — Die Betriebsrechnung — Stammaktien, Stammprioritäten und Obligationen — Canada Pacific Shares — Amerikanische Eisenbahnwerte.

Ein beliebtes Anlage- und Spekulationspapier bildeten in früheren Jahren die Aktien der Eisenbahngesellschaften. Ihre Zahl und ihre Beliebtheit hat sich aber mit der immer mehr fortschreitenden Verstaatlichung wesentlich verringert — die Beliebtheit deshalb, weil die Aktionäre der Privatbahnen zumeist bei den Verstaatlichungen sehr schlechte Erfahrungen gemacht haben. In früheren Zeiten wurde zwar im allgemeinen bei den Verstaatlichungen noch der Grundsatz „leben und leben lassen" befolgt und den Aktionären bei dem Übergang aus dem Privatbesitz in das Staatseigentum eine Abfindung gewährt, die gegenüber dem Tageskurse der Aktien mit Vorteilen verbunden war. Aber diese für die Eisenbahnaktionäre gute Zeit ist längst dahin. In den letzten Jahrzehnten brachten die Verstaatlichungen den Aktionären meist Nachteile, wobei freilich die Frage offen bleibt, ob nicht eine zügellose Spekulation vorher die betreffenden Aktien zu sehr im Kurse gesteigert hatte. Schon bei dem Übergang der Hessischen Ludwigsbahn an den Staat ergab sich ein empfindlicher Verlust für solche Aktionäre, die ihre Aktien zu hohen Kursen erworben hatten. Dann kam die Botschaft des schweizerischen Bundestages vom 25. März 1897 über den Rückkaufswert der schweizerischen Hauptbahnen, die die Besitzer der zum großen Teil damals in Deutschland untergebrachten schweizerischen Eisenbahnaktien in Angst und Schrecken versetzte. Bei der

Verständigung, die später zwischen dem Staat und den schweizerischen Bahngesellschaften zustande kam, wurden zwar günstigere Preise gezahlt, als nach der oben erwähnten Botschaft zu erwarten stand, doch blieben den Aktionären in Vergleich mit den Kursen, die vorher die betreffenden Aktien an der Börse hatten, Verluste nicht erspart. Einigermaßen günstig war das Angebot, das der preußische Fiskus bei der letzten großen Eisenbahnverstaatlichung im Jahre 1902 den betreffenden Aktionären machte. Es betraf die Ostpreußische Südbahn-Gesellschaft, die Marienburg—Mlawkaer Eisenbahn-Gesellschaft, die Altdamm—Kolberger Eisenbahn-Gesellschaft, die Stargard—Küstriner Bahn, die Kiel—Eckernförde—Flensburger Eisenbahn-Gesellschaft, die Breslau—Warschauer Eisenbahn-Gesellschaft und die Dortmund—Gronau Eisenbahn-Gesellschaft. Die Kurse der betreffenden Aktien stellten sich am Tage des Angebots im Vergleich mit der Abfindung wie folgt:

	Länge km	Kapital St.-A. Millionen Mk.	Kapital Pr.-A. Millionen Mk.	Letzter Kurs St.-A.	Letzter Kurs St.-Pr.	Abfindung St.-A.	Abfindung St.-Pr.
Ostpr. Südbahn ..	242,8	13,5	13,5	80,25	107,60	79	121
Marienbg.-Mlawka	149,3	12,84	12,84	75	112	75	123
Altdamm-Kolberg .	155,5	3,15	3,15	—	116,50	—	125,54
Stargard-Küstrin ..	192,1	3,0	3,0	—	118,25	150	131,25
Kiel-Flensburg	80,7	2,101	2,099	—	—	—	122,50
Breslau-Warschau..	55,3	4,005	4,005	16	87,50	15	85,83
Dortmund-Gronau.	96,7	30,0	—	182	—	190	—

Sehr böse Erfahrungen machten die deutschen Aktionäre bei der Übernahme der Transvaalbahn durch die englische Regierung und bei der Verstaatlichung der Warschau—Wiener Eisenbahn. Da die T r a n s v a a l b a h n in dem Abwehrkampf der Transvaalrepublik sich, wie es nur natürlich war, in den Dienst des Heimatlandes gestellt hatte, so kam die von der britischen Regierung eingesetzte Transvaal-Konzessionen-Kommission in ihrem Bericht vom 19. April 1901 zu dem Resultat, daß die britische Regierung zu konzessionsmäßiger Entschädigung der Aktionäre der Transvaalbahn nicht verpflichtet sei. Diese Erklärung resp. die Beschlagnahme des

Eigentums der Transvaalbahn veranlaßte die deutschen Aktionäre ein Schutzkomitee zu bilden. Diesem gelang es für seine Mitglieder, soweit sie den Nachweis erbringen konnten, daß ihre Aktien sich schon vor Ausbruch des Krieges in Händen Privater befunden hatten, eine einigermaßen akzeptable Entschädigung zu erlangen, die aber hinter dem früheren Kurse der Aktien weit zurückblieb.

Bei der Verstaatlichung der Warschau—Wiener Eisenbahn durch die russische Regierung erhielten die Aktionäre eine Abfindung, die der Forderung der deutschen Aktionäre und insbesondere der Börsenbewertung der Aktien bei weitem nicht entsprach.

Es zeigt sich also, daß der Käufer von Eisenbahnaktien sehr sorgfältig die Konzessionsurkunden und staatlichen Rückkaufsbedingungen studieren muß, wenn er vor Schaden bewahrt bleiben will. Von den Aktien inländischer Vollbahnen sind jetzt in weiteren Kreisen bekannt eigentlich nur noch die Aktien der Lübeck—Büchener Eisenbahn und der Eutin—Lübecker Bahn. Bei beiden dürfte die Verstaatlichung nicht mehr allzulange auf sich warten lassen, wenngleich sie dadurch erschwert wird, daß die beiden Bahnen nicht nur preußisches Gebiet, sondern auch das Gebiet anderer Bundesstaaten berühren.

Abgesehen von der Verstaatlichungsfrage ist der wichtigste Punkt, auf den der Käufer einer Eisenbahnaktie zu achten hat, die Betriebsrechnung: Man wird vor allem die Betriebseinnahmen und Betriebsausgaben zu prüfen haben. Dabei muß man sich davor hüten, die Einnahmezahlen lediglich nach ihrer absoluten Höhe zu beurteilen. Hat die kilometrische Länge einer Bahn und damit das aufgewandte Kapital zugenommen, so muß bei vorausgesetzt gleichbleibender Rentabilität eine Steigerung der Einnahmeposten eintreten. Einen richtigen Maßstab für die Entwicklung einer Bahn gewinnt man, wenn man feststellt, welche Einnahmen auf je einen Kilometer der Bahn entfallen, und diese Zahl mit den entsprechenden der Vorjahre an Hand der Geschäftsberichte vergleicht.

Ebensowenig wie man die Betriebseinnahmen lediglich nach ihrer absoluten Höhe beurteilen darf, ebensowenig läßt sich aus der Höhe der Betriebsausgaben etwas Bestimmtes entnehmen. Eine richtige und wichtige Basis für die Beurteilung der Betriebsausgaben bietet das Verhältnis dieser zu den Betriebseinnahmen, der sogenannte Betriebskoeffizient. Heißt es zum Beispiel in dem Jahresbericht einer Eisenbahngesellschaft: „Der Betriebskoeffizient ist im Vergleich mit dem Vorjahre von 55 auf 53 % zurückgegangen“, so hat sich die Entwicklung im letzten Jahre günstiger gestaltet als im vorangegangenen. Umgekehrt würde ein Steigen des Betriebskoeffizienten auf eine nachteilige Entwicklung hindeuten.

Bei den Einnahmen einer Eisenbahn ist es auch wichtig festzustellen, aus welchen Transportleistungen die Einnahmen herrühren. Wird die Bahn zum größten Teil von den Transporten für solche Produktionszweige alimentiert, die starken Konjunkturschwankungen unterliegen oder sind die Transporte und demzufolge die Einnahmen der Bahn in hohem Grade von wechselnden Ernteergebnissen abhängig, so beeinträchtigt das die Stabilität der Erträgnisse.

Ferner ist es wichtig darauf zu achten, ein wie großer Teil der Einnahmen einer Bahn aus garantierten Betriebszuschüssen besteht. Solche Zuschüsse oder auch direkte Dividendengarantien werden häufig vom Staat, von Kommunalverbänden oder auch von privater Seite der Bahn zugesichert, indes nicht für ewige Zeiten, sondern für einen mehr oder minder engbegrenzten Zeitraum. Jeder Erwerber derartiger Aktien muß mithin die Frage prüfen, wie würde es um die Einnahmen resp. die Dividende bestellt sein, wenn kein Zuschuß geleistet wird und ist Aussicht vorhanden, daß die Bahn nach Ablauf der Garantiejahre genügende Überschüsse erzielen kann. Um das beurteilen zu können, wird man auch in eine Prüfung darüber eintreten müssen, ob die Bahn der Abnutzung ihrer festen Anlagen und Betriebsmittel durch ausreichende Dotierung des Erneuerungsfonds Rechnung trägt.

Alle diese Punkte zu beachten, ist nicht nur für die Teilhaber der Bahn, die Aktionäre wichtig, sondern auch für ihre Gläubiger, die Obligationäre.

Außer den Stammaktien und den Obligationen (Prioritäten) gibt es bei manchen Eisenbahnen — ebenso wie bei anderen Aktiengesellschaften — bevorzugte Aktien, Stammprioritätsaktien (in den Vereinigten Staaten von Amerika Preferred Shares). Die Stammprioritätsaktien haben gewisse Vorrechte vor den gewöhnlichen Stammaktien bei der Gewinnverteilung und bei einer etwaigen Auflösung der Gesellschaft. Beiden im Range voran gehen naturgemäß die Obligationen (Prioritäten), die auf eine feste Verzinsung und regelmäßige Tilgung der Schuld Anspruch haben. Ein Vorrecht vor den andern Gläubigern haben die Obligationeninhaber nur dann, wenn eine spezielle Verpfändung zugunsten der Obligationen stattgefunden hat. Da in Deutschland die Mehrzahl der Eisenbahnlinien in die Verwaltung der Staaten übergegangen sind, so ist die Gattung der deutschen Eisenbahnprioritäten nahezu ausgestorben. Dagegen gibt es eine Reihe von Kleinbahnwerten.

Für die Zwecke der Kapitalanlage werden in Deutschland vielfach die Prioritätsobligationen russischer Bahnen gekauft. Dabei wird man zu unterscheiden haben zwischen solchen Obligationen, die von verstaatlichten Bahnen ausgegeben sind, zweitens solchen, von Privateisenbahnen emittierten Obligationen, für die der Staat eine Garantie übernommen hat, und drittens denen ohne Staatsgarantie. Die beiden erstgenannten sind nichts anderes als russische Staatspapiere, für die aber noch im besonderen die betreffende Eisenbahn haftet. Die Zinsen- und Kapitalauszahlung ist bei den russischen Eisenbahnprioritäten bisher prompt erfolgt, doch haben die Besitzer wiederholt sehr schwere Zeiten durchzumachen gehabt, in denen ganz erhebliche Entwertungen der russischen Eisenbahnobligationen eintraten. Bei den österreichischen Eisenbahnprioritäten ging nicht immer alles glatt. Das bekannteste Schmerzenskind des österreichischen Eisenbahnwesens mit chronischen Defizits ist die Österr. Südbahn, die bei den Tilgungen ihrer Obligationen an die Nachsicht der Obligationeninhaber appellieren muß. Immerhin sind die Schädigungen, von denen die Obligationäre der Südbahn betroffen werden, nicht allzu erheblich, und man wird nach der Durchführung des in der Schwebe befindlichen Reorganisationsplanes auch die Obligationen der Südbahn als relativ sichere Kapitalsanlage ansehen dürfen. Schwerere Schädigungen haben die Besitzer mancher amerikanischen Eisenbahnbonds sowie die Obligationäre der Portugiesischen Eisenbahn[1]) und

[1]) Vgl. S. 95.

der Oeste de Minas Eisenbahn[1]) erlitten; ferner aber auch die Obligationäre der Allgemeinen Deutschen Kleinbahn-Gesellschaft, eines Unternehmens, das früher nicht mit der genügenden Sorgfalt verwaltet wurde, heute aber — nach inzwischen vorgenommener Sanierung — befriedigende Erträgnisse abwirft.

In einigen Ländern, so insbesondere in Rußland werden nicht nur die Obligationen, sondern auch die Aktien der Eisenbahngesellschaften regelmäßig durch Auslosung getilgt. Es beruht das darauf, daß die Privateisenbahnen in manchen Ländern nur für eine bestimmte, acht bis zehn Jahrzehnte betragende Zeit konzessioniert werden, mit der Maßgabe, daß nach Ablauf der Konzession die Bahn an den Staat fällt. Infolgedessen muß dafür gesorgt werden, daß das ganze Obligationen- und Aktienkapital innerhalb der Konzessionsdauer getilgt wird. An Stelle der amortisierten Aktien erhalten die Aktionäre dann häufig sogenannte Genußscheine[2]), die an der Superdividende (gewöhnlich an der über 5% hinausgehenden Dividende) partizipieren.

Ein recht lebhaftes Interesse ist seit einigen Jahren in deutschen Spekulanten- und Kapitalistenkreisen für amerikanische Eisenbahnaktien zu beobachten. Das ist zum nicht geringen Teil darauf zurückzuführen, daß an den Investierungen in den Aktien der Canada-Pacific-Eisenbahn hohe Kursgewinne erzielt wurden (daneben freilich auch starke Verluste von solchen Spekulanten, die „schief" lagen).

Die Canada-Pacific-Aktien wurden an der Berliner Börse im Jahre 1885 zum Kurse von 45¼ % eingeführt; an die Hamburger Börse kam sie im Jahre 1890 bereits zum Kurse von 70¼ %. Zwanzig Jahre nach der ersten Notierung in Berlin,

[1]) Vgl. S. 91.

[2]) Bei deutschen Aktiengesellschaften wird von der nach § 227 der Handelsgesetzbuches zulässigen Amortisation von Aktien verhältnismäßig selten Gebrauch gemacht. Doch gibt es Aktiengesellschaften, bei denen das gesamte Aktienkapital getilgt ist, so, wie schon auf Seite 10 erwähnt, bei der Bazar Aktiengesellschaft in Berlin. An die Stelle der Aktien sind Genußscheine getreten, die auf den vollen zur Verfügung stehenden Gewinn Anspruch haben und deren Inhaber Stimmrecht in der Generalversammlung besitzen.

nämlich Ende des Jahres 1905 stellte sich der Kurs bereits auf 176 %; im Juli 1912 betrug der Börsenpreis ca. 262 %.

Die Konzession zum Bau der Kanada-Bahn wurde einem Konsortium von der kanadischen Regierung im Jahre 1881 erteilt. Der Bau der Bahn schritt mit einer fast beispiellosen Schnelligkeit vorwärts. Bereits am 13. Juni 1886 konnte der erste Zug von Montreal nach Vancouver (einer Strecke von 2900 engl. Meilen) abgelassen werden. Heute ist die Kanada-Pacific-Bahn einer der größten Verkehrswege der Welt und bei weitem die größte Eisenbahn Kanadas. Ihre Linien umfassen bei 18 000 Kilometer Streckenlänge mehr als ein Drittel des gesamten Eisenbahnnetzes des Landes. Keine Bahn in Amerika außer der Southern Pacific mit ihrem enormen Expansionswerk in Mexiko und der Grand Trunk Pacific reicht an den großzügigen, wenn auch vielleicht etwas zu stürmischen Ausbau der Kanada-Gesellschaft heran. Zwei wichtige Systeme in den Vereinigten Staaten hat sie sich angegliedert: die Wiskonsin Central und die Minneapolis and Sault St. Marie Eisenbahnen. Ihre Schienenwege erstrecken sich von Halifax und St. John (Neu Braunschweig) am Atlantischen Ozean über Quebec nach dem Westen, sie erreichen über die New York, New Haven und Hartford Eisenbahn sowie über die dieser angegliederte Boston and Maine Railroad alle wichtigen Verkehrspunkte des amerikanischen Ostens bis nach New York im Süden, sie berühren Toronto, Detroit, Minneapolis und St. Paul, sie entsenden Ausläufer in die Bergwerks-Bezirke von Nord-Michigan und in die Getreidegebiete von Dakotah und Minnesota, ihr System ist vielverzweigt im kanadischen Westen. Eine große Canada-Flotte von sechzig Dampfern befährt von Vancouver, British Columbia, wo die Canadian ihren Endpunkt hat, aus unter der Fahne der Bahn die Meere des Ostens, die Schiffe laufen die Häfen von der Ostküste Amerikas, von Ostasien, Hawai und Australien an, und auch auf den großen Seen sieht man den Wimpel dieses Riesen-Unternehmens.

Die gewaltige Ausdehnung der Bahn wäre nicht möglich gewesen, wenn sich nicht Kanada selbst einer glänzenden Entwicklung zu erfreuen gehabt hätte.

Seit einer Reihe von Jahren kommt Kanada ein Umstand besonderer Art in hohem Grade zustatten. Mit dem starken Anwachsen der Bevölkerung in den Vereinigten Staaten wird der von diesen produzierte Weizen in solchem Umfange im eigenen Lande konsumiert, daß sich in entsprechendem Maße das für den Export verfügbare Quantum reduziert. Die Stelle des Weizens aus den Vereinigten Staaten wird nun am Weltmarkt in immer wachsendem Umfange von dem kanadischen Weizen eingenommen. In Kanada selbst steigt zwar die Bevölkerung, zumal durch zunehmende Einwanderung, ebenfalls merklich, indes doch nicht in dem Maße, daß davon bereits wieder eine in Betracht kommende Abnahme der für den Export verbleibenden Weizenmenge zu erwarten wäre. Diese Undichtigkeit der Bevölkerung enthält zugleich einen Grund, der vor einer Überschätzung der Chancen der Canada-Pacific-Bahn hüten sollte. Insbesondere sind danach die Übertreibungen zu berichtigen, die in bezug auf die Preise verbreitet werden, zu denen die Bahn ihre Ländereien verwerten könnte. Nicht ganz außer acht bleiben dürfen auch die klimatischen Verhältnisse des Landes. Strenge Winter, die milde Perioden immer wieder zu unterbrechen pflegen, können der Ernte des Landes, dessen Haupt-Weizendistrikt Manitoba ist, gefährlich werden, bringen schwere Störungen des Verkehrs und kostspielige Beschädigungen des Bahnkörpers mit sich.

Die finanzielle Entwicklung der Canada-Pacific-Bahn war günstig. Steigende Gewinne, die freilich zum Teil aus den Zinsen usw. der durch Landverkäufe erzielten Einnahmen stammten, wurden ausgeschüttet. In der Kapitalvermehrung der Bahn findet die starke Expansion ihren Ausdruck. Das Aktienkapital setzt sich jetzt zusammen aus 198 Mill. Doll. gewöhnliche Shares und 57 Mill. Doll. preferred shares; die Anleiheschulden belaufen sich auf 181 Mill. Doll. Zurzeit beabsichtigt die Verwaltung, weitere Obligationen auszugeben und sich von der Regierung zur Erhöhung des Stamm-Aktienkapitals bis auf 260 Mill. Doll. autorisieren zu lassen.

Neben den Aktien der Kanada-Bahn werden in Berlin auch die Aktien der Baltimore und Ohiobahn sowie die Aktien der Pennsylvaniabahn offiziell notiert — beides Unternehmungen, die unzweifelhaft zu den besten Gesellschaften der Vereinigten Staaten von Amerika gehören und deren Werte mit anderem Maß gemessen werden müssen als die zahllosen „leichten" amerikanischen Eisenbahnaktien, mit denen das deutsche Kapital teilweise auf dem Wege über die Londoner Börse Bekanntschaft gemacht hat.

„Wer in Eisenbahnwerten der Vereinigten Staaten von Amerika Kapital anlegen will, muß", wie in einer vor einigen Jahren veröffentlichten Studie des Geh. Ober-Regierungsrats Dr. v. der Leyen (vom preußischen Ministerium der öffentlichen Arbeiten) mit Recht hervorgehoben wird, „vor allem gewärtigen, daß es nicht deutsche Zustände und Verhältnisse sind, denen er gegenübertritt. Die Gründung einer amerikanischen Eisenbahn geschieht in derselben Weise, wie die jeder andern Aktiengesellschaft. Einer staatlichen Konzession bedarf es nicht. Es genügt, wenn eine Anzahl von Personen zu einer Gesellschaft zusammentritt, deren Zweck der Bau einer Eisenbahn ist; wenn die Gesellschaft das Aktienkapital dieser Bahn, die Anzahl und den Betrag der Aktien feststellt und alles dies in ein öffentliches Register eintragen läßt. Ob die zu bauende Bahn nützlich, ob sie erwünscht, ob sie notwendig ist, ob das Aktienkapital zu ihrer Herstellung ausreichend bemessen, ob seine Einzahlung gesichert ist, darum hat sich die Regierung nicht zu kümmern. Ebensowenig prüft sie, ob die Einzahlungen auf das Aktienkapital, in zahlreichen Fällen nicht mehr als ein Prozent der gezeichneten Summen, wirklich geleistet werden. Sie überläßt auch die Sorge hierfür ausschließlich den Interessenten. Die Folge dieser rechtlichen Verhältnisse ist, daß man sich in den Vereinigten Staaten nach und nach daran gewöhnt hat, Einzahlungen auf die Aktien überhaupt nicht oder nur in dem gesetzlich vorgeschriebenen Mindestbetrage zu leisten. Die Aktien sind also vorerst gänzlich oder fast gänzlich wertlose Papiere. Sie werden von den Gründern unter sich verteilt, vielfach auch an solche Personen oder Körperschaften verschenkt, denen man, weil sie der Bahn vielleicht einmal nützlich werden können, ein Interesse für sie abgewinnen will. Insbesondere sind sie auch ein beliebtes Mittel zur Beeinflussung der Mitglieder gesetzgeberischer Körperschaften, wenn es darauf ankommt, Begünstigungen von der Regierung zu erlangen. Für den Bau der Eisenbahnen kommen die Aktien nicht in Betracht; dafür müssen andere Mittel herbeigeschafft werden, und dies geschieht durch Herausgabe von Obligationen (Bonds, Prioritäten). Die

Obligationen tragen feste Zinsen, zu ihrer Sicherung wird in der Regel die Eisenbahn verpfändet, daher der Name: Mortgage Bonds. Da eine noch gar nicht vorhandene Eisenbahn kein allzu sicheres Pfandstück ist, die Verzinsung der Bonds überdies nur aus den Erträgen der Eisenbahn erfolgen kann, so finden auch die Bonds in der Regel nur dann Abnehmer, wenn ihnen entweder sehr hohe Zinsen zugesichert sind oder sie bedeutend unter Pari abgegeben werden, wenn mit anderen Worten die Gesellschaft eine beträchtliche Risikoprämie auswirft. Reichen die ersten Bonds zum Bau der Eisenbahn nicht aus, so folgt eine zweite, dritte usw. Reihe (first, second, third usw. Mortgage Bonds), die, wie bei uns die Hypotheken, so bewertet sind, daß immer die älteren den neuen vorangehen. Kann eine Eisenbahn ihren Verpflichtungen gegenüber den Gläubigern nicht nachkommen, und wird sie zwangsweise verkauft, so wird der Erlös zur Befriedigung der Obligationen-Gläubiger nach der Reihe ihrer Pfandrechte verwendet. Erwägt man, daß die Anfertigung genauer Kostenvoranschläge für eine neue Eisenbahn zu den Seltenheiten gehört, daß man sich meist begnügt mit allgemeinen, aus der Erfahrung bei andern Unternehmungen geschöpften Schätzungen, die man, um die Interessen nicht von vornherein abzuschrecken, möglichst niedrig hält, so leuchtet ein, daß der Ankauf selbst von Eisenbahnobligationen nach unseren Begriffen eine sichere Kapitalanlage nicht genannt werden kann. Verwaltet wird die Bahn von den Aktionären. Diesen aber ist, soweit sie nicht selbst Bonds besitzen, das Wohl und Wehe der Obligationenbesitzer ziemlich gleichgültig. In der Regel zwar werden auch die Aktionäre Wert darauf legen, daß die Bahn etwas verdient, daß sie Dividenden zahlt, und eine Zahlung von Dividenden kann erst in Frage kommen, nachdem die Zinsen auf die Bonds gedeckt sind. Aber bei den zahlreichen Unternehmungen, die sozusagen ohne alles Aktienkapital gegründet sind, wird wenigstens in den ersten Jahren an die Zahlung einer Dividende überhaupt niemand denken. Die Eisenbahn ist nicht sowohl Selbstzweck, als ein Mittel, andere Zwecke zu erreichen. Sie wird gebaut, um den Wert gewisser Ländereien zu steigern, um das Monopol einer andern Eisenbahn zu brechen, um durch ihre Tarife den Handel, die Industrie bestehender oder neu erstehender Verkehrsplätze zu beeinflussen und dergl. Da nun die Aktionäre oder einige Hauptaktionäre an dem Grundbesitz, dem Handel, der Industrie, auf die durch die Eisenbahn eingewirkt werden soll, wieder stark beteiligt sind, so ist das erste Ziel ihrer Eisenbahnpolitik, diese ihre Interessen zu fördern; wenn das Interesse der Bondsbesitzer damit Hand in Hand geht, um so besser für diese; sobald aber die beiderseitigen Interessen einander widersprechen, gehen selbstverständlich die der Aktionäre vor, und über die Gläubiger wird zur Tagesordnung übergegangen. Ein solches Verfahren der Aktionäre wird wieder erleichtert durch das amerikanische Aktienrecht, nach dem jede Aktie eine Stimme gibt. Wer eine Aktie mehr als die Hälfte aller Aktien besitzt, der verfügt über die Mehrheit der Generalversammlung und übt diese seine Macht mit voller Rücksichtslosigkeit aus. Nach der Art der Ausgabe des Aktienkapitals wird es schon den Gründern leicht gemacht, die Hälfte der Aktien, und damit die freie Verfügung über das Unternehmen, für sich zu behalten. Gelingt dies nicht e i n e r Person, so tut sich eine Anzahl von Freunden zusammen, und so sind dann fast alle Linien durch eine Clique oder durch eine einzelne Person beherrscht. Es wäre ein geradezu unmögliches Beginnen, wenn man versuchen wollte, einen wirklich klaren Einblick in die Finanzverwaltung einer einzelnen, geschweige denn der sämtlichen amerikanischen Eisenbahnen zu erhalten. Die größeren Eisenbahnen gehören in den Vereinigten Staaten zu den verwickeltsten, ja verworrensten geschäftlichen Unternehmungen, die man sich überhaupt denken kann. Das Bestreben der Verwaltungen ist auch nicht selten darauf gerichtet, die tatsächlichen und rechtlichen Verhältnisse so durcheinander zu mengen, daß nur eine geringe Anzahl der an der Spitze stehenden Persönlichkeiten sie einigermaßen übersehen kann. Die meisten, insbesondere die größeren Eisenbahngesellschaften, treiben neben dem Transportgewerbe noch andere kaufmännische oder industrielle Geschäfte. Sie besitzen Kohlengruben und betreiben Bergbau; sie haben ein Getreidekommissionsgeschäft mit zahlreichen, an ihren Strecken gelegenen Lagerhäusern, den bekannten Silospeichern; sie betreiben See-, Fluß- und Kanalschiffahrt; sie verwalten neben der eigenen auch noch andere, unter Umständen in ganz entfernten Gebieten belegene Eisenbahnen. Andererseits wird das Transportgewerbe nicht allein von der Eisenbahn betrieben.

Bekannt sind die großen Expreßgesellschaften, die nicht nur den gesamten Päckerei- und Eilgutsverkehr auf der Eisenbahn besorgen, sondern vielfach auch gewöhnliche Frachtgüter fahren und an die Eisenbahnen ein Bahngeld für die Benutzung ihrer Strecke zahlen; ferner die großen Wagenbau- und Wagenvermietungsgeschäfte, die mit ihren Wagen entweder auf der Eisenbahn fahren, oder der Eisenbahn ihre Wagen vermieten oder in anderer Form an dem Personenbeförderungsgeschäft beteiligt sind".

Die hier wiedergegebenen Ausführungen des Geh. Ober-Regierungsrats Dr. v. d. Leyen kennzeichnen im wesentlichen auch die heutige Situation richtig, wenngleich die Regierung der Vereinigten Staaten in neuerer Zeit bemüht ist, den Leitern der Eisenbahngesellschaften begreiflich zu machen, daß Eisenbahnen kein Spekulationsobjekt für gewissenlose Faiseure sind, auch nicht als reine Privatunternehmungen betrachtet werden dürfen, sondern dem öffentlichen Interesse zu dienen haben. Die Bestrebungen der Regierung bewegen sich insbesondere in der Richtung, daß der Willkür in der Festsetzung der Tarife begegnet und dem Shermanschen Antitrustgesetz Geltung verschaffen werde. Die Einschränkung der Konkurrenz im Gebiete des zwischenstaatlichen Verkehrs soll verhindert und die Lostrennung des Kohlengrubenbesitzes der Bahngesellschaften von den Eisenbahnunternehmungen resp. die Beseitigung der Protektions- und Refaktienwirtschaft bei der Verfrachtung herbeigeführt werden. Schließlich hat die Regierung seit einigen Jahren auch dem Abschreibungssystem der Bahnen ihre Aufmerksamkeit zugewendet.

Das deutsche Kapital hat im Laufe der Jahre durch die Beteiligung an amerikanischen Papieren — trotz der Gewinne, die aus dem Besitz an Aktien der Kanadabahn gezogen wurden — per Saldo erhebliche Verluste erlitten. Schon dieser Umstand mahnt für die Zukunft zu großer Vorsicht, zumal da auch bei den besseren Werten die starken Konjunkturschwankungen zu berücksichtigen sind, denen das amerikanische Wirtschaftsleben ausgesetzt zu sein pflegt. Hinzu kommt die rücksichtslose Art und Weise, mit der die großen Finanzmatadore die Kurse an der New Yorker Börse hinauf- und hinunterzutreiben pflegen. Da sich die „Kontrolle" über die Bahnen in relativ wenigen Händen befindet, und diese Hände eben jenen Großspekulanten gehören, so sind die „kleinen" Aktionäre ganz der Willkür der Großen preisgegeben, die mit den Aktien Fangball spielen, in ihrer Dividendenpolitik alle möglichen Tricks anwenden, ja auch — wie die Praxis gelehrt hat — vor einer falschen Buchführung nicht zurückschrecken, wenn es sich darum handelt, je nachdem Verluste oder Gewinne zu verbergen.

Fünfzehnter Abschnitt.

Schiffahrtsaktien.

Wenn man, wie es oft und nicht mit Unrecht geschieht, den Grad der Beschäftigung der Transportgesellschaften und insbesondere der Seeschiffahrtslinien als ein zuverlässiges Barometer für die Lage der Weltwirtschaft betrachtet, so muß man zu dem Resultat kommen, daß die Erträgnisse der großen Reedereien, deren Linien den Erdball umschließen, großen Schwankungen ausgesetzt sind. Diese Schlußfolgerung ist auch durchaus richtig: Während z. B. für das Jahr 1906 die sieben größten deutschen Reedereien ihr Aktienkapital von insgesamt 274 Mill. Mk. mit $8^1/_4$ % verzinst hatten, erzielten sie für 1907 auf 330 Mill. ein Durchschnittserträgnis von $5^1/_2$ % und für 1908 auf die gleiche Summe ein Erträgnis von $1^1/_4$ %. Für 1909 erhöhte sich diese Zahl bei gleich gebliebenem Kapital auf $4^1/_8$ % und für 1910 auf $6^3/_8$ %. Betrachtet man die Dividenden der größten deutschen Schiffahrtsgesellschaft, der Hamburg-Amerika-Linie für sich allein, so sieht man noch deutlicher, wie sehr sich die Erträgnisse der Reedereien den jeweiligen Weltkonjunkturen anpassen. Die „Paketfahrt" zahlte nämlich:

pro 1902	$4^1/_2$ %	pro 1907	6 %
„ 1903	6 %	„ 1908	0 %
„ 1904	9 %	„ 1909	6 %
„ 1905	11 %	„ 1910	8 %
„ 1906	10 %	„ 1911	9 %

Wer da weiß, daß im letzten Viertel des Jahres 1907 die Hochkonjunktur der vorangegangenen Jahre, die einen Weltcharakter getragen hatte, zusammenbrach und daß in der ganzen Welt, besonders aber in den Vereinigten Staaten von Amerika, eine Krisis von seltener Schärfe einsetzte, die erst im Jahre 1909 wich, um dann in den folgenden Jahren wieder einer Aufwärtsbewegung Platz zu machen, der wird in den obigen Dividendenzahlen ein Spiegelbild der Konjunkturentwicklung erkennen. Ähnliches ließe sich von den Dividenden des Norddeutschen Lloyd sagen; nur daß dieses Unternehmen in viel stärkerem Maße als die Paketfahrt von der Krisis betroffen wurde. Büßte doch die Bremer Gesellschaft im Jahre 1908 ihre ganzen Reserven ein.

Wirft man die Frage auf, ob es wirklich allein der wirtschaftliche Rückschlag war, der nach der Krisis so stark auf die Erträgnisse der großen deutschen Schiffahrtsunternehmungen einwirkte, so kommt man bei näherer Prüfung zu folgendem Resultat: Es waren in den letzten Jahren, die der Krisis vorangingen, zum Schaden der Reederei zu viele Schiffe gebaut worden; die Krisis, die in der zweiten Hälfte des Jahres 1907 in den Vereinigten Staaten einsetzte und in den anderen Ländern ein vernehmliches Echo fand, war somit für die Schiffahrt bis zu einem gewissen Grade nur der äußere Anstoß, der eine innerlich ungesunde Lage zum Débacle gebracht hat. Die britische Schiffahrt und die deutsche hatten ihre Tonnage allzu rasch vermehrt. Daraus waren nach zwei Richtungen hin üble Folgen entstanden: Zunächst gab es ein übermäßiges Angebot von Schiffsräumte, das die Frachten auf ein unlohnendes Niveau herabdrückte und viele hunderttausend Registertonnen zur Beschäftigungslosigkeit zwang. Und zweitens: die einzelnen Schiffahrtsunternehmen, die Linienreedereien, wie die Trampreedereien, soweit sie sich über ihre Kraft engagiert, gerieten in eine schwierige finanzielle Situation. Der Norddeutsche Lloyd mußte mit den Schiffswerften, die zu seinen Lieferanten gehörten, eine Stundung der Zahlungen vereinbaren; die Paketfahrt, die besser disponiert hatte, sistierte den Bau eines in England in Auftrag gegebenen Riesendampfers.

Wir sehen also, daß die großen Schiffahrtsgesellschaften durch die letzte Krisis über das natürliche und notwendige Maß hinaus in Mitleidenschaft gezogen worden sind, weil zuviel Schiffe gebaut worden waren. Mit dieser Feststellung kommen wir zu einem Gebiet, das für die Kapitalisten, die sich für Schiffahrtsaktien interessieren, von besonderer Bedeutung ist und das man kurz in die Worte zusammenfassen kann: Der Wettbewerb in der Schiffahrt. Dieser Wettbewerb findet besonders in der ständigen Vergrößerung der Flotte und der Vergrößerung der einzelnen Schiffe seinen Ausdruck, während hinsichtlich der Tarife und der Verteilung der Quoten am Auswanderergeschäft gewisse internationale Vereinbarungen bestehen. In den letzten Jahrzehnten hat die Rivalität in der Schiffahrt, gesteigert durch die in einigen Ländern üblichen Staatssubventionen, von denen noch zu sprechen sein wird, dazu geführt, daß das Bauprogramm der Reedereien fast andauernd wächst. Eine Gesellschaft sucht die andere durch Pracht- und Palastbauten zu überbieten. Das bedeutet praktisch das schnelle Veralten der einzelnen Schiffe und macht, wenn die Gesellschaften gute Bilanzen ausweisen wollen, hohe Abschreibungen auf den Schiffspark erforderlich. Es bedeutet ferner die Notwendigkeit, große Kapitalien bereitzustellen, und schließlich kommt in Betracht, daß die Rivalität leicht zu einem Übermaß an Tonnage führt und damit zu jenen Schwierigkeiten, von denen oben die Rede war.

Nach der Krisis von 1907/1908 hat man sich freilich zunächst davor gehütet, in den früheren Fehler zu verfallen. Wenigstens war die Welthandelsflotte, die um die Mitte des Jahres 1908 40.9 Millionen Brutto-Register-Tons betragen hatte, bis Mitte 1910 nur auf 41.9 Millionen, also um etwa 2½ % gestiegen. Bezeichnend war auch, daß Englands Handelsflotte in den drei Jahren 1908 bis 1910 zusammen sich nur um 383 000 Registertons vergrößerte, während sie in den drei voraufgegangenen Jahren 1905 bis 1907 um nicht weniger als 1 809 000 Tons gewachsen war.

Der Einfluß der Verringerung der Bautätigkeit machte sich denn auch in segensreicher Weise für die Schiffahrtsgesellschaften resp. für ihre Erträgnisse in den der Krisis folgenden Jahren bemerkbar. Ob nicht inzwischen die Bautätigkeit wieder einen zu großen Umfang angenommen hat, ist eine andere Frage: die Hamburg-Amerika-Linie hat im Jahre 1912 das Riesenschiff Imperator vom Stapel gelassen und hat u. a. zwei weitere Schiffe von je 50000 To. im Bau. Der Norddeutsche Lloyd hat sich allerdings damit begnügt, letzthin einen Dampfer, dessen Rauminhalt nicht viel über 30000 Registertons hinausgeht, zu bestellen und ist damit, wohl mehr der Not gehorchend als den eigenen Wünschen, hinter dem Wettrüsten der anderen Gesellschaften zurückgeblieben. Umgekehrt kann man freilich auch sagen, daß die Hamburg-Amerika-Linie weniger dem eigenen Triebe als dem Zwange folgt, wenn sie, um den ihr von den englischen Linien streitig gemachten ersten Platz wieder zu erobern, gleich drei Zyklopenschiffe in rascher Folge erbauen läßt — schwimmende Paläste, die die aller anderen seefahrenden Nationen an Größe überragen. Denn wenn man den Worten folgt, die der Generaldirektor der Hamburg-Amerika-Linie, Herr Ballin, kürzlich in der englischen Fachzeitschrift „Fair Play" niedergeschrieben hat, so kann man nicht glauben, daß er sich leichten Herzens zu den drei Mammutbauten entschlossen hat. „Die gegenwärtig außerordentlich rege Tätigkeit auf den Schiffswerften, sowohl in England wie in Deutschland" — so führte Herr Ballin aus — „bringt die Gewißheit einer späteren, schlechteren Konjunktur mit sich, da die Herstellung neuer Schiffe die Nachfrage nach Schiffsräumen bei weitem übertrifft. Meine einzige Absicht bei der Erwähnung dieser Angelegenheit ist die, auf die schlechten Zeiten aufmerksam zu machen, die der jetzigen Glanzperiode unbedingt folgen werden und darauf hinzuweisen, daß es von seiten der englischen und der deutschen Reeder klug wäre Anstalten zu treffen, die geeignet sind, die Härte kommender Zeiten zu mildern."

Um den sich aus den übermäßigen Erweiterungsbauten ergebenden Gefahren und um ferner den Übertreibungen in der Erzielung von Schnelligkeitsrekorden [1]) zu begegnen, sollten die der „Nordatlantischen Konferenz" angehörenden in- und ausländischen Gesellschaften zu entsprechenden Verständigungen zu gelangen suchen. Das wäre auch vom ökonomischen Standpunkte aus mindestens ebenso wichtig wie die Regelung der Tarife und die Verteilung der

[1]) Der Untergang der „Titanic" war nicht zum wenigsten darauf zurückzuführen, daß der Kapitän das auf der ersten Fahrt begriffene Schiff durch das Eisfeld rasen ließ, um den Rekord zu schlagen.

Quoten am Auswanderergeschäft, die, durch eine Reihe von Bündnissen erreicht worden ist.

Von den deutschen Schiffahrtsgesellschaften wird dieses Vertragssystem ungefähr in folgender Weise begründet:[1])

„In der transozeanischen Großschiffahrt sind derart große Kapitalien und Kräfte wirksam, daß ihr unbeschränkter Konkurrenzkampf allmählich alle Teile verderben müßte. Denn für die Kampfpreise der Passagiere und Frachten gibt es keine Begrenzung nach unten hin, kein sichtbares und festes Existenzminimum. Die Raten können auf einen Stand gedrückt werden, der keine Dividenden, aber auch keine Abschreibung und Erneuerung des Schiffsmaterials mehr gestattet, und damit kommen die stärksten Reedereien in einigen Jahren an das Ende ihrer Kraft. In das ganze Wirtschaftsleben kommt durch solche Preisschleudereien und fortwährende Preisänderungen ein unstetes spekulatives Moment, das jede gesunde kaufmännische Vorausberechnung unmöglich macht und das ganze Geschäftsleben schweren Gefahren aussetzt. Vermieden können solche Kämpfe aber nur durch feste Abmachungen werden, die von vornherein über Beförderungspreise und Verteilung der Arbeitsgebiete oder der Gewinne Bestimmungen treffen. Denn auf dem Meere ist an sich jede Unternehmung gleichberechtigt und gleich imstande, sich zu betätigen. Natürliche Grenzen sind da den einzelnen Unternehmungen nicht gesteckt und bei freiem Wettbewerb müßten sich bald alle gegenseitig ins Gehege kommen. Eine Gefahr liegt in den Kartellen der Linienreedereien um deswegen für das Publikum nicht, weil die ganze Linienreederei immer dem Wettbewerb der „freien" oder „wilden" Fahrt ausgesetzt bleibt, also der einzelnen Schiffe, die nicht in bestimmten Routen laufen, die nur für einzelne Ladungen abschließen und von ihren Besitzern überall dahin gelenkt werden, wo gute Gewinnaussichten bestehen. Diese bilden noch rund die Hälfte alles Schiffsraumes in der Welt. Sie würden eine unberechtigte künstliche Preis-Hausse der Linienreedereien sofort

[1]) Vergleiche Thieß: „Die Hamburg-Amerika-Linie".

benutzen, um sich massenweise auf deren Verladungshäfen zu stürzen, die Linien erheblich zu unterbieten und ihnen alle Ladung abzujagen. Solche „wilden Dampfer“ sind auch durch Schiffsmakler so leicht und rasch zu loseren Gelegenheitslinien zusammenzufügen, daß sie diesen Wettbewerb sogar auf die Passagiere ausdehnen könnten, wenn hohe Preise eine Neugründung lohnend erscheinen ließen.“

Ob man vom allgemeinen Standpunkt aus jedes dieser Worte unterschreiben kann, ist zweifelhaft; vom Standpunkte der Aktionäre aus sind sie jedenfalls zutreffend.

Die bekannteste Vereinbarung stellt die schon erwähnte „Nordatlantische Konferenz“ dar, die, die größte Schiffahrtsstraße der Welt, den Weg zwischen Westeuropa und Nordamerika betrifft. Der Verband bestand zunächst für das Auswanderergeschäft. Es wurden Abkommen getroffen, nach denen eine Teilung der Auswandererbeförderung nach festen Quoten stattfand, die durch kleine Preisheraufsetzungen bei derjenigen Linie, die zuviel Zustrom hat durch Preisnachlässe bei der anderen, die ihre vertragsmäßigen Anteilszahlen nicht erreicht, reguliert werden. Später kamen die kontinentalen Gesellschaften dahin, auch für ihren gesamten von Europa ausgehenden Frachtenverkehr das Pool-Verhältnis, die Verteilung des Verkehrs und seiner Gewinne nach festen Anteilen eintreten zu lassen. Die größeren einkommenden Transporte der nordatlantischen Fahrt unterliegen dagegen infolge der Konkurrenz der sogenannten Trampreeder solchen Preisschwankungen, sind so wenig von autonomen Bestimmungen der Linienreedereien abhängig, daß hier eine Preisabrede unwirksam bleiben mußte und gar nicht erst versucht wurde.

Seit dem Jahre 1896 wird noch eine gemeinsame Festsetzung der Kajütspreise vorgenommen, die die Qualität und Leistung und Beliebtheit jedes einzelnen dabei in Betracht kommenden Dampfers und jedes Dampferplatzes eingehend berücksichtigt und durch Aufschläge oder Abschläge den Normalpreisen gegenüber differenziert. Dagegen wurde auf diesem Gebiete keine gemeinsame Verrechnung der Gewinne vorgesehen, so daß im Kajütsgeschäft nach wie vor jeder die Vorzüge seiner Dampfer und seines Borddienstes zur Geltung bringen kann.

Am nordamerikanischen Schiffahrtspool sind von deutschen Linien sowohl die Hamburg-Amerika-Linie, als auch der Norddeutsche Lloyd beteiligt. Ferner gehören ihm an die Holland-Amerika-Linie (an der Hapag und Lloyd durch Aktienbesitz beteiligt sind), die Red-Star-Line, die Allan-Line, die Anchor-Line, die American-Line, die Atlantic-Transport-Line, die Kanada-Pacific-Gesellschaft, die Compagnie Transatlantique, die Cunard-Linie, die White-Star-Line, die Dominion-Line und die Leyland-Line. Vor einiger Zeit ist in den Vereinigten Staaten von Amerika ein Gesetzentwurf eingebracht, durch den ausländische Schiffahrtsgesellschaften, die sich zu Verbänden zusammengeschlossen haben und als solche die freie Konkurrenz durch Festsetzung gemeinsamer Tarife ausschalten, mit empfindlichen Geldbußen, Verweigerung der Zollscheine, Annullierung der Frachtkontrakte und sogar mit dem Verbot der Landung in amerikanischen Häfen bestraft werden sollen. Unter dieses Gesetz fallen insbesondere der Nordatlantische Schiffahrtspool und der Nordamerikanisch-Brasilianische Schiffahrtspool, an dem die Hamburg-Amerika-Linie beteiligt ist. Auch die östlichen und westlichen Küstenlinien, sowie der Schiffahrtsverkehr von der Westküste der Vereinigten Staaten nach Ostasien sind auf die „Proskriptionsliste" gesetzt worden.

Der Gesetzentwurf gegen die ausländischen Schiffahrtsgesellschaften war zur Zeit der Drucklegung dieses Buches von dem amerikanischen Repräsentantenhause angenommen. Um Gesetzeskraft zu erlangen, müßte er noch vom Senat genehmigt und vom Präsidenten unterschrieben werden. Vorläufig trösten sich die ausländischen Schiffahrtsgesellschaften damit, daß der Entwurf zum mindesten in der vorgesehenen rigorosen Form nicht ratifiziert werden wird. Man hofft auch in den Kreisen der Schiffahrt, daß die betroffenen Auslandsstaaten, in denen die verfolgten Schiffahrtsgesellschaften ihren Sitz haben, mit diplomatischen und eventuell mit wirtschaftspolitischen Maßnahmen gegen ein Gesetz Stellung nehmen werden, durch das sich der amerikanische Staat die Legislatur und Jurisdiktion über ihre eigenen Untertanen anmaßt und ihrem Überseeverkehr empfindliche Schädigungen bereiten muß. Die amerikanische Regierung wird bei ihrem Vorgehen gegen die im nordatlantischen Pool vereinigten Schiffahrtsgesellschaften in der Hauptsache von einem gewissen Neidgefühl geleitet, das seinen Ursprung dem Umstande verdankt, daß den Amerikanern eine eigene starke Handelsflotte fehlt; denn daß die dem Poolabkommen angehörenden Gesellschaften kein Monopol ausüben können und nicht vor Konkurrenz geschützt sind, ist allgemein bekannt. Die letzten Jahre haben sogar wieder in großem Umfange Konkurrenzlinien auftauchen sehen. In der nordatlantischen Fahrt, z. B. von Rußland aus, von Dänemark, England, Holland, im Mittelmeer sogar von Griechenland aus. In Antwerpen gründen unternehmungslustige Schiffsmaklerfirmen fast Jahr für Jahr nach den verschiedensten Weltgegenden neue Konkurrenzlinien, gestützt auf den reichen Verkehr, den ihnen das deutsche Hinterland zuführt. In Skandinavien, in Italien, überall wird an der Schaffung neuer Linien gearbeitet, wobei die Privatunternehmung sich freilich nicht auf sich allein verläßt, sondern vom Staat direkte oder indirekte Unterstützung zu erlangen sucht und auch erhält. In fast allen Ländern Europas, in neuerer Zeit aber auch in den außereuropäischen Ländern, blüht das Subventionswesen. In Frankreich und in Nordamerika z. B. sind viele Millionen geopfert worden, um das Ziel, die Schaffung einer kräftigen, blühenden Handelsflotte zu erreichen. Mit negativem Erfolg freilich. Selbst England hat in den letzten Jahren mit dem Grundsatz der Selbsthilfe gebrochen, indem es der Cunard-Linie eine Subvention bewilligt, aus der sie ihre beiden riesigen Turbinendampfer „Lusitania" und „Mauretania" verzinsen und amortisieren soll. In Deutschland kann von eigentlichen Subventionen der Schiffahrtsgesellschaften in Gestalt von Bau-Risikozinsen oder ähnlichem nicht die Rede sein. Die Zuschüsse, die der Norddeutsche Lloyd zur Herstellung einiger regelmäßiger, aber unrentabler Postdampferverbindungen mit Ostasien und Australien erhält, sind keine Subventionen zur künstlichen Großziehung der Reederei. Bisher konnten die deutschen Schiffahrtsgesellschaften unabhängig von Subventionen und staatlicher Bevormundung im allgemeinen kräftig emporblühen, doch darf man die Gefahren, die schließlich durch die staatlich geförderte ausländische Konkurrenz entstehen können, nicht unterschätzen.

Alles in allem zeigt unsere Darstellung, daß Schiffahrtsaktien nicht gerade als ein ruhiger Besitz für den Kapitalisten angesehen werden können. Äußerlich kommt das, abgesehen von den Dividendenschwankungen, auch in den heftigen Kursschwankungen der Schiffahrtsaktien zum Ausdruck. Gehören doch einige von ihnen, so insbesondere die Aktien der Hamburg-Amerika-Linie, des Norddeutschen Lloyd und der Bremer Hansa zu den ersten Spekulationspapieren der Berliner und Hamburger Börse. Beides, Dividendenschwankungen und Kursschwankungen, ließen sich mildern, wenn die Schiffahrtsgesellschaften noch mehr als bisher die Erträgnisse guter Zeiten zu Rückstellungen benutzten. In den letzten Jahren erfreuten sich fast alle Linienreedereien infolge des Aufschwunges des Welthandels einer großen Prosperität. Mögen aber die verantwortlichen Leiter der deutschen Reedereigeesellschaften nicht vergessen, daß diesen fetten Zeiten auch wieder die mageren folgen werden, und daß die Reederei gut tun wird, in Zukunft größeres Gewicht zu legen auf die Stabilität ihrer Dividenden.

Gewiß ist in dieser Beziehung auch durch stille Rücklagen in den letzten Jahren schon Ansehnliches geleistet worden, und man weiß, daß, wenn eine Gesellschaft wie die Hamburg-Amerika-Linie unter dem Titel „Pendente Reisen" und „Internes Abrechnungskonto" 26 Mill. und der Norddeutsche Lloyd auf einem ähnlichen Konto 9 Mill., andere Gesellschaften, wie die Kosmos-Linie, entsprechende Beträge verfügbar haben, in diesen Summen zu einem sehr erheblichen Teil stille Reserven enthalten sind, die für eine Ergänzung der Dividende in schlechten Zeiten herangezogen werden könnten. Es kann aber nur im Interesse der Entwicklung der deutschen Weltschiffahrt liegen und widerstrebt auch nicht dem Interesse des bona fide Aktionärs, wenn diese Konsolidationstendenz sich auf alle größeren Reedereigesellschaften erstrecken würde. Eine stabile Dividende wird allerdings der Phantasie der Börse keinen so weiten Spielraum mehr lassen, wie das besonders im Jahre 1912 mit den Aktien der Bremer Dampfschiffahrtsgesellschaft „Hansa" sich gezeigt hat. Die Schiffahrtsaktien würden für das spekulierende Publikum etwas langweiliger werden, aber sicher nicht zum Schaden der Gesellschaften und des deutschen Anteils am Weltverkehr!

Sechszehnter Abschnitt.

Bergwerks- und Hüttenaktien.

Die Montanpapiere spielen im Kurszettel unserer heimischen Effektenbörsen eine ganz hervorragende Rolle; dieser Rolle entspricht aber auch die große Bedeutung, die gerade das Bergbau- und Hüttenwesen für unser Vaterland hat. Die Natur hat Deutschland allerdings nicht die ergiebigen Goldfelder beschieden, die die ursprüngliche Basis der großartigen industriellen Entwicklung der Vereinigten Staaten lieferten; die heimische Produktion an Silber ist auch nicht sonderlich groß, und gehen wir zu den halbedlen Metallen, auch hier werden die wertvollsten von ihnen, Zinn und Kupfer, in einem Umfange aus heimischen Erzen gewonnen, der leider nur zu einem sehr geringen Bruchteil den inländischen Bedarf deckt. Aber schon der nächste Schritt, den wir nach unten machen, führt uns reicheren Quellen zu. Es sind dies die geradezu prächtigen Fundstätten von Galmei, also von Zinkspat und ein, wenn auch nicht hinreichendes, so doch auch nicht ganz unbefriedigendes Vorkommen von Bleierz. Dann aber kommt noch eine Wertstufe am Erzmarkte tiefer der Stolz des heimischen Bergbaues: die überaus stattlichen Lager von Eisenerz und ihnen zugesellt die großen Kohlenbecken, die zusammen eine der mächtigsten Quellen des deutschen Nationalwohlstandes sind. Sichern sie doch unserem Vaterland eine Führerschaft am internationalen Markte, an die heranzukommen selbst dem auch mit Eisenerz noch besser bedachten Amerikaner nicht so bald möglich sein wird, eine Zukunft, die stärker als alles andere aber auch die Mißgunst unserer Vettern jenseits des Kanals entfesselt hat, bei denen die Stahlindustrie ihre eigentlich klassische Zeit durchlebt hatte. Kein Wunder, daß bei der ohnehin schon auf Großkapital basierenden Montanindustrie den deutschen Effektenbörsen ein so wuchtiges Material an Aktien zuströmt, daß sie sich fast jedem ausländischen Bergwerks- und Hüttenpapier bisher verschließen konnten, und daß die Kapitalanlagen in inländischen Montanwerten einen außerordentlich großen Umfang haben.

Beginnen wir mit dem Urprozeß, auf dem sich die gesamte Montanindustrie aufbaut, dem Bergwerksbetriebe. Wiewohl ein gleiches Erzeugnis der Erde entnommen wird, so steht doch gerade bei „Bergwerks"papieren guten Resultaten, die der Effektenbesitzer gewonnen, auch eine Anzahl Erfahrungen schlimmster Art gegenüber. Da sind die typischen Gefahren des Bergbaues, im Kohlen- und Kalibergbau [1]) insbesondere die gefürchteten Wassereinbrüche, denen man nicht mehr Herr wird und die der beste Sachverständige mitunter nicht vorausahnen kann. Die sonst so glückliche Hand eines Grillo, der wir heute so manches glänzend rentierende Kohlenbergwerk im Ruhrgebiet verdanken — wie die „Konsolidation", den „König Wilhelm", den in die Gelsenkirchener Bergwerksgesellschaften aufgegangenen „Schalker Gruben- und Hüttenverein" —, versagte bei der Zeche „Adolf von Hansemann", die im Jahre 1884 ersoff. Nach Dividenden von mehr als 30 und 50 % machten starker Gebirgsdruck und Wasserzufluß die in die Bochumer Bergwerksgesellschaft aufgegangene Zeche „Vereinigte Präsident" jahrzehntelang völlig unrentabel. Da geht im Erzbergbau die Ader verloren. Um 100 % haben mitunter die Aktien des Köln-Müsener Bergwerkvereins geschwankt, wenn, wie wiederholt im Laufe der Zeiten bekannt wurde, die Ader des historischen Stahlbergs verloren ging oder wieder gefunden wurde. Da ist das tückische Vorkommen der besonders im Bleierzbergbau häufigen mehr oder weniger großen „Nester", deren schließliche Erschöpfung mit Sicherheit von wenigen Eingeweihten erkannt werden konnte, an dem dann das fernstehende Publikum, die Kleinen, aber selbst gewiegte Finanzleute und sorglose Aufsichtsräte herbe Verluste an ihren Kapitalanlagen erfuhren. Man denke an das in Konkurs geratene Bliesenbach, von dem Eingeweihte schon wußten, daß von ihm nichts mehr zu holen war, als die Aktien an der Berliner Börse noch mit 200 % und mehr umgingen. Man denke an jenes stolze Blei- und Silberbergwerk Mechernich, das in den achtziger Jahren des vorigen Jahrhunderts eine Zierde auf dem Kurszettel

[1]) Im Jahr 1912 vollständiges „Ersaufen" des Mecklenburgischen Kalibergwerks Jessenitz.

der Berliner Börse war, das in Stunden, in denen sich Westfalens größte Hüttenwerke nur kümmerlich verzinsten, Dividenden von stattlicher Höhe zur Ausschüttung bringen konnte. Noch heute sieht man über der Erde riesige Anlagen mit einstigen Meisterwerken der Technik, den höchsten Schornsteinen des Kontinents; doch aus den nicht minder mächtigen Bauten unter der Erde haben die Aktionäre nun schon fast zwei Jahrzehnte lang keinen Pfennig mehr bezogen. Solchen speziell den Bergbau treffenden Unfällen ist natürlich ein Unternehmen besonders exponiert, wenn es sich einzig und allein auf dem von dem Unfall betroffenen Betriebe aufbaut. Das ist wohl zu beachten verschiedenen großen Gesellschaften gegenüber, die, wie beispielsweise die Harpener Bergbaugesellschaft, ein ganzes Konglomerat von örtlich auseinander liegenden Gruben besitzen. Wenn hier auf einer Zeche etwas passiert, so tangiert dies die Gesellchaft nur in beschränktem Maße; ihre Existenz steht jedenfalls noch nicht auf dem Spiel.

Sehr wesentlich für die Beurteilung eines Montanpapiers ist gerade auch vom Standpunkte der Kapitalanlage aus der Unterschied zwischen reinen und gemischten Betrieben. Haben doch verschrobene Ansichten gerade hierüber mitunter zu sehr bitteren Enttäuschungen geführt. Denn die Fälle sind in der Praxis gar nicht so selten gewesen, daß ein Unternehmen, als es sich vom reinen Betriebe zum gemischten ausbaute, eine erhebliche Einbuße an seiner Rentabilität erlitt. Was zunächst die Begriffsmerkmale anlangt, so versteht man unter einem reinen Betrieb in der Montanindustrie einen solchen, der nur ein Stadium der Produktion in sich begreift, also beispielsweise lediglich den Erzbergbau, den Hochofenbetrieb, den Walzbetrieb. Demgegenüber umfaßt der gemischte Betrieb mehrere Stadien der Produktion, in seiner höchsten Entwicklung den gesamten Fabrikationsprozeß, von der Kohlen- und Erzförderung angefangen bis zur Herstellung der Fertigerzeugnisse, der Schiene, des Drahtgeflechts und schließlich des Eisenbahnwaggons. Der Gedanke, gemischte Betriebe in der Montanindustrie zu bilden, ist schon alt. Der Bergbau verlangt an sich schon große Kapitalien, und waren diese einmal beschafft, sa lag ja nichts näher, als die der Natur entnommenen Schätze nun auch selbst zu verhütten, zumal da ja ein solcher Prozeß lange nicht mehr das Risiko in sich barg, das dem Bergbau eigen ist. Hinzu kamen auch andere Erwägungen wirtschaftlicher Natur, die es den Begründern großer gemischter Betriebe besonders rationell erscheinen ließen, mehrere oder schließlich alle Stadien des Produktionsprozesses zu vereinen. Besonders deutlich führt uns dies die Selbstbiographie eines der größten Unternehmer des 19. Jahrhunderts, des bekannten Eisenbahnbauers Dr. Strousberg vor Augen. Von der Stunde an, in der das Erz dem Boden entnommen wird, bis zu dem Momente, in dem der fertige Eisenbahnwaggon die Werkstatt verläßt, vergeht naturgemäß eine große Spanne Zeit, und in früheren Jahren noch viel mehr als heutzutage. In dieser langen Zeit konnten aber sehr gut Konjunkturwechsel eintreten, durch die beispielsweise die Rohstoffe teuer, die Fertigfabrikate billiger wurden, was dann jede Kalkulation über den Haufen warf. Um sich nun bei seinen Vorberechnungen von der Konjunktur nicht überraschen zu lassen, also von der „Konjunktur" möglichst unabhängig zu machen, suchte Dr. Strousberg, soweit es irgend ging, alle Stadien der Produktion unter einen Hut zu bringen.

Daß das Spiel aber mit der Bildung großer gemischter Betriebe an sich noch nicht gewonnen ist, das lehrt gerade einmal deutlich der Fall Strousberg. Schreibt dieser selbst auch den Zusammenubrch seiner riesigen Engagements Ereignissen zu, die er, wie den Ausbruch der beiden Kriege von 1866 und 1870, nicht hätte voraussehen können; er ist doch schließlich das Opfer von Ideen geworden, die er ohne Rücksicht auf die tatsächlichen Verhältnisse durchzuführen versuchte. Und auch als in der Folgezeit potentere Kreise das Erbe seiner Montanunternehmungen übernahmen und in die Dortmunder Union einbrachten; in kein zweites deutsches Großunternehmen der Montanindsturie sind so enorme Summen mit dem Ergebnisse dauernder Unrentabilität hineingesteckt worden, wie gerade in diesen gemischten Betrieb. Und nun ein Gegenstück der damaligen Zeit. Um die Mitte des vorigen Jahrhunderts erwirkten sich Kölner Kaufleute nach langen Verhandlungen bei der preußischen Regierung die Konzession zu einem Betrieb der Montanindustrie, der alle Stadien der Produktion in sich vereinen und dessen Basis insbesondere bei Essen gelegene Kohlenfelder bilden sollten. Trotz der weiten Ziele, die man sich bei seiner Begründung gesteckt, ist aber der Kölner Bergwerksverein in Altenessen nicht über den reinen Zechenbetrieb hinausgekommen. Von der Konzentrationsbewegung zum gemischten Betrieb, die in seiner unmittelbaren Nachbarschaft, woselbst insbesondere Krupp sich vom Bezuge der benötigten Rohstoffe unabhängig machte, schon recht früh in Fluß kam, die dann von Jahrzehnt zu Jahrzehnt zusehends weiter fortschritt, wollte namentlich Krabler, der Generaldirektor des Vereins, nichts wissen. Heute können sich die Aktionäre des Kölner Bergwerks nur dazu beglückwünschen, daß dieser Mann fast vierzig Jahre lang ihr Unternehmen leitete, denn die Dividenden der letzten Jahre stellten sich zumeist auf 30 % und mehr. Halten wir einer solch glänzenden Rentabilität das Fiasko der Dortmunder Union gegenüber, so werden wir erst recht deutlich erkennen, daß, wie einerseits ein gemischter Betrieb an und für sich noch keine Gewähr für eine Rentabilität in sich birgt, es andererseits mitunter sogar sehr weise gehandelt war, sich auf den reinen Betrieb zu beschränken.

Seit Ende der neunziger Jahre sind betriebstechnische Momente besonders scharf in Erscheinung getreten, die die Bildung gemischter Betriebe begünstigten und namentlich in den Stadien zwischen Hochofenprozeß und Walzwerksbetrieb, so die Nutzbarmachung der Hochofengase und die Ausnutzung der Glutwärme des frisch hergestellten Rohstahlblocks. Mit dem Hinweis auf diese technischen Vorteile ist aber in den letzten Jahren sehr viel gesündigt worden, zumal da es in gewissen interessierten Kreisen darauf ankam, die wirklichen Verhältnisse zu verschleiern. Gingen doch solche Kreise sogar so weit, dem reinen Betrieb die Existenzfähigkeit abzusprechen und nur den gemischten Betrieb als den wirtschaftlich rationellen darzustellen. In der Praxis wurde allerdings in der Industrie oft ganz anders gehandelt, und hier ist es bezeichnend, daß es gerade die renommiertesten und bestgeleiteten Werke der Montangroßindustrie gewesen sind, die sich in den letzten Jahren um die reinen Betriebe auf das eifrigste beworben haben, was sie doch niemals getan haben würden, wenn sie solche Betriebe für nicht lebensfähig hielten. (Freilich ist für die Lebensfähigkeit dieser Werke Vorbedingung, daß die Verteuerung der Halbzeugfabrikate aufhört, die, wie wir im nächsten Abschnitte sehen werden, künstlich durch das Verbandswesen eingetreten ist.) So gliederte sich Krupp die Westfälische Drahtindustrie an, Gelsenkirchen sicherte sich die Eschweiler Akt.-Ges. für Drahtfabrikation, die Piedboeuf Röhrenwerke, die Düsseldorfer Röhrenindustrie Akt.-Ges., Phönix die Düsseldorfer Röhren- und Eisenwalzwerke, und ein besonders eklatantes Beispiel: eines der bestgeleiteten Werke unserer Montangroßindustrie, das Eisen- und Stahlwerk Hoesch bot den Aktionären der Wittener Stahlröhrenwerke in einem Augenblicke ca. 300 % (!) für die Aktie an, in dem diese Werke nur 6 % Dividende zur Ausschüttung gebracht und knapp die Hälfte davon netto verdient hatten.

Aber gehen wir einmal den Gründen nach, die es gewissen Interessenten ratsam erscheinen ließen, in alle Welt zu posaunen, daß die reinen Betriebe nicht mehr existenzfähig wären. Nun, da tritt uns ein neues, in unseren bisherigen Betrachtungen noch nicht berührtes Moment entgegen, das ebenfalls für die Beurteilung des einzelnen Montanpapiers als Kapitalanlage von eminenter Bedeutung ist. Es ist die Entwicklung, die das moderne Kartell- und Syndikatswesen in Deutschland genommen hat. Auf den ersten Blick scheinen Abmachungen, die Interessenten der gleichen Branche bezüglich der Preise treffen, der Gesamtindustrie nur zu Gute zu kommen, den Aktionären nur zum Vorteile zu gereichen, und also die Rente, die sie aus ihren Effekten ziehen, zu erhöhen. Dem wäre auch so, wenn solche Preiserhöhungen allen Stadien des Produktionsprozesses gleichmäßig zu statten kämen. Das Schlimme und recht Bedenkliche ist aber, daß man in der Praxis immer nur gewisse Stadien des Fabrikationsprozesses kartellmäßig zusammenfaßte, andere Stadien aber von dieser Kartellierung ausschloß. Dadurch mußten alle jene Betriebe, die in irgendeinem Abhängigkeitsverhältnis zu den kartellmäßig organisierten Betrieben stehen, stark leiden. Das typischste Beispiel ist der Deutsche Stahlwerksverband, in dem bekanntlich nur die schweren Erzeugnisse, die sogenannten A-Produkte, durch ein Syndikat vertrieben werden.

Unter dem Hochhalten der Preise für Formeisen und Eisenbahnmaterial, die Enderzeugnisse sind und direkt in den Konsum übergehen, hat die Eisenindustrie als solche allerdings weniger zu leiden. Das Hochhalten dieser Preise geschieht auf Kosten weitester Konsumentenschichten. Aber das Hochhalten der Halbzeugpreise zieht alle jene Werke in Mitleidenschaft, die nicht selbst Halbzeug darstellen, sondern es vom Stahlwerksverbande beziehen müssen. Damit wird einmal die Möglichkeit, die sich der weiteren Entwicklung solcher Werke bei einem freien Wettbewerb geboten hätte, unterbunden, ein Moment, dem nur selten gebührende Beachtung geschenkt wird. Denn daß, wenn das Halbzeug im freien Wettbewerb billig wird, der reine Walzwerksbetrieb nicht nur lohnend, sondern auch entwicklungsfähig ist, das beweist ja nichts besser, als die riesigen Quantitäten Rohstahls, die jahrein, jahraus vom Deutschen Stahlwerksverband ins Ausland zu sehr niedrigen Preisen versandt werden. Gehen doch solche enormen Quantitäten nicht an arme Schlucker, sondern an erste Firmen der britischen Großindustrie, und die Steigerung, die diese Rohstahlexporte insbesondere im letzten Jahre erfahren haben, läßt auch sicherlich den Schluß zu, daß diese britischen Werke gerade ihre Walzbetriebe stark ausgedehnt haben müssen. Eine weitere Folge ist aber dann die, daß die Mitglieder des Stahlwerksverbandes durch das Hochhalten der Halbzeugpreise im Inlande die eigene Konkurrenz loswerden und sich auf Kosten dieser Werke bereichern.

Für den Effektenbesitzer kann es aber nicht gleichgültig sein, wenn die reinen Werke, an denen er beteiligt ist, durch den Stahlwerksverband schließlich an die Wand gedrückt werden. Bietet sich dabei für manches Werk auch der Ausweg, die Halbzeugfabrikation selbst in die Hand zu nehmen, wie das beispielsweise die Baroper Walzwerk-Aktiengesellschaft, das Blechwalzwerk Schulz-Knaudt und in neuester Zeit die Westfälischen Drahtwerke und die Firma Felten und Guillaume beabsichtigten, so erforderte dies doch neue große Investierungen und war schon aus diesem Grunde für jedes Werk nicht gangbar. Manches Unternehmen mußte jedenfalls seine Selbständigkeit aufgeben und vor dem Stahlwerksverband kapitulieren. Hierbei sind aber die Aktionäre nicht immer gut gefahren. Bekannt sind die Proteste, die aus Aktionärkreisen gegen die Interessengemeinschaft des Stahlwerks Aumetz-Friede und des Fassoneisenwerks Mannstädt und besonders gegen die Interessengemeinschaft des Stahlwerks Krupp mit der Westfälischen Drahtindustrie seitens verschiedener Aktionäre erhoben wurden. Den Aktionären der Westfälischen Drahtindustrie bieten sich heute, nachdem der Interessengemeinschaftsvertrag mit der Firma Krupp perfekt geworden, bei weitem nicht mehr die Chancen auf hohe Dividenden, wie ehedem. Aber nichtsdestoweniger konnte die Verwaltung der Westfälischen Drahtindustrie in der Generalversammlung ihren Aktionären den Anschluß mit ruhigem Gewissen empfehlen, denn die Situation, in die der Stahlwerksverband die weiterverarbeitenden Werke allmählich hineingebracht hat, treibt diese Werke ihren Halbzeuglieferanten in die Arme.

Haben wir im vorstehenden gesehen, wie die gemischten Betriebe der Montangroßindustrie die Konkurrenz, die sich ihnen durch die reinen Betriebe bot, durch den Zusammenschluß im Stahlwerksverband zu bekämpfen trachteten, so lag in der gleichen Richtung das Interesse, das sie am Kohlensyndikat nahmen. Durch das Hochhalten der Kohlenpreise seitens des Essener Syndikates wurde nämlich die Konkurrenzfähigkeit aller jener Betriebe der Montanindustrie geschwächt, die nicht über eigene Kohle verfügen. Aber selbst den reinen Kohlenzechen verstanden die gemischten Betriebe noch insofern einen Vorteil abzuringen, als sie die Befreiung aller jener Kohlenmengen von der immerhin recht beträchtlichen Umlageabgabe an das Kohlensyndikat erwirkten, deren sie in ihren eigenen Hüttenbetrieben bedurften. Auch in der letzteren Beziehung dürfte in der Zukunft mit einem Wandel zu rechnen sein, und dies um so mehr, als innerhalb des Syndikates die reinen Kohlenzechen noch heute stark prävalieren.

Werfen wir nun im Anschluß an die vorangeschickten allgemeinen Betrachtungen einen Blick auf die Renten, die eine Anzahl bekannter Hütten- und Bergwerksaktien in den letzten sechs Jahren abgeworfen hat, und beginnen wir mit den sogenannten gemischten Betrieben. Ihre markantesten Repräsentanten bringt die nachfolgende Tabelle, in der die einzelnen Unternehmungen in vier Klassen eingeordnet sind. Es zahlten in den Jahren 1906 bis 1911 an Dividenden:

	1906	1907	1908	1909	1910	1911
a) Rheinisch-westfälische Werke:						
Bochumer Verein	15	16⅔	15	12	12	12½
Gelsenkirchen	11	12	9	9	10	10
Georgs-Marienhütte Vorzugsaktien	0	0	0	0	6	6
" Gew. Aktien	0	0	0	0	2	4
Gute-Hoffnungshütte	20	20	20	20	20	20
Hoesch	15	18	14	14	18	20
Krupp	10	10	8	8	10	10
Phönix	15	17	11	9	15	15
Rheinische Stahlwerke	12	15	11	6	7	8
Westfälische Stahlwerke	4	0	0	0	0	0
b) Oberschlesische Werke						
Laurahütte	12	12	10	4	4	4
Oberschles. Eisenbahnbedarfsges.	7	6	1½	1½	2½	3½
Oberschles. Eisenindustriegesf.	6	6	1½	0	0	0
c) Südwestdeutsche Werke						
Aumetz Friede	8	12	8	7	10	12
Burbacher Hütte	45	50	30	30	35	35
Deutsch-Luxemburg	10	10	10	10	11	11
Dillingen	18	19	19	18	30	24
Rombacher Hütte	14	14	9	5	8	9
d) isoliert gelegene Werke						
Döhlen	20	20	12	10	1	15
Maximilianhütte	23⅓	25½	22¹/₆	16	21	23⅓
Peiner Walzwerke	60	40	33⅓	33⅓	33⅓	36

Schon auf den ersten Blick treten uns recht erhebliche Unterschiede in den Dividenden vor Augen, und selbst in ein und derselben Gruppe von Betrieben finden sich mitunter Werke nebeneinander, die eine sehr große Rentabilität, und andere, die nur eine geringe oder fast gar keine Rentabilität aufzuweisen haben, ein abermaliger Beweis dafür, daß das Zusammenfassen der verschiedenen Produktionsstadien zu einem gemischten Betriebe an sich noch keine Gewähr für eine gute Rentabilität bietet. So sehen wir in der Klasse der rheinisch-westfälischen Werke dem Eisen- und Stahlwerk Hoesch und der Gute-Hoffnungshütte, die beide in dem letzten Betriebsjahre je 20 % Dividende abwarfen, die Georgs-Marienhütte mit nur 4 % für ihre Stammaktien gegenüberstehen, während die Westfälischen Stahlwerke sogar jahrelang ganz dividendenlos blieben. Dazu sind die Schwankungen, die die Dividenden in den einzelnen Jahren durchgemacht, recht verschiedenartig. Stellen wir ein fettes und ein relativ mageres Geschäftsjahr gegenüber, also das Jahr 1907 und das Jahr 1909. Bei der Gute-Hoffnungshütte blieb die Dividende, dank der vorsichtigen Bilanzierung, die das Werk schon seit langen Jahren geübt und derzufolge insbesondere in guten Zeiten vor allem auf die Kräftigung innerer Reserven gesehen wurde, in beiden Jahren gleich. Begünstigt wurde die Innehaltung einer solchen Dividendenpolitik, die es dem Unternehmen gestattet hat, nunmehr schon zwölf Jahre hindurch, ohne Rücksicht auf Konjunkturschwankungen, je 20 % Dividende zu zahlen, dadurch, daß die Aktien, die übrigens nicht an einer Börse notiert werden, noch sämtlich im Familienbesitz sind. Dagegen waren in den an der Börse eingeführten Aktien anderer Bergwerks- und Hüttengesellschaften im Jahre 1909 teilweise recht erhebliche Dividendenermäßigungen zu verzeichnen. Verhältnismäßig gut gehalten haben sich gegenüber dem Jahre 1907 die Dividenden des Bochumer Vereins und des Eisen- und Stahlwerks Hoesch, dagegen ging die Dividende des Phönix in 1909 auf fast die Hälfte und die Dividende der Rheinischen Stahlwerke verhältnismäßig noch stärker zurück.

Trotz aller Unterschiede, die die Dividenden der großen gemischten Betriebe im einzelnen aufzuweisen haben, verrät doch die Zusammenfassung der verschiedenen Gesellschaften in Gruppen auch manche gemeinsame Züge. Da hebt sich zunächst die Gruppe der oberschlesischen Stahlwerke vor den anderen Gruppen charakteristisch dadurch hervor, daß die ihr angehörigen Gesellschaften von der Besserung, die seit dem Jahre 1909 in der Eisenindustrie eingetreten war, lange nicht soviel profitierten, wie die Eisen- und Stahlunternehmungen der übrigen Gruppen. Haben die letzteren für das Jahr 1911 Dividenden aufzuweisen, die sich den Sätzen der Jahre 1906 und 1907 fast durchweg nähern, diesen in vielen Fällen gleichkommen, sie mitunter sogar übertreffen, so hat die oberschlesische Laurahütte für ihr letztes Betriebsjahr nur 4 % Dividende zur Ausschüttung gebracht gegen 12 % in den Jahren 1906 und 1907, und auch bei der Oberschlesischen Eisenbahnbedarfsgesellschaft und der Oberschlesischen Eisenindustriegesellschaft zeigen die Dividenden für 1911 einen *sehr wesentlichen Rückgang* gegenüber den Dividenden der Jahre 1906 und 1907. Dem reichen Vorkommen an Kohle steht nämlich in Oberschlesien ein für die dortigen Hochofenwerke *völlig ungenügendes Vorkommen an Eisenerz* gegenüber. Das letztere muß in großen Mengen aus sehr weiten Entfernungen herangeschleppt werden, wie das ja erst kürzlich die nur mit Hilfe stark ermäßigter Bahntarife ermöglichten Erzabschlüsse der oberschlesischen Hochofenwerke mit den ca. 1000 Kilometer entfernt liegenden Siegerländer Eisensteingruben gezeigt haben. Hinzu kommt, daß die unter ungleich günstigeren Bedingungen arbeitenden rheinisch-westfälischen und südwestdeutschen Stahlwerke mit ihren Erzeugnissen von Jahr zu Jahr mehr in die Absatzgebiete eindringen, die in früherer Zeit mit oberschlesischem Erzeugnis versorgt wurden, und ferner, daß in dem durch die hohen Zollschranken Österreichs und die ganz ungewöhnlich hohen Eisenzölle Rußlands ohnehin schon verhältnismäßig kleinen natürlichen Absatzgebeite Zwistigkeiten oft persönlicher Natur zwischen den Leitern der einzelnen Eisenwerke Oberschlesiens ein geschlossenes Zusammengehen der dortigen Eisenindustrie ungemein erschwert haben.

Unter wesentlich günstigeren Bedingungen als die oberschlesischen Eisen- und Stahlwerke arbeiten die *südwestdeutschen Werke*, und unter ihnen namentlich die Stahlwerke Lothringens. Die Basis, auf der diese aufgebaut, sind die reichen Lager von *Minette*, einem phosphorhaltigen Eisenerz, dessen Verhüttung bekanntlich erst Ende der siebziger Jahre gelang und dessen Vorkommen in Lothringen allein auf mehr als zweieinhalb Milliarden Tonnen zu veranschlagen ist. Dazu kommt die geographische Lage der südwestdeutschen Werke. Zwar läßt auch sie zu wünschen übrig. Auch ihnen ist eine Grenze mit recht hohen Zollschranken vorgelagert, aber es bieten sich doch den Werken nicht ganz so unbequeme Verbindungen mit dem Meere, insbesondere mit den beiden großen Metropolen des Überseehandels, Antwerpen und Rotterdam, die einen für das einzelne Werk oft außerordentlich beträchtlichen Abfluß der Produktion auf den großen Weltmarkt gestatten; nehmen doch bei Aumetz-Friede allein zwei Drittel der gesamten Erzeugung den Weg ins Ausland. Dabei wird sich die Position dieser südwestdeutschen Werke in Zukunft noch insofern wesentlich verbessern, als über die projektierte Kanalisierung von Mosel und Saar heute noch nicht das letzte Wort gesprochen ist, eine solche aber die Vormachtstellung der südwestdeutschen Eisen- und Stahlindustrie der rheinisch-westfälischen gegenüber noch weit mehr kräftigen muß. Der südwestdeutschen Eisen- und Stahlindustrie gehört also unstreitig die Zukunft, und dies klaren Blickes vorausgesehen zu haben und als einer der ersten zur rechten Zeit vom klassischen rheinisch-westfälischen Boden nach dorthin abgewandert zu sein, ist das hervorragende Verdienst von Emil Kirdorf, dem die Gelsenkirchener Aktionäre noch auf lange hinaus Dank wissen müssen. Die südwestdeutschen Stahlwerke haben denn auch von der in den letzten Jahren in der Eisenindustrie allmählich wieder Platz gegriffenen Besserung in vollem Maße profitieren können und zum Teil ganz wesentlich höhere Dividenden an die Aktionäre auszahlen können als noch vor einigen Jahren. Ein besonders bezeichnendes Beispiel ist hier das große Stahlwerk Aumetz-Friede. Mußte die oberschlesische Laurahütte nach einer stattlichen Reihe sehr befriedigender Dividenden in den letzten Jahren auf das für dieses einst so stolze Unternehmen recht kärgliche Niveau von 4 % herabgehen, der Lothringer Hüttenverein Aumetz-Friede blieb nach der Jahrhundertwende fünf Jahre lang dividendenlos, um nicht nur für das letzte Jahr 12 % Dividende zu zahlen, nein, der Vorsitzende von Aumetz-Friede glaubte Mitte Januar 1912 auf einer Generalversammlung des Fassoneisenwerkes Mannstaedt in Aussicht stellen zu können, daß Aumetz-Friede in der Lage sei, auch für die nächsten Jahre eine Durchschnittsdividende von 12 % auszuschütten.

Mit sehr stattlichen Dividenden haben, wie übrigens schon seit langer Zeit, so auch in den letzten sechs Jahren wieder die isoliert gelegenen Werke aufwarten können, so die Sächsische Gußstahlfabrik, die ihre großen Walzwerkanlagen in Döhlen hat, die bayerische Eisenwerksgesellschaft Maximilianshütte in Rosenberg, und ganz besonders die Ilseder Hütte. Diesen Werken kommt zustatten, daß sich in mehr oder weniger großem Umkreise um ihre Betriebsstätten keine Konkurrenzunternehmen befinden, daß sie infolgedessen in unmittelbarer Nachbarschaft ein natürliches Absatzgebiet haben, in dem ihnen der Verkauf ihrer Fabrikate erleichtert ist, und daß sie bei der immerhin weiten Entfernung von den eigentlichen Zentren der heimischen Eisen- und Stahlindustrie den Werken Rheinlands, Westfalens, Oberschlesiens und Südwestdeutschlands gegenüber ganz besonders nach den Verbrauchsstätten Mitteldeutschlands einen nicht unbeträchtlichen Frachtvorsprung besitzen. Liegen doch die Hochöfen zu Groß-Ilsede und die ihnen in der Ilseder Hütte Akt.-Ges. angeschlossenen Walzwerke in Peine in bezug auf die Frachtverhältnisse ganz außerordentlich günstig zu einem der größten Formeisen- und Stabeisenabnehmer, nämlich der in starker Entwicklung befindlichen Hauptstadt des Reiches. Allerdings ist, was die Zukunft dieser Werke anlangt, auch bei ihnen nicht ganz außer Auge zu lassen, daß aus den mehr an der Peripherie Deutschlands belegenen eigentlichen Montandistrikten und, wie schon oben angedeutet, insbesondere aus dem Südwesten ein von Jahr zu Jahr zunehmender Wettbewerb auch in das natürliche Absatzgebiet dieser isoliert gelegenen Werke hineindringt.

Gehen wir nun zur Gruppe der reinen Walzwerke über, so wird deren Rentabilität in den letzten sechs Jahren durch die folgende Tabelle veranschaulicht, in der eine Anzahl von Repräsentanten wiedergegeben ist, deren Aktien an der Berliner Börse notiert werden.

Die Mehrzahl dieser Werke hatte demnach in den letzten sechs Jahren noch durchweg befriedigende Dividenden aufzuweisen und dokumentierte damit die schon im früheren Zusammenhang wiedergegebene Auffassung, daß der reine Betrieb an und für sich noch eine Existenzberechtigung hatte. Gleichwohl zeigt die Tabelle aber auch, daß in der großen Mehrheit der Fälle die Dividenden des fetten Jahres 1907 schon in den letzten Jahren bei weitem nicht mehr erreicht wurden, daß also die Rentabilität im großen und ganzen

	1906	1907	1908	1909	1910	1911
Düsseldorfer Eisenhütte	10	13	13	9	8	8
Düsseldorfer Eisen- und Draht-Ind.	—	6	4	6	10	8
Düsseldorfer Röhrenindustrie	12	15	10	8	6	7
Mannesmannröhrenwerke	5	12	12	12½	12½	12½
Mannstädt Fasson	14	20	11	8	12	8
Meggener Walzwerk	10	13	0	0	5	7
Friedr. Thomée	10	12½	6	3	5	6
Westfälische Drahtindustrie	15	15	8	6	6	7
Westfälische Drahtwerke	28	28	10	3	10	10
Wittener Stahlröhren	23	25	25	25	16	6

rückwärts ging — ein Faktum, für das aber ebenfalls in unseren vorangeschickten allgemeinen Betrachtungen die Begründung zu finden ist, nämlich darin, daß die künstliche Hochhaltung der Halbzeugpreise nicht nur die Rentabilität der reinen Werke schwächte, sondern gleichzeitig auch die Wettbewerbsfähigkeit der großen gemischten Werke erhöhte, so daß diese, was für die zukünftige Weiterentwicklung der reinen Betriebe ganz besonders zu beachten ist, sich im Laufe der Zeit immer stärker auf die Fabrikation gerade der Walzerzeugnisse warfen, die die reinen Betriebe herstellten. Soweit also reine Betriebe nach der zurzeit noch im Gange befindlichen Fusionsära in Zukunft noch übrig bleiben werden, wird wohl auch mit einer weiteren Schwächung ihrer Rentabilität zu rechnen sein, so daß also eine Wiederkehr jener stattlichen Dividenden des Jahres 1907, in dem das Fassoneisenwalzwerk Mannstaedt 20 %, die Westfälischen Drahtwerke sogar 28 % Dividende zur Auszahlung brachten, nach menschlichem Berechnen als ausgeschlossen erscheinen muß.

Gehen wir nunmehr von der Eisenindustrie zur Zinkindustrie über, so verringert sich die Zahl der Unternehmungen und damit auch die Zahl der Repräsentanten auf den Kurszetteln unserer heimischen Börsen ganz außerordentlich. Mag auch Deutschland über verhältnismäßig reiche Vorkommen von Zinkerz verfügen und die heimische Zinkproduktion im verflossenen Jahre annähernd dreißig Prozent der gesamten Weltproduktion an Rohzink betragen haben, so belief sich doch diese Erzeugung von Rohzink auf kaum den sechzigsten Teil der heimischen Produktion von Roheisen. Dazu verringert sich die Zahl der heimischen Interessenten noch insofern, als gerade manche der hervorragendsten Zinkbergwerke Familienbesitz bilden und nicht in Form einer Aktiengesellschaft betrieben werden, so namentlich einige Großbetriebe Schlesiens, die im Besitze der von Giesches Erben und verschiedener Mitglieder der fürstlichen und gräflichen Familie v. Donnersmarck sind. Wird doch auch das größte Zinkunternehmen Deutschlands, die Hohenlohewerke, erst seit wenigen Jahren in der Form einer Aktiengesellschaft betrieben. Noch weiter verringert sich die Zahl der heimischen Interessenten dann aber dadurch, daß auch das Ausland an diesen Unternehmungen stärker beteiligt ist. Da finden wir im Westen einen bedeutenden Besitz an den Aktien der großen Stolberger Zinkhüttengesellschaft bei belgischen und französischen Adelsfamilien und im Osten Repräsentanten des französischen Hochadels, so unter anderen den Herzog von Gramont, in der Verwaltung der großen Schlesischen Zinkhüttenaktiengesellschaft. Solche Interessen datieren schon seit sehr langer Zeit, zum Teil aus den Tagen der Gründung dieser Gesellschaften, die zu den ältesten Aktienunternehmungen Deutschlands gehören. Schon diese Umstände deuten darauf hin, daß die Aktien der Zinkhüttengesellschaften heute im allgemeinen eine gute Klassierung gefunden haben und auch in schlechten Zeiten nicht ganz so stark im Kurse zurückzugehen pflegen wie die Werte anderer, besonders neu eingeführter Industriegesellschaften. Werfen wir nunmehr einen Blick auf die Rentabilität, die die zurzeit an der Berliner Börse zur Notierung gelangenden Zinkaktien in den letzten Jahren aufzuweisen hatten, so ergibt sich folgendes Bild:

	1906	1907	1908	1909	1901	1911
Berzelius Bergwerk	6	0	0	0	3	6
Hohenlohewerke	10	11	9	8	9	11
Märk.-Westfäl. Bergwerke	17	0	0	0	(4)	6
Rhein.-Nassau Bergwerk	26	8	8	15	21	24
Schles. Zinkhüttengesellschaft	23	21	14	16	17	18
Stolb. Zinkgesellschaft...........	10	5	5	5	5	0

Ganz wie bei den Eisenhüttengesellschaften, so begegnen wir auch bei dieser kleinen Gegenüberstellung von Dividenden der heimischen Zinkhütten recht erheblichen Schwankungen, die schon auf den ersten Blick erkennen lassen, daß, wenn auch die Gestaltung der Rohzinkpreise die Höhe der jeweiligen Dividende stark mitbeeinflußt, doch auch grundverschiedene Verhältnisse vorhanden sein müssen, unter denen die einzelnen Gesellschaften gearbeitet haben resp. noch arbeiten. Den geringen Dividenden der Stolberger Zinkhütte, der mehrjährigen Dividendenlosigkeit der Bergwerksgesellschaft Berzelius standen bei der Schlesischen Zinkhüttengesellschaft und in manchem Jahre auch bei der Rheinisch-Nassauischen Bergwerksgesellschaft sehr fette Dividenden gegenüber. Auf der anderen Seite hat aber auch gerade die letztere Gesellschaft in einigen Jahren nur ein Drittel der Dividenden gezahlt, die sie beispielsweise in den Jahren 1906 und 1911 zur Ausschüttung brachte. Man wird hier zu unterscheiden haben zwischen Momenten, die einen dauernden Charakter tragen, und solchen, die nur vorübergehender Natur sind, also nur das eine oder andere Jahr beeinflussen.

Was die Momente dauernder Natur anbetrifft, so ist hier zunächst von sehr erheblicher Bedeutung, ob und in welchem Umfang eine Zinkhütte über eigene Erze verfügt, oder ob und wieweit sie sich die benötigten Erze am offenen Markte beschaffen muß. Bringt die Gesellschaft in der Hauptsache eigene Erze zur Verhüttung, wie beispielsweise die Zinkhütten Oberschlesiens und die Rheinisch-Naussaische Bergwerksgesellschaft, so kommt das Unternehmen bei aufwärts gerichteter Preistendenz am Rohzinkmarkte in den Vollgenuß der anziehenden Metallpreise. Muß dagegen die Gesellschaft, wie beispielsweise die Stolberger Zinkhütte, die weitaus größten Mengen der zur Verhüttung gelangenden Erze von dritter Seite erwerben, dann muß sie solche Erze auch zu Preisen kaufen, die, auf Basis gewisser Formeln berechnet, dem jeweiligen Metallpreise entsprechen. Von einer Preisbesserung am Metallmarkte profitiert eine solch letztere Hütte bei diesen „Kauf"erzen erst dann, wenn die Rohzinknotierungen etwa zwischen dem Tage, an dem das Erz bezogen, und der Zeit, in der das fertige Metall zum Verkauf gebracht wird, noch weiter steigen sollten. Ebenso liegt aber auf der Hand, daß, sollte in der Zwischenzeit der Metallpreis gesunken sein, dies für eine solche Zinkhütte auch einen Verlust in sich schließt. Da hierbei gegebenenfalls sehr erhebliche Beträge in Frage kommen können, so empfiehlt es sich, wie das die Stolberger Zinkhütte zurzeit auch tut, solche Gewinne und Verluste, die lediglich die Konjunktur mit sich zu bringen pflegt, unabhängig von den reinen Betriebsverdiensten durch ein besonderes Konto gehen zu lassen, das dann als eine Art Reserve fortbesteht und zur Dividendenzahlung überhaupt nicht herangezogen wird. Des weiteren ist zu unterscheiden, ob sich das Unternehmen außer auf der Gewinnung von Rohzink auch noch auf anderen für die Allgemeinbeurteilung bedeutsamen Einnahmequellen aufbaut. So ist für die westdeutschen Zinkhütten charakteristisch, daß bei ihnen auch der Bleigewinnung eine erhebliche Bedeutung zukommt, während bei den oberschlesischen Zinkhütten diejenigen Ergebnisse eine hervorragende Rolle spielen, die der gleichzeitig betriebene Kohlenbergbau und die Weiterverarbeitung des Rohzinks, insbesondere die Zinkblechfabrikation, abwerfen. Die Verschiedenartigkeit der Dividenden der Schlesischen Zinkhüttengesellschaft und der Hohenlohewerke liegt in der wesentlich höheren Kapitalisation begründet, die bei der Umwandlung der letzteren Gesellschaft in eine Aktiengesellschaft erfolgte. Was die Momente vorübergehender Natur anlangt, die das Dividendenniveau bei dem einen oder anderen Unternehmen mitunter stark beeinflußt haben, so war die erhebliche Dividendenreduktion der Rheinisch-Nassauischen Bergwerksgesellschaft in den Jahren 1907 und 1908 außer in dem damaligen Rückgang der Metallpreise in der Hauptsache in Verlusten begründet, die ein sehr bedeutender Kontrakt in australischen Bleierzen mit sich brachte, während die gänzliche Dividendenlosigkeit der Stolberger Zinkhütte Akt.-Ges. im Jahre 1911 die Folge von Millionenabschreibungen war, die die völlige Betriebseinstellung auf der dem Unternehmen gehörigen Kohlenzeche Lucas erforderlich machte.

Erheblich größer als in der Zinkindustrie sind die Kapitalinvestitionen im heimischen Kohlenbergbau. Soweit es sich hier um Aktien handelt, die an der Berliner Börse zur offiziellen Notierung gelangten, haben sich deren Dividenden in den letzten sechs Jahren wie folgt gestaltet:

	1906	1907	1908	1909	1910	1911
Aplerbecker Zeche	12	12	10	10	6	7
Concordia Bergbau	22	22	10	6	11	16
Consolidation Schalke	30	23	23	20	19	19
Donnersmarckhütte	14	14	17	14	16	16
Eschweiler Bergwerk	14	14	12	8	8	8
Essener Steinkohlen	10	10	10	10	10	10
Harpener Bergbau	11	12	11	8	7	8
Kölner Bergwerk	30	30	30	27½	30	30
Königsborn	12	16	13	10	12	15
König Wilhelm Pr.-Akt.	25	25	23	15	20	20
Magdeburger Bergwerk	38	38	36	33⅓	35	32
Mülheimer Bergwerk	10	10	11	11	11	11

Fast durchweg waren also die Dividenden dieser Kohlenbergbaugesellschaften in den letzten Jahren sehr befriedigend gewesen, und auch unter dem Konjunkturrückgang, der in der übrigen Montanindustrie in der zweiten Hälfte des Jahres 1907 einsetzte, sich in der Kohlenindustrie aber wie gewöhnlich so auch diesmal erst später fühlbar machte, haben die Dividenden der Kohlenaktiengesellschaften nicht allzusehr gelitten. Das mag auffällig erscheinen bei den sehr starken Produktionseinschränkungen, die das Essener Kohlensyndikat lange Zeit hindurch beschlossen hatte, bei den sehr großen Vorräten, die die rheinisch-westfälischen Zechen eine Zeitlang auf Lager nehmen mußten, bei den ständigen Klagen über die tatsächlich auch stark zunehmende Konkurrenz der Outsider, und bei den namentlich in den letzten Jahren wieder stark gestiegenen Selbstkosten. Aber allen diesen Momenten trat auch wieder gegenüber, daß gerade zu der Zeit, als der Geschäftsgang in der Kohlenindustrie sehr zu wünschen übrig ließ, die Geschäftslage in den sogenannten Nebenprodukten der Kokereien recht befriedigend war, die die Rohstoffe unserer blühenden chemischen Großindustrie, und hier vor allem der Teerfarbenindustrie bilden. Doch noch mehr als hierdurch wurde naturgemäß die Rente der Kohlenaktien durch die Hochhaltung der Kohlen- und Kokspreise seitens des Syndikats bestimmt.

Siebzehnter Abschnitt.

Aktien von Maschinen- und Metallfabriken.

Das weite Gebiet der Aktien von Maschinen- und Metallfabriken repräsentiert einen der Hauptbezirke des sogenannten Kassaindustrieaktienmarktes der Berliner Börse. Für die Zulassung zum Ultimo- oder Terminmarkt ist mindestens ein Kapital von 20 Mill. Mk. erforderlich, und da fast alle Maschinen- und Metallfabriken diese Kapitalshöhe nicht erreichen, werden die Aktien dieser Unternehmungen mit einer Ausnahme nur am Kassamarkte notiert. Diese Ausnahme bilden — wenn man die großen Elektrizitätsunternehmungen wie die A. E. G., die Siemens u. Halske Ges., die Deutsch-Überseeische Elektrizitätsgesellschaft nicht zu der Kategorie der Metallfabriken rechnet, sondern als Spezies für sich auffaßt — die Aktien der Orenstein u. Koppel Gesellschaft. Auch sie sind erst vor kurzem zum Ultimoverkehr zugelassen worden. Das Geschäft in Aktien von Maschinen- und Metallfabriken wird also durch die börsentechnischen Besonderheiten des Kassaindustrieaktienmarktes bestimmt. Es findet an jedem Tage die Notierung nur eines Mittelkurses statt, wodurch stärkere und unausgeglichenere Kursschwankungen zu verzeichnen sind, als am Ultimomarkte. Daß der Grad der Kursschwankungen, abgesehen von dieser Notierungsart, auch noch durch andere mehr materielle Momente, das Verhältnis der umgesetzten Effektenbeträge zum Aktienkapital bzw. zum Umfang des flottanten Effektenmaterials, der absoluten Kurshöhe usw. bestimmt wird, ist selbstverständlich. Mit der zunehmenden Bedeutung und Lebhaftigkeit des Verkehrs auf dem Kassaindustrie-Aktienmarkte hat indes die Geschäftspraxis sozusagen gewohnheitsrechtlich das starre System der Einheitskurse durchbrochen. In Fällen besonders großen Interesses für irgend ein Kassapapier pflegt sich zeitweilig für dieses ein „freier Verkehr" zu etablieren, der äußerlich dem Ultimogeschäft bis zu einem gewissen Grade ähnlich sieht, aber in seinen rechtlichen Konsequenzen reines Kassageschäft bleibt. Auf Veranlassung des Staatskommissars an der

Berliner Börse sind im Laufe des Jahres 1912 Bestrebungen hervorgetreten, diesen freien Verkehr in bestimmten Fällen rechtlich zu sanktionieren.

Die Maschinen- und Metallaktie ist das typische und auch wohl das beliebteste Kassapapier. Wer ihrer bestimmenden Wesensart auf den Grund gehen, ihre verschiedenen Spielarten, deren Gemeinsamkeiten und Divergenzen gegeneinander abwägen will, muß sich zunächst vergegenwärtigen, was alles unter dem Namen Maschinen- und Metallfabrik zusammengefaßt wird. Es gibt da Fabriken für Dampfmaschinen aller Art, für Lokomotiven, für Waggons, für Mühlen, für Krane und Hebezeuge, für Motoren, Automobile, Fahrräder, Nähmaschinen, für Werkzeugmaschinen, für Turbinen, für Apparate, Beleuchtungskörper, für Eisenkonstruktionen, für Waffen und Munition, ferner Fabriken für einzelne Maschinenteile oder Maschinenelemente wie Räder, Schrauben, Nieten usw. Dabei sind die Grenzen zwischen Maschinen- und Metallfabriken sowie zwischen den einzelnen Kategorien dieser beiden Gruppen schwer zu ziehen. An vielen Stellen fließen die Merkmale, die man als bestimmend für die Zugehörigkeit zu einer Kategorie oder Gruppe bezeichnen könnte, ineinander über. Den Unterschied zwischen Maschinen- und Metallfabriken wird man begrifflich vielleicht so formulieren können, daß die Maschinenfabrikation alles das darstellt, was die Konstruktion der Kraftmaschinen umfaßt oder doch von ihr abhängig ist, während die Metallfabrikation die Herstellung aller übrigen Gebrauchsgegenstände aus hauptsächlich metallurgischem Material betrifft. Aber auch die Abgrenzung zwischen den Maschinen- und Metallfabriken und Unternehmungen, die zweifellos in andere industrielle Gruppen gehören, ist nicht immer einfach. So gibt es viele gemischte Eisenwerke, die auch Maschinen und maschinenähnliche Konstruktionen herstellen, so grenzen ferner an die Gruppen der Maschinen-, Apparate- und Metallfabriken die Elektrizitätsunternehmungen, die aber abgesehen von ihren maschinellen Produkten noch Gegenstände ganz anderer Art, elektrische Bahnen, Lichtanlagen, Stromwerke usw. herstellen. Auf derselben Linie stehen die Maschinenfabriken, die neben ihren maschinellen Produkten Gaszentralen, Wasserleitungen, Hoch- und Tiefbauten ausführen und dadurch ganz andere Industriezweige mit in ihren Geschäfts- und Betriebskreis einbeziehen. Dabei kann es nur der Beurteilung des jeweiligen Einzelfalles überlassen werden, ob derartige Grenzunternehmungen überwiegend als Maschinen- und Metallfabriken oder als Unternehmungen anderer Art zu betrachten sind. Als bestimmendes Merkmal kommt wohl in erster Linie in Betracht, ob die Maschinenfabrikation Grundlage und Hauptbestandteil eines Unternehmens ist und die übrigen Betriebe nur aus wirtschaftlichen oder technischen Gründen angegliederte Nebenbetriebe bilden, oder ob die Maschinenfabrikation ihrerseits nur als Hilfsindustrie fungiert. Bei einem Unternehmen wie der Internationalen Bohrgesellschaft ist die Tiefbohr- und Schachtbautätigkeit Hauptzweck, die Fabrikation von Bohrmaschinen und Bohrwerkzeugen Hilfsbetrieb, desgleichen ist z. B. bei Werften der Bau der Schiffe Grundlage, die Konstruktion von Dampfmaschinen, Kesseln, Turbinen usw. Nebenbetrieb. Andererseits ist bei einer Gesellschaft wie der Berlin-Anhaltischen Maschinenfabrik die Errichtung ganzer Gaswerke und Koksofenanlagen nur ein Nebenbetrieb, der aus dem maschinellen Hauptproduktionsgebiet der Gesellschaft aus Gründen der wirtschaftlichen und technischen Ökonomie sich entwickelt hat.

Schon diese wenigen Beispiele von Differenzierung und Kombinationen innerhalb des Kreises der Metall- und Maschinenfabriken, die bei weitem nicht alle die verschiedenen Spielorten des unter einen Sammelnamen rubrizierten Gewerbes nennen, sondern nur einen Begriff von der Verschiedenartigkeit dieser Spielarten geben sollen, zeigen, wie mannigfaltig und voneinander abweichend die Arbeits und Wirtschaftsbedingungen und demgemäß auch die Rentengrundlagen der einzelnen Unternehmungen dieses Gewerbes sein können. Eine Fabrik z. B., die Automobile herstellt, arbeitet unter ganz anderen technischen und kaufmännischen Voraussetzungen wie eine Herd- und Ofenfabrik. Ihre Produktionsanlagen, ihre Investitionen, ihr Geschäftsbetrieb sind nicht miteinander zu vergleichen. Es gibt Maschinenfabriken, die sehr große Fabrikanlagen haben müssen wie z. B. die Lokomotiv- und Waggonfabriken, und es gibt Fabriken, die mit kleinen Anlagen auskommen können wie die Fahrradfabriken. Es gibt Fabriken, die ihre Kapitalien sehr schnell umsetzen können, weil die von ihnen produzierten Artikel in kurzer Zeit hergestellt werden, und andererseits Fabriken mit langen Baufristen und demgemäß langsamem Umsatz der Betriebskapitalien. Wenn man z. B. vier Transportmittel: Seeschiff, Lokomotive, Automobil und Fahrrad einander gegenüberstellt, so erhält man eine in jeder Hinsicht differenzierte Scala. Manche Fabriken müssen, um ihre Produkte abzusetzen, mit hohen Reise- und Reklamespesen rechnen, z. B. Automobilfabriken, Fahrradfabriken, Schreibmaschinenfabriken, andere, wie Waggon- und Lokomotivfabriken haben es nur mit ganz wenigen, bestimmten Abnehmern, vorzugsweise den Staatsbahnverwaltungen zu tun. Daß der weite Kreis der Maschinen- und Metallfabrikation zu einer ziemlich weitgehenden *Spezialisierung* der Fabriken geführt hat, ist nicht verwunderlich. Es handelt sich bei fast allen Maschinen um technisch sehr komplizierte Gebilde, zu deren Herstellung ganz besonders verfeinerte technische Methoden und langjährige Erfahrungen gehören. Die Maschinenfabrikation drängt infolgedessen logischerweise zur Spezialfabrik. Da, wo tagaus, tagein immer dieselbe Konstruktion hergestellt wird, kann diese Konstruktion mit viel größerer Vollendung durchgebildet werden als da, wo verschiedene Fabrikationen ständig wechseln. Daß allerdings auch Betriebe möglich sind, in denen vieles und sogar alles gemacht wird, was nur irgendwie innerhalb ihres Fachgebietes liegt, zeigen unsere großen Elektrizitätskonzerne. Diese stellen aber weniger geschlossene und einheitliche Fabrikunternehmungen dar als eine Zusammenfassung einer Reihe von Fabrikbetrieben durch *einen* Unternehmer, sie müssen überdies auch Kapitalsmengen zur Erreichung ihres Zweckes aufbringen, die nur unter ganz besonderen Bedingungen zur Verfügung stehen, und können ihre Vielproduktion auch zum großen Teil nur deswegen durchführen, weil sie in ihren vielen Unter- und Tochtergesellschaften gleich einen festen und starken Verbraucherstamm besitzen. Immerhin gibt es auch unter den Maschinen- und Metallfabriken eine ganze Reihe von Unternehmungen, die sich nicht allzusehr spezialisiert haben, sondern eine mehr oder minder große Anzahl von Produkten nebeneinander herstellen. Derartige Unternehmungen sind z. B. die Berlin-Anhaltische Maschinenfabrik, die Maschinenfabrik Augsburg-Nürnberg usw. Sofern derartige Unternehmungen nicht eine Zusammensetzung von mehreren technisch wie wirtschaftlich voneinander getrennten Etablissements darstellen, ist entweder die technische Verwandtschaft der Produktionsprozesse oder ein gemeinsamer Abnehmerkreis für die Zusammensetzung der Produktion maßgebend. Oft veranlaßt auch die Erfahrung, daß die allzu spezialisierten Fabriken von den Konjunkturen in einem einzigen Artikel zu sehr abhängig sind, zu einer Aufnahme neuer Artikel. Desgleichen ist es eine oft beobachtete Erscheinung, daß entweder die Verengung des Abnehmerkreises für einen durch moderne Konstruktionen überholten Artikel oder aber die wachsende Konkurrenz in gewissen Fabrikaten zur Einführung neuer Artikel den Grund bietet.

Die deutsche Maschinenfabrikation hat sich in einer Linie entwickelt, die etwa die Mitte zwischen dem theoretisch möglichen und in der Elektrizitätsindustrie auch praktisch zur Durchführung gebrachten System der lückenlosen Fabrikationsscala und dem z. B. in Amerika verbreiteten System der strengsten Spezialisierung hält. Fabriken, die alles oder doch sehr vieles herstellen, gibt es in Deutschland in ebenso geringer Zahl wie Fabriken, die nur einen einzigen bestimmten Spezialartikel fabrizieren. Selbst Unternehmungen, die bei uns als Spezialfabriken strengster Observanz gelten, beschränken sich nicht auf ein einziges Modell. So stellt z. B. die Vogtländische Maschinenfabrik, deren patentierte Spezialität Stickmaschinen sind, außerdem noch Tiefdruckmaschinen her, so fabriziert die Hannoversche Maschinenbau Akt.-Ges. Egestorff neben ihrem Hauptartikel Lokomotiven auch noch Dampfüberhitzer, Röhrenkessel usw. Die Motorenfabrikation ist verschiedentlich mit der Automobilfabrikation verbunden, die Automobilfabrikation andererseits auch mit der Fahrradfabrikation, diese letztere wieder häufig mit der Nähmaschinen-, Schreibmaschinen- oder Kontrollkassenfabrikation. Rein technisch betrachtet mag ja das amerikanische System der unbedingt uniformen Produktion gewisse Vorteile und Ersparungen mit sich bringen. Es vereinfacht den Betrieb und gestattet eine ungehemmte Massenproduktion. Dagegen bietet das System der mannigfachen Artikel neben technischen Vorteilen anderer Art, die in der Ausnutzung derselben Fabrikeinrichtungen zu verschiedenen Zwecken liegen, auch bedeutsame ökonomische Vorzüge. Es gibt die Möglichkeit, in Zeiten, in denen der Absatz eines Produktes aus irgend welchen Gründen stockt, durch Forcierung anderer Artikel einen gewissen Ausgleich zu schaffen. Betriebe, die allzusehr auf irgendeiner technischen Spezialität aufgebaut sind, laufen überdies ständig Gefahr von Konkurrenzunternehmungen eingeholt oder überholt zu werden, sie müssen auch damit rechnen, daß andere Spezialitäten erfunden werden, die ihnen bei den Verbrauchern den Rang ablaufen. Auch der Besitz von Patenten vermag diese Gefahr nicht dauernd zu beseitigen. Patente erlöschen oder sie können umgangen werden. So besaß z. B. die Julius Pintsch-Ges. lange Zeit nahezu ein Monopol für die Eisenbahnwaggonbeleuchtung, bis ihr auf diesem Gebiete eine beachtenswerte Konkurrenz erwuchs. Eine gutgeleitete Maschinenfabrik muß nicht nur darauf bedacht sein, in ihren Artikeln unbedingt auf der Höhe zu bleiben, sie muß auch dagegen Vorsorge treffen, daß die Bedürfnisse, die sie mit ihren Erzeugnissen befriedigt, nicht auf einem ganz anderen Wege und mit ganz anderen Mitteln besser befriedigt werden, als sie es vermag. Oft wird zum Schutze gegen einen derartigen andersgearteten Wettbewerb der Ausweg gewählt, daß die Fabrikation von Konkurrenzartikeln in das eigene Fabrikationsprogramm aufgenommen wird. So haben sich viele Dampfmaschinenfabriken, als der Großmaschine durch die Turbine, der Kleinmaschine durch den Gas-, Benzin- und Petroleummotor eine scharfe Konkurrenz erwuchs, kurzerhand dazu entschlossen, diese Konkurrenzprodukte in ihr eigenes Fabrikationsprogramm aufzunehmen. Dasselbe haben die großen Gasglühlichtfabriken (Auer) mit den kraftsparenden Metallfadenlampen getan.

Wenn sich nun zweifellos das Prinzip der Spezialisierung in der Maschinen- und Metallfabrikation nicht streng durchführen läßt, so ist es doch — wenn auch in beschränkter Form — in unserer Maschinenfabrikation weit verbreitet. Allerdings stellen unsere Spezialfabriken im wesentlichen nicht Massenartikel her, sondern Präzisionsartikel. Je verfeinerter ein Artikel ist, desto mehr läßt sich an ihm verdienen, desto schwerer läßt sich gegen ihn konkurrieren. Bemerkenswert ist, daß da, wo die Maschinenfabrikation sich zum gemischten Betriebe ausbildet, sie ihren Produktionsprozeß doch höchstens verbreitert, nicht vertieft, wie dies z. B. die Montanindustrie tut. Daß sich Maschinenfabriken Werke angliedern, die ihnen ihren Bedarf an Roh- und Halbmaterialien, also z. B. an Kohlen, Stahl, Röhren, Metallegierungen usw. liefern, kommt kaum vor. Das liegt im wesentlichen daran, daß derartige Roh- und Halbmaterialwerke zu große Kapitalaufwendungen erfordern, um sich in die Wirtschaftsökonomie einer Maschinenfabrik einfügen zu lassen. Dazu kommt, daß es kaum eine Maschinen- oder Metallfabrik gibt, die die ganze Produktion eines Steinkohlen- oder Stabeisenwalzwerkes für sich verwenden kann. Dagegen ist es eine oft beobachtete Erscheinung, daß sich die großen gemischten Montanwerke — um für die von ihnen erzeugten Halbmaterialien eine rationelle Verwendung zu finden — Maschinenfabriken angliedern oder errichten.

Was die Rentabilität von Maschinenfabriken anlangt, so ist sie je nach der technischen und kaufmännischen Leitung, je nach den Kapital- und Grundrentenverhältnissen völlig verschieden. Dampfmaschinen- und gemischte Maschinenfabriken können eine gute Mittelrente erreichen. Dagegen erzielen gute Spezialfabriken, besonders wenn sie Qualitäts- oder gar Monopolartikel vertreiben, zeitweilig sehr hohe Dividenden. Als Beispiele mögen Unternehmungen wie die Vogtländische Maschinenfabrik, die Maschinenfabrik Kappel, Schubert u. Salzer, Kirchner u. Co. gelten. Den Schwankungen der industriellen Konjunktur sind naturgemäß auch die Maschinenfabriken ausgesetzt, allerdings pflegen sie ihnen meist etwas langsamer zu folgen als die Werke der sogenannten schweren Industrie. Die Schwankungen pflegen auch nicht so stark zu sein wie bei den Werken auf einer tieferen Produktionsstufe. Das kommt daher, daß der Absatz in vielen Zweigen der Maschinenindustrie zu einem erheblichen Teil auf dem Weltmarkt basiert, so daß Absatzausgleichungen bis zu einem gewissen Grade möglich sind. Ferner vollzieht sich die Preisbildung in der Maschinenindustrie langsamer und auch nicht in so scharfen Kurven wie bei Industrien mit gleichförmiger Massenfabrikation. Syndikate, die die Preise nach oben oder nach unten regulieren, gibt es bei dem individualistischen Charakter der

Maschine nur ausnahmsweise. So heben sich die Preise in der Maschinenindustrie infolge der scharfen Konkurrenz, die in den meisten Produkten herrscht, trotz aufsteigender Konjunktur nur langsam, während sie unter die Selbstkosten auch in Zeiten schlechter Konjunktur nur in Ausnahmefällen hinabgehen. Die meisten Maschinenfabriken sind nun allerdings nicht allein von der allgemeinen Konjunktur, sondern von der Beschäftigung in den Spezialgewerben abhängig, für die sie hauptsächlich oder überwiegend arbeiten. Es gibt Fabriken, die vornehmlich Maschinen für Textilunternehmungen, für Braunkohlenwerke, Kaliwerke, für landwirtschaftliche Zwecke, für Zuckerfabriken usw. herstellen. Für gewisse Kategorien von Fabriken, so z. B. für Lokomotiv- und Waggonfabriken, deren Auftraggeber hauptsächlich die Staatsbahnverwaltungen bilden, kommen die allgemeinen konjunkturellen Momente nur mittelbar in Betracht. Dafür ist die Finanzlage der Staaten in sehr erheblichem Maße mitbestimmend für den Umfang der Bestellungen. Bei anderen Fabriken wiederum, wie z. B. bei den Waffenfabriken bilden bewaffnungstechnische und politische Momente wichtige Faktoren für den Beschäftigungsgrad der Unternehmungen.

In den vorstehenden Ausführungen sind nur die hauptsächlichsten Gesichtspunkte zusammengestellt worden, die für die Beurteilung der Maschinen- und Metallfabriken und ihrer Aktien maßgebend sind. Sie zeigen, daß es ein typisches Schema für die Kapitalanlagen in derartigen Aktien nicht geben kann, sondern daß eine sorgfältige Betrachtung der Einzelunternehmung die Voraussetzung für eine auf Dauer berechnete Beteiligung bildet.

Achtzehnter Abschnitt.

Elektrizitätswerke.

Die Elektrizitätsaktien, die der Kurszettel aufweist, zerfallen in mehrere Kategorien: Erstens in Aktien von Fabrikationsgesellschaften, zweitens von Stromwerken für Kraft-

und Lichterzeugung sowie von elektrischen Bahnen (Betriebsunternehmungen), drittens von Finanz- und Beteiligungsgesellschaften. Diese Einteilung ist natürlich nur eine prinzipielle, sozusagen theoretische. Praktisch kommen vielfach Kombinationen zwischen den einzelnen Kategorien vor. Gerade unsere größten Fabrikationsgesellschaften besitzen in großem Umfange Beteiligungen und beschäftigen sich ebenso mit Finanz- und Finanzierungsgeschäften. Nicht selten ist ferner die Kombination zwischen Kraftwerk und elektrischer Bahn.

Die Fabrikationsunternehmungen der Elektrizitätsindustrie zeigen eine gewisse Verwandtschaft mit den Maschinen- und Metallfabriken. Auch sie stellen Maschinen, Motore und Turbinen, Lokomotiven, Waggons usw. her wie die Maschinenfabriken, auch sie fabrizieren Apparate, und zwar hauptsächlich aus Metallrohstoffen wie die Metallfabriken. Außerdem spielt die Anlage ganzer Stromwerke, Überlandzentralen und elektrischer Bahnen eine wesentliche Rolle in der Betriebstechnik der elektrischen Unternehmungen. Allerdings sind es nur die ganz wenigen großen Gesellschaften, die ein derartiges umfassendes Fabrikations- und Unternehmerprogramm in sich vereinigen, die nicht nur alle Maschinen, Apparate und die sonstigen für die Ausnützung der Elektrizität verwendeten Artikel wie Drähte, Kabel, Lampen, sondern auch ganze Elektrizitätsanlagen herstellen. Von diesen großen gemischten Elektrizitätsfabriken sind eigentlich nur zwei in voller Selbständigkeit geblieben, die Allgemeine Elektrizitätsgesellschaft und die Siemens-Schuckertwerke G. m. b. H. Alle übrigen Gesellschaften, die sich zu großen gemischten Elektrizitätskonzernen ausbauen wollten, sind auf dem Wege dazu gescheitert, sie erhielten im Konkurrenzkampfe mit den „Großen" der Industrie schwere Blessuren und mußten sich wohl oder übel dazu entschließen, ihre Selbständigkeit ganz oder doch zum Teil aufzugeben. So sind die „Union" Elektrizitätsgesellschaft und die Felten-Guillaume-Lahmeyerwerke auf die A. E. G., die Schuckertwerke auf den Siemens-Konzern übergegangen, an den neuerdings auch die Bergmann-Elektrizitätswerke trotz ihrer hohen technischen Leistungsfähigkeit Anschluß suchen mußten. Von gemischten Elektrizitätsgesellschaften, deren

Aktien an der Berliner Börse notiert werden und deren Absatzfeld auch nach Deutschland hineinragt, ist neben den beiden großen Konzernen nur noch die schweizerische Brown, Boveri Akt.-Ges. in Baden (mit deutscher Tochtergesellschaft in Mannheim) völlig selbständig geblieben, aber auch sie mußte in dem scharfen Konkurrenzkampfe der letzten Jahre eine nicht unerhebliche Reduktion ihrer Dividende eintreten lassen. Die nachstehende Tabelle zeigt eine Zusammenstellung derjenigen Fabrikationsgesellschaften, die entweder zu großen gemischten Elektrizitätsbetrieben ausgebaut worden sind oder doch auf einen derartigen Ausbau hinstrebten:

	1899/1900	1900/01	1901/02	1902/03	1903/04	1904/05	1905/06	1906/07	1907/08	1908/09	1909/10	1910/11
Allgemeine Elektrizitäts-Ges. ...	15	12	8	8	9	10	11	12	12	13	14	14
Siemens u. Halske	10	8	4	5	7	9	10	11	11	12	12	12
Elektrizit.-Ges. vorm. Schuckert	15	0	0	0	0	4	5	5	5	6	7	7½
Elektrizit.-Ges. Lahmeyer	11	10	0	0	2½	5	7	7	7	6	5	4
Brown, Boveri .	—	16	5	7	9	10	11	11	11	11	8	7

	1900	1901	1902	1903	1904	1905	1906	1907	1908	1909	1910	1911
Felten Guilleaume Lahmeyer .	—	—	5	5	8	10	11	10	8	6	4	6
Bergmann.....	23	17	17	17	18	18	18	18	18	18	12	6
Union Elektrizit.-Ges.	10	6	4	—	—	—	—	—	—	—	—	—

Die Siemens-Schuckertwerke, das zweite große gemischte Fabrikationsunternehmen neben der A. E. G. wird in Form einer Gesellschaft mit beschränkter Haftung betrieben. Seine beiden einzigen Gesellschafter sind die Siemens u. Halske Ges. und die *Elektrizitätsgesellschaft vorm. Schuckert u. Co.* in

Nürnberg, die im Jahre 1903 ihre sämtlichen Starkstrombetriebe auf die zu diesem Behufe gegründeten Siemens-Schuckertwerke übertragen haben. Den Anlaß für diese Kombination bildete der Niedergang der Schuckertgesellschaft, die im Jahre 1899/1900 noch 15% Dividende gezahlt und im Jahre 1900/01 noch 10 % Dividende vorgeschlagen, dann aber diese Dividendenausschüttung sistiert hatte, weil sie auf dem Umwege über ihre Beteiligung an den Bosnischen Elektrizitätswerken in den Konkurs der Leipziger Bank hineingezogen wurde. Das Unternehmen mußte dann im Jahre 1901/02 einen Verlust von über 20 Mill. Mk. ausweisen, der allerdings aus dem Vortrag und den Reserven gedeckt werden konnte. Der Umsatz war in diesem Jahre von 72 auf 49 Mill. Mk. zurückgegangen. In ähnlicher, wenngleich nicht in so katastrophaler Form waren auch andere Fabrikationsgesellschaften der Elektrizitätsindustrie gezwungen, ihre Selbständigkeit aufzugeben und Anschluß an andere Unternehmungen zu suchen. So schloß die zum Löwe-Konzern gehörige Union-Elektrizitätsgesellschaft, nachdem sie einen Dividendenrückgang von 12 % im Jahre 1898 bis auf 4 % im Jahre 1902 zu verzeichnen gehabt hatte, im Jahre 1903 zunächst einen Interessengemeinschaftsvertrag, dann eine Fusion mit der A. E. G. ab. Im Jahre 1905 suchte die Elektrizitätsgesellschaft vormals Lahmeyer in Frankfurt a. M., die in den Vorjahren ihre Dividendenzahlung hatte einstellen bzw. stark reduzieren müssen, Anschluß an das Mülheimer Kabelwerk Felten-Guilleaume. Alle diese Niedergänge von Elektrizitätsunternehmungen fallen in die Jahre 1900—1903, also in die Depressionsperiode, die der Krisis von 1900/01 folgte. Auch die beiden damals gesund gebliebenen Elektrizitätsgesellschaften, die A. E. G. und die Siemens u. Halske-Ges. haben in dieser Periode wesentliche Dividendenrückgänge aufzuweisen gehabt, während die spätere Krisis von 1907/08 spurlos an ihnen vorübergegangen ist.

Die scharfe Rückwirkung der Krisis von 1900/01 auf die Elektrizitätsindustrie war in zwei Ursachen begründet. Die Elektrizitätstechnik hatte sich einmal in den Jahren, die dieser Krisis vorangegangen waren, sehr schnell entwickelt, die Anwendung der technischen Errungenschaften in der Praxis, der Prozeß der Elektrifizierung des Wirtschafts- und Verkehrslebens folgte der Technik aber nur sehr behutsam und zurückhaltend nach. Zweitens hatte die Elektrizitätsindustrie in dem Drange, diesen Prozeß zu beschleunigen und die technischen Möglichkeiten praktisch auszumünzen, sich in der Distanz geirrt und überdies schwerwiegende Organisationsfehler begangen. Da Auftraggeber und Verbraucher nicht schnell und nicht zahlreich genug von selbst kamen, organisierten und finanzierten die Elektrizitätsunternehmungen ihrerseits den Elektrifizierungsprozeß. Sie brachten die Kapitalien zum Bau von Kraft-, Lichtwerken und Bahnen selbst oder mit Hilfe der ihnen nahestehenden Banken auf, sie schufen sich demnach Tochtergesellschaften, die ihre Abnehmer wurden und auf denen ihr Absatz — wie sich später zeigte — in zu starkem Maße aufgebaut war. Als sich diese Tochterunternehmungen zunächst nicht nach Wunsch entwickelten und überdies durch die gewerbliche Krise gehemmt wurden, war ein starker Rückschlag auch für die Fabrikationsgesellschaften unvermeidlich. Die Elektrizitätsunternehmungen haben, soweit sie die Depressionsperiode überstanden, von den schlechten Erfahrungen, die sie mit einer allzu engen Verbindung zwischen Fabrikations- und Betriebsunternehmungen, nach einer Überspannung des Prinzips der Finanzierungen gemacht hatten, zweifellos gelernt. Die Beteiligungen wurden zwar später nicht ganz abgestoßen, aber doch zum Teil in besondere Beteiligungs- und Finanzgesellschaften eingebracht. So z. B. hat die A. E. G. sich in der Bank für elektrische Unternehmungen in Zürich und in der Elektrizitätslieferungsgesellschaft, die Siemens u. Halske-Ges. in der Elektrischen Licht- und Kraftanlagen Akt.-Ges. Gefäße für ihre Beteiligungen geschaffen. Im Siemens-Schuckert-Konzern ist die Trennung insofern ganz scharf, als die Fabrikationsgesellschaft, die Siemens Schuckertwerke G. m. b. H., überhaupt keine Beteiligungen besitzt, während die beiden Gesellschafter, die Siemens u. Halske-Ges. und die Elektrizitätsgesellschaft vormals Schuckert, zum Teil selbst, zum Teil durch ihre Tochtergesellschaften die Betriebsunternehmungen des Konzerns kontrollieren. Die A. E. G. hat noch immer sehr erhebliche, wenn auch nur ganz besonders sichere Beteiligungen in ihrem Besitz, in ihren Gewinnabrechnungen läßt sie indes die Erträgnisse dieser Beteiligungen unberücksichtigt, d. h.

sie verwendet sie zu inneren Rücklagen, während die ausgewiesenen Gewinne aus dem reinen Fabrikationsgeschäft stammen [1]). Wenn heute das System der Beteiligungen und Tochterunternehmungen in der Elektrizitätsindustrie nicht mehr so gefährlich ist wie vor 10 Jahren, so liegt das daran, daß sich nicht nur die Verhältnisse bei den noch selbständig verbliebenen Fabrikationsgesellschaften, sondern auch bei den Tochtergesellschaften sehr wesentlich konsolidiert haben, nachdem die Elektrizitätsindustrie in ihr ursprünglich zu weit bemessenes Organisationsgewand hineingewachsen ist.

Vorher war allerdings noch eine Periode der Sichtung — wenigstens was die Fabrikationsgesellschaften anlangt — erforderlich. Sie fällt in die Jahre 1909/1911 und führte zu dem Resultate, daß die Felten-Guilleaume-Lahmeyerwerke und die Bergmannwerke in dem erbitterten Preiskampf mit den beiden großen Konzernen unterlagen und Anschluß an diese suchen mußten. Der Konzern Felten-Guilleaume-Lahmeyer ist in der Weise auf die A. E. G. übergeleitet worden, daß die Frankfurter Lahmeyerwerke als Abteilung in die A. E. G. aufgingen, während von dem Felten-Guilleaume-Werk in Mülheim nur die Majorität durch die A. E. G. bzw. deren Konzern übernommen wurde. Zwischen den Siemens-Schuckert-Werken und den Bergmann Elektrizitätswerken kam vorerst nur ein loses „Freundschaftsverhältnis" zustande, die Kontrolle durch die Siemens-Schuckertwerke wird weniger durch ihre Aktienbeteiligung an der Bergmanngesellschaft als auf dem Umwege über die beteiligten Banken ausgeübt. In der obigen Dividendentabelle kommt die für die mittleren Unternehmungen ungünstige Wendung in dem Preiskampfe der letzten Jahre deutlich in ziemlich scharfen Rentenrückgängen zum Ausdruck. Auch die schweizerische Brown, Boveri Gesellschaft ist von den Wirkungen dieses Kampfes nicht unberührt geblieben. Da zwischen den beiden jetzt noch selbständigen Gruppen über viele Punkte und über besonders große Aufträge Vereinbarungen existieren, kann man wohl sagen, daß die elektrische Großindustrie auf ein Monopol zusteuert. Diese Entwicklung läßt es nicht als ausgeschlossen erscheinen, daß

[1]) Infolgedessen ist die Rechnungslegung der A. E. G. sehr undurchsichtig.

der Staat oder das Reich in absehbarer Zeit einmal zu der Monopolfrage in der Elektrizitätsindustrie Stellung nehmen wird. Daß die Aktionäre der Elektrizitätsgesellschaften dadurch beeinträchtigt werden, ist indes kaum zu befürchten.

Hat die Entwicklung der letzten 10 Jahre gezeigt, daß sich in der elektrischen Großindustrie neben den beiden führenden Gesellschaften kleinere Unternehmungen mit gemischter Fabrikation nicht vollkommen selbständig halten konnten, so ist doch eine ganze Reihe größerer oder kleinerer Spezialfabriken bestehen geblieben oder gegründet worden, die sich zum Teil einer guten und gleichmäßigen Rentabilität erfreuen. Soweit die Aktien dieser Unternehmungen an der Berliner Börse notiert werden, sei ihre Dividendenentwicklung nachstehend zusammengestellt:

	1900	1901	1902	1903	1904	1905	1906	1907	1908	1909	1910	1911
Akkumulatorenfabrik Hagen ..	10	10	10	12½	12½	12½	12½	12½	12½	12½	15	25
Akkumulatorenfabrik Boese...	11	4	0	0	0	2	0	2	0	0	0	0
Deutsche Kabelwerke	4	0	0	3	5	7	7	6	6	7	8	7
Hackethal Draht- u. Kabelwerke .	—	—	—	—	—	—	—	8	8	7	9	11
C. Lorenz......	—	—	—	—	—	—	10	12	16	16	20	20
Dr. Paul Meyer	0	0	0	0	4	6½	6½	7	7	7	7½	7½
Mix u. Genest..	14	9	4	7	7½	8	9	9	0	3	3	0
Rheydt, elektrotechn. Fabrik ..	8	5	4	5	7	8	8	7	7	7	8	8

	1899/1900	1900/01	1901/02	1902/03	1903/04	1904/05	1905/06	1906/07	1907/08	1908/09	1909/10	1910/11
Hermann Pöge.	0	0	0	0	4	5	7	7	7	7	7	7
Körting Elektrizitätswerke.....	—	—	—	—	8	8	5	5	5	6	7	8
Telephon Berliner.........	14	9	0	6	9	9	9	10	10	11	12	8
Vogel, isolierte Drähte.......	7	4	2	6	8	8	8	6	3	2	7	11

Diese Spezialfabriken stellen Elektrizitätsfabrikate fast aller Art her. Wenn sie sich z. B. zusammenschlössen, würde sich ein gemischter Fabrikationsbetrieb nach Art der großen Konzerne ergeben. Die Hermann Pöge Ges. in Chemnitz, die Sachsenwerk Akt.-Ges. in Dresden (deren Aktien in Berlin nicht notiert werden) fabrizieren Elektrizitätsmaschinen, die Körting-Elektrizitätswerke und auch das Sachsenwerk bauen und betreiben Elektrizitätswerke, die Deutschen Kabelwerke und die Hackethal-Ges. stellen Kabel, die Vogel-Gesellschaft isolierte Drähte her, Mix u. Genest, die Telephonwerke Berliner und die Lorenz Telegraphenwerke beschäftigen sich hauptsächlich mit Telephon- und Telegraphenanlagen usw. Eine Sonderstellung nimmt die Akkumulatorenfabrik Berlin-Hagen ein, die von den beiden großen Konzernen sozusagen sanktioniert ist und von ihnen ausschließlich beschäftigt wird. Die Folge dieser Monopolstellung war, daß sich ein Konkurrenzunternehmen auf dem Gebiete der Akkumulatoren-Fabrikation, die Boese-Gesellschaft, nicht behaupten konnte.

Das organisatorische Bindeglied zwischen den Fabrikationsgesellschaften und den Betriebsunternehmungen (Kraft- und Lichtwerken sowie elektrischen Bahnen und Telegraphenkabel-Unternehmungen) bilden die **Beteiligungs- und Finanzierungsgesellschaften**. Über die Rentabilität dieser Unternehmungen, soweit ihre Aktien an der Berliner Börse notiert werden, gibt folgende Tabelle Aufschluß:

	1899/1900	1900/01	1901/02	1902/03	1903/04	1904/05	1905/06	1906/07	1907/08	1908/09	1909/10	1910/11
Kontinental-Ges. für elekt. Unternehmungen ...	7	0	0	0	0	0	0	3½	4	4	4½	4½
Elektr. Licht- u. Kraftanl.	5½	5	3	5	5	7	7	7	7	7	7	7
Bank für elektr. Unternehmungen Zürich ...	6½	6	6	6½	7½	8½	9	9½	10	10	10	10
Elektra	4	3	1	1	1½	2	2½	3½	3½	4	4½	5½
Siemens Elektr.-Betriebe......	5	5	5	5	5	5½	5½	6	6	6	6½	6½

	1900	1901	1902	1903	1904	1905	1906	1907	1908	1909	1910	1911
Ges. für elektr. Unternehmung.	8	4	0	3	6	7½	8	8	8	8	9	10
Elektrizitätslieferungsges.....	7	7	7½	8	8½	9	10	10	10	10	10	11

Diese Tabelle bestätigt, daß die Verhältnisse der Beteiligungsgesellschaften sich seit der Krise von 1900/01 wesentlich konsolidiert haben. Die Krise von 1907/08 hat im Gegensatz zu der vorigen auf ihre Rentabilität kaum noch eine nachteilige Wirkung auszuüben vermocht. Bei vielen dieser Unternehmungen ist eine langsam aufsteigende Rentabilität zu verzeichnen.

Das gleiche gilt auch — und zwar noch etwas ausgeprägter — von den elektrischen Betriebsunternehmungen, von deren Aktien an der Berliner Börse u. a. die folgenden (in den Tabellen auf Seite 182 und 183) aufgeführten notiert werden:

	1900	1901	1902	1903	1904	1905	1906	1907	1908	1909	1910	1911
Deutsch-Überseeische Elektr.-Ges.	—	—	3	6	8	9	9½	9½	9½	10	10	10
Liegnitzer Elektrizitätswerke..	4	4	4	4	2½	3	4	4¾	5	6	7	7
Petersburger Elektr.-Beleuchtung.........	1	1½	2½	3,52	4	4	5	6	6½	7	7	7½
Kraftwerk Rheinfelden........	5	5½	5½	6	6½	7	8	8	8	8	8	8

Die Aktien elektrischer Betriebsunternehmungen sind zwar ebenso wie Eisenbahngesellschaften usw. von der gewerblichen Konjunktur nicht durchaus unabhängig, bei vorsichtiger Finanz- und Dividendenpolitik können sie aber eine gleichmäßige, langsam nach oben weisende Rentabilität erzielen.

	1899/1900	1900/01	1901/02	1902/03	1903/04	1904/05	1905/06	1906/07	1907/08	1908/09	1909/10	1910/11
Berliner Elektrizitätswerke....	10	7	7¾	9	9½	10	10	11	11	11	11	12
Hamburger Elektrizitätswerke........	9	8	7	7	7½	7½	8	8	8	8	8	8
Stettiner Elektrizitätswerke....	12	14	14	14	14	14	14	14	14	12	12	11
Niederschlesische Elektr. u. Kleinbahnen.......	—	½	1	1½	2½	4	5	5	6	6	7	8

Neunzehnter Abschnitt.

Aktien von Textilfabriken.

Einen noch mancher Richtung hin mit erheblichem Risiko verknüpften Besitz bilden die Aktien der Textilunternehmungen. Wechselnde Ernten und damit verbundene starke Preisschwankungen der Rohmaterialien, wechselnde Moderichtungen und nicht zum wenigsten das Auf und Ab der allgemeinen wirtschaftlichen Entwicklung beeinflussen die Erträgnisse der Textilfabriken sehr wesentlich. Die Folge sind große Ungleichmäßigkeiten hinsichtlich der Dividenden. Besonders bei den Textilunternehmungen der *Baumwollindustrie*, aber auch bei denen der Wollindustrie, der Sammet- und Seidenindustrie sowie der Juteindustrie bildet es keine Seltenheit, daß auf ein Jahr mit hoher Dividende eine ertraglose Zeit für die Aktionäre folgt. Wenn bei den Baumwollspinnereien und Baumwollwebereien die Gewinne am häufigsten und am erheblichsten sich verändern, so hängt diese Erscheinung damit zusammen, daß die Rohbaumwolle oft das Objekt einer zügellosen Spekulation ist, durch die den Verarbeitern die Dispositionen außerordentlich erschwert werden. Die amerikanische Union liefert auch heute noch mindestens zwei Drittel des gesamten Weltbedarfs an Baumwolle [1]), und England bezieht auch heute noch durchschnittlich 80 % seines Gesamtbedarfes an Baumwolle aus den Vereinigten Staaten. Ebenso sind die andern Importstaaten in erheblichem Umfange auf die Vereinigten Staaten von Amerika angewiesen und ächzen unter der Monopolherrschaft dieses Landes. Denn waren es in früheren Jahrzehnten die Stürme des Bürgerkrieges, die die Baumwollproduktion resp. den Baumwollexport störten und erschwerten, so ist es jetzt, wie schon oben betont, eine ungesunde Spekulation, die wiederholt durch sogenannte Corner die Baumwolle eingesperrt resp. auf eine unnatürliche Höhe getrieben hat. In schlimmster Erinnerung der Baumwollverbraucher ist der Sully-Corner, so genannt nach dem Spekulanten Sully, der im Jahre 1904 den Preis der Baumwolle (Middling loco in New York) auf 17¼ Cents pro englisches Pfund trieb, gegenüber einer Notierung von 9 Cents zu Beginn des Jahres 1903.

Legen sich die Spinnereien resp. Webereien große Vorräte hin, so laufen sie Gefahr, daß beim Schluß des Geschäftsjahres große Abschreibungen in der Bilanz vorzunehmen sind; zögern sie mit der Eindeckung des Rohmaterials, so kann sich die Erledigung der früher übernommenen Aufträge sehr verlustreich gestalten. Überdies war in den letzten Jahren wiederholt ein Mißverhältnis zwischen den Preisen der Rohbaumwolle und denen der Gespinnste und Gewebe zu konstatieren.

Nicht ganz so schwierig ist die Situation der Wollverbraucher resp. der Wolleverarbeiter, insbesondere der Kammgarn- resp. Streichgarnspinnereien und -webereien. Dafür spielt hier aber die Mode wieder eine größere Rolle, die sich bald mehr dem Streichgarn, bald mehr den Kammgarnerzeugnissen zuwendet. Jedenfalls haben auch die Aktionäre der Wollspinnereien, Tuchfabriken usw. mit recht schwankenden Erträgnissen zu rechnen. Ein besonders krasser Fall sei hier erwähnt: Im Jahre 1899 wurden die Aktien der Bremer

[1]) Vgl. Norden, „Die Berichterstattung über Welthandelsartikel“, Leipzig 1910.

Wollkämmerei durch die Deutsche Bank und die Dresdner Bank an der Berliner Börse eingeführt; der erste Kurs stellte sich auf 331 %. Die Gesellschaft hatte für das Geschäftsjahr 1897 20 % und für das Geschäftsjahr 1898 25 % Dividende gezahlt. Für das Jahr, in dem die Einführung der Aktien an der Berliner Börse erfolgt war, also für das Geschäftsjahr 1899 wurden sogar bei einem Reingewinn von 2,494,699 Mk. auf das Aktienkapital von 4 Mill. Mk. 30 % ausgeschüttet. Ein Jahr später mußte die Gesellschaft einen Verlust in Höhe von 4,789,930 Mk. deklarieren, so daß das Ergebnis des Jahres 1900 um 7¼ Mill. Mk. ungünstiger war als das des Jahres 1899. Grund: Krisis der Wollindustrie und des Wollhandels. Die Vereinigung der deutschen Wollkämmereien traf damals das Abkommen, „unter Beschränkung der Geschäfte für eigene Rechnung, ev. unter Einschränkung der Produktion vor allem sich dem reinen Lohngeschäft nach und nach wieder zuzuwenden". In den folgenden Jahren zahlte die Bremer Wollkämmerei Akt.-Ges. folgende Dividenden:

1901...........	10 %
1902...........	15 „
1903...........	15 „
1904...........	12 „
1905...........	12 „
1906...........	14 „
1907...........	14 „
1908...........	10 „
1909...........	16 „
1910...........	16 „
1911...........	16 „

Die Wolle ist zwar im Gegensatz zur Baumwolle ein tierisches Erzeugnis; gleichwohl ist auch der Umfang ihrer Produktion, der „Ausfall der Schur" in hohem Grade von der Witterung abhängig. So bildet für die bedeutende Schafzucht Australiens der Mangel an Wasser und die Dürre eine stete Gefahr, und es ist daher durchaus begreiflich, daß, wenn Nachrichten über große Trockenheit aus Australien kommen, daß dann die Tendenz an den Wollmärkten sich befestigt. Ist auf der einen Seite die Trockenheit eine Gefahr, so kann auf der andern durch starke Regengüsse die Schur verzögert werden. Kurzum auch in der Wollindustrie ist die Art der Witterung von erheblicher Bedeutung, und zwar nach zwei Richtungen hin, einmal hinsichtlich des Umfanges der Rohmaterialerzeugung und zweitens hinsichtlich des Umfanges des Bedarfs an Wollerzeugnissen. Schließlich spielt auch die allgemeine Konsumkraft der Bevölkerung und somit die wirtschaftliche Konjunktur für die Wollindustrie eine große Rolle.

In noch weit höherem Grade als die Wollverarbeiter sind die Sammet- und Seidenfabrikanten, aber auch die Tüllindustrie von der Mode abhängig. In welchem Maße die Erträgnisse und dementsprechend auch die Börsenkurse der Aktien solcher Unternehmungen wechseln, dafür ein Beispiel: Die Sammetweberei von Joh. Girmes in Krefeld zahlte für das Geschäftsjahr 1908 15 % Dividende, für 1909 16 % und für 1910 22 %. Der Geschäftsbericht pro 1910 schloß mit den Worten: „Man ist im allgemeinen der Ansicht, daß die Mode dem Sammtartikel auch weiter günstig bleiben wird." Nichtsdestoweniger sank die Dividende für das Geschäftsjahr 1911 auf 10 %. Der höchste Kurs der Aktien betrug im Jahre 1911 297¾ %, der niedrigste in der ersten Hälfte des Jahres 1912 175 %. Zu Beginn des zweiten Halbjahres 1912 war der Kurs schon wieder auf ca. 200 % gestiegen; eine um diese Zeit verbreitete Pressemeldung besagte, Paris bringe für die kommende Saison wieder „sehr viel Sammet in Mode."

Für die Kursverluste, die die Aktionäre von Tüllfabriken im Laufe eines einzigen Jahres — hauptsächlich infolge der wechselnden Mode und starker Konkurrenz — erlitten haben, gibt folgende Zusammenstellung einen gewissen Anhalt:

	Einführungskurs	1911 15./3.	1912 15./3.
Dresdner Gardinen	149	212.50	166.50
Falkensteiner Gardinen	125	140.25	138.25
Plauener Spitzenfabrik	170	125	127.50
David Richter	186	206.50	137.90
Tüllfabrik Flöha	306	326.75	205.75
Vogtländische Tüllfabrik	260	197.50	147.50

Den stärksten Kursverlust wiesen im März des Jahres 1912 gegenüber dem Einführungspreise die Aktien der Vogtländischen Tüllfabrik, der Flöha Tüllfabrik, der Plauener Spitzenfabrik sowie der David Richter Akt.-Ges. auf. Etwas besser konnten sich die Aktien der Dresdner Gardinenweberei sowie die Aktien der Falkensteiner Gardinenfabrik behaupten, da diese Firmen einen Ausgleich für die ungünstigen Ergebnisse der Tüllfabrikation durch die Herstellung von Gardinen fanden.

Viel war in den letzten Jahren von dem Plan die Rede, in der Tüllindustrie eine Preiskonvention ins Leben zu rufen, um auf diese Weise eine Besserung in der Geschäftslage herbeizuführen. Zur Reife ist der Plan indes, sofern er überhaupt ernsthaft ventiliert wurde, nicht gekommen. Eine Preisregelung ist auch schwer möglich, wenn man die Verhältnisse, die in der Tüllindustrie mitsprechen, berücksichtigt: Die Qualität der Tülle ist keineswegs gleichmäßig, und bei einheitlichen Preisen würde man die Fabriken mit besseren Qualitäten bevorzugen, und die Fabrikanten, die die besseren Arten nicht herstellen können, hätten das Nachsehen. Hinzu kommt, daß die englische Konkurrenz, die schwer auf dem Markte lastet, jeden Augenblick auch nur die geringste Preiserhöhung durchkreuzen könnte.

In der Juteindustrie gibt es seit dem Juli 1901 eine Preiskonvention unter der Firma „Verband Deutscher Jute-Industrieller G. m. b. H." Dieses Kartell, das noch bis zum Jahre 1915 läuft, hat nach den Mitteilungen der beteiligten Gesellschaften einen günstigen Einfluß auf die Erträgnisse ausgeübt. Festzustellen ist jedenfalls, daß, seit dem Bestehen des Kartells gegenüber den starken Schwankungen der Preise für Rohjute, die Preise für Jutefabrikate, wenn sie auch im ganzen den Schwankungen des Rohstoffes folgten, doch eine gewisse Stabilität zeigten.

Zwanzigster Abschnitt.

Brauerei-Aktien.

Die Brauerei-Aktien nehmen unter den Industrie-Papieren des Kurszettel insofern schon rein äußerlich eine Ausnahmestellung ein, als sie von den übrigen Industrieaktien getrennt in einer besonderen Rubrik aufgeführt werden. Dies findet bis zu einem gewissen Grade darin seine innere Berechtigung, daß die Brauereien zu denjenigen industriellen Unternehmungen gehören, die in ihrem Betriebe, und zwar sowohl in ihrem Produktionsprozeß als auch in ihrem Absatz nicht lediglich von industriellen Momenten abhängig sind. Gewiß ist ihr Fabrikationsprozeß, und ihre kaufmännische Organisation im Kerne nach industriellen Prinzipien ausgebaut. Fabrikationstechnisch gehören sie zur Klasse der chemischen Fabriken und in ihren Absatzbedingungen weisen sie eine nahe Verwandtschaft mit den Lebens- und Genußmittelunternehmungen auf. Der Absatz, die Unkosten und — als Resultate dieser beiden Faktoren — auch die Rente der Brauereien bleibt naturgemäß von der Gestaltung der allgemeinen Wirtschaftskonjunktur nicht unbeeinflußt. Ist diese günstig und wächst damit die Kaufkraft der Bevölkerung, und namentlich der ein Hauptkontingent der Biertrinker stellenden Industriearbeiterschaft, so steigt auch der Absatz der Brauereien, während umgekehrt der Bierkonsum durch eine konjunkturelle Depression beeinträchtigt wird. Selbstverständlich kommen auch die durch eine Belebung der allgemeinen Wirtschaftskonjunktur erhöhten Arbeiterlöhne in dem Etat der Brauereien belastend zum Ausdruck. Auf der anderen Seite ist die Wirtschaftlichkeit der Brauereien aber noch von einer Reihe weiterer Momente abhängig, wie sie bei verschiedenen anderen industriellen Unternehmungen zwar auch in Rechnung zu stellen aber doch in solcher Vielheit wohl nur im Brauereigewerbe zu verzeichnen sind. Einmal ist die Rohstoffversorgung der Brauindustrie fast ausschließlich auf landwirtschaftliche Faktoren und damit auf Witterungszufälligkeiten gestellt, die mit der industriellen Konjunktur an sich nichts zu tun haben. Je nachdem die Ernte an Gerste, Hopfen und auch Hafer (der als Futter bei dem ausgedehnten Pferdebetrieb der meisten Brauereien eine wichtige Rolle spielt) reichlich oder spärlich, gehaltvoll oder gehaltarm ausfällt, stellt sich die Rohstoffversorgung für die Brauereien günstig oder ungünstig. Andererseits ist auch der Absatz der Brauereien von Faktoren abhängig, die mit der wirtschaftlichen Konjunktur nichts zu tun haben. Ein regnerischer, kühler Sommer pflegt für den Bierabsatz ungünstig zu sein, ein heißer Sommer pflegt ihn zu fördern. Gerade aber die Vielheit der Faktoren, von denen die wirtschaftlichen Ergebnisse des Brauereigewerbes abhängig sind, ermöglicht einen Ausgleich in der Ökonomie der Brauindustrie und verhindert allzu erhebliche Rentenschwankungen sowohl nach oben als auch nach unten. In einem Jahre hoher Rohmaterialpreise kann die Witterung den Absatz günstig beeinflussen, in einem Jahre ungünstiger Konjunktur können niedrige Rohmaterialpreise Ersparungen im Betriebe ermöglichen; wenn Gerste teuer ist, kann Hopfen billig sein usw. Daß sich in einem Jahre alle ungünstigen, in dem anderen alle günstigen Faktoren vereinigen, ist nicht ausgeschlossen, kommt aber recht selten vor. Ferner ist zu berücksichtigen, daß der Bierabsatz, selbst wenn eine Konjunkturperiode einer gewerblichen Depression Platz macht, oder wenn auf ein Jahr mit überwiegend kühler Witterung ein wärmeres Jahr folgt, keineswegs so stark fällt oder steigt, wie der Absatz reinindustrieller Fabrikate in Zeiten wechselnder Konjunktur, und daß auch die Bierpreise im allgemeinen weit stabiler sind als die Preise von Industrieprodukten oder von vielen anderen Lebensmitteln. Die Entwicklung des Bierkonsums ist nicht ganz so stetig wie die Entwicklung der Betriebseinnahmen von Verkehrsunternehmungen, aber hier wie da ist doch, von mehr oder weniger kleinen Schwankungen abgesehen, eine ungefähr nach der Zunahme der Bevölkerung steigende Kurve zu verzeichnen, die auch durch die Antialkoholbewegung nicht auf die Dauer gestört werden konnte.

Alle diese Umstände tragen dazu bei, daß die Brauereirente von Natur aus — wenigstens bei gut fundierten Unternehmungen — ziemlich stabil ist. Auch industrielle Krisenjahre wie z. B. die Jahre 1901 oder 1908 haben die Brauereirente nicht erheblich aus ihrer Richtung drängen können.

Dies zeigt die nachfolgende Tabelle, in der die Dividendenentwicklung bei einer Anzahl verschieden situierter Berliner und Provinzbrauereien seit dem Jahre 1899/1900 dargestellt wird. Die fettgedruckten Jahreszahlen von 1900/01 und 1901/02 sowie von 1907/08 und 1908/09 stellen in dem Vergleichzeitraum die Jahre gewerblicher Depression dar. In der Depressionsperiode 1900/1902, die bekanntlich ganz besonders scharf war, läßt sich ein Einfluß auf die Dividendenresultate der Brauereien überhaupt kaum feststellen. Lediglich bei der Bochumer Viktoria-Brauerei, die infolge ihrer Lage mitten im rheinisch-westfälischen Industrierevier den Einflüssen der gewerblichen Konjunktur ganz besonders stark ausgesetzt war, ist eine Dividendenreduktion zu verzeichnen. Eine Reihe anderer Revierbrauereien wie z. B. die in der Tabelle aufgeführte Dortmunder Germaniabrauerei (ganz abgesehen von den am besten fundierten Dortmunder Brauereien, der Dortmunder Unionsbrauerei und der Dortmunder Aktienbrauerei) zeigte sich dem Konjunkturzusammenbruch gegenüber ziemlich unempfindlich. In der letzten gewerblichen Depressionsperiode von 1907/1909 ist allerdings, trotzdem sie an Schärfe hinter der von 1901/1902 zurückblieb, bei fast allen Brauereien ein Dividendenabstieg zu konstatieren. Das ist indes darauf zurückzuführen, daß sich hier zu dem Konjunkturniedergang ein anderer für die Brauereien ungünstiger Faktor ganz besonderer Art hinzugesellte, die Brausteuergesetzgebung des Deutschen Reiches, von der noch weiter unten die Rede sein wird.

	Schultheiß	Pfefferberg	Königstadt	Dortmund. Germania	Bochumer Viktoria	Leipziger Riebeck
1899/1900	14	14	5	13	12½	10
1900/1901	**14**	**14**	**5**	**13**	**10**	**10**
1901/1902	**14**	**14**	**5**	**13**	**7**	**10**
1902/1903	15	14	6	12	5	10
1903/1904	16	14	6	12	7	10
1904/1905	18	14	7	12	8	10
1905/1906	18	14	7	12	8	10
1906/1907	17	12	5	12	8	10
1907/1908	**14**	**9**	**4**	**11**	**7**	**9**
1908/1909	**14**	**7½**	**4**	**8**	**7**	**8½**
1909/1910	14	8½	4	8	7	9½
1910/1911	15	10	4½	9	7	10

Mit dieser Zusammenstellung sei nachstehend die Dividendenentwicklung einer Anzahl verschiedener reinindustrieller Unternehmungen verglichen, wobei es sich durchweg um ganz besonders gut fundierte Gesellschaften handelt:

	Bochumer Gußstahl-Verein	Stettin. Chamottefabrik	Norddeutsche Woll-kämmerei	Schwartzkopff Maschinen
1899/1900	16⅔	30	15	14
1900/1901	13⅓	25	0	13
1901/1902	7	18	0	10
1902/1903	7	15	10	10
1903/1904	10	18	10	10
1904/1905	12	18	10	10½
1905/1906	15	18	10	13
1906/1907	16⅔	19	12	14
1907/1908	15	19	10	15
1908/1909	12	17	8	16
1909/1910	12	17	12	14
1910/1911	12½	14	10	13½

Bei diesen Unternehmungen akzentuiert sich der Wechsel zwischen guter und schlechter Konjunktur in wesentlich schärferer Weise, wobei allerdings bei der Maschinenfabrik Schwarzkopff der Dividendenrückgang bei der letzten Krise nicht unmittelbar in den Jahren der allgemeinen Depression, sondern etwas später in Erscheinung tritt.

Auch die sonstigen ungünstigen oder günstigen Momente für die Ökonomie des Brauereigewerbes vermögen, soweit sie regulärer Art sind, die Brauereirente nicht entscheidend zu beeinflussen. So hatten die Jahre 1904 und 1910 besonders hohe Gerstenpreise, die Jahre 1902, 1908 und 1909 ziemlich niedrige Gerstenpreise aufzuweisen, ohne daß dies auf die Gestaltung der Brauereirente von durchgreifender Bedeutung gewesen wäre. Das gleiche gilt von den Hopfenpreisen, die in den Jahren 1903 und 1909 am höchsten, in den Jahren 1901, 1905, 1907 und 1908 am niedrigsten gewesen sind.

Es war bereits oben darauf hingewiesen worden, daß die Brauereirente in den Jahren 1907—1909 bei fast allen Unternehmungen eine fallende Kurve zeigte. Wenn wir den Gründen dieser

Erscheinungen nachgehen, so müssen wir die Feststellung machen, daß die ökonomischen Bedingungen des Brauereigewerbes in diesen Jahren eine grundlegende Umwälzung erfahren haben, und zwar infolge der Steuergesetzgebung des Reiches, die den Brauereien in zwei Etappen kräftige Steuerlasten aufbürdete. Die erste, die sogenannte „kleine" Brausteuer wurde im Jahre 1906 geschaffen, ihr folgte im Jahre 1909 als wichtiger Bestandteil der Reichsfinanzreform die „große" Brausteuer, die im Gegensatz zu der ersten Brausteuer für das Brauereigewerbe eine klare, wenn auch erschwerte Situation schuf und ihr die Ruhe gab, sich nach der Ungewißheit, den Kämpfen und Anfechtungen der zwischen der ersten und der zweiten Steuer liegenden unsicheren Jahre auf der veränderten Wirtschaftsgrundlage einzurichten. Wie groß die Steuerlasten waren, die die Reichsfinanzreform den Brauereien aufbürdete, und welche Bedeutung sie für die Ökonomie der Brauereibetriebe haben, zeigt die folgende Tabelle derjenigen Berliner Brauereien, die ihre Aufwendungen für Steuern und Abgaben gesondert von den allgemeinen Unkosten anzugeben pflegen:

	Kapital Mill.	Rohgewinn 1910/11	Steuer u. Abgaben 1910/11	Steuer u. Abgaben 1905/06	Dividende 1910/11
Schultheiß	14,—	22,272,735	6,725,559	1,939,450	2,100,000
Patzenhofer	5,67	9,803,604	3,123,029	872,825	680,400
Böhm. Brauhaus	3,3	329,004	939,929	394,144	165,000
Engelhardt	1,6	4,792,579	844,526	—	210,000
Deutsche Bierbrauerei	4,—	2,507,599	1,020,361	—	200,000

Danach haben sich seit dem Jahre 1905/06 — dem letzten Jahre vor der ersten Brausteuer — die Ausgaben für Steuern und Abgaben bei den Brauereien verdreifacht oder fast sogar vervierfacht, sie sind drei- bis fünfmal so hoch wie die von den Brauereien als Dividenden ausgezahlten Summen, und stellen sehr erhebliche Bruchteile der Roherträgnisse und Aktienkapitalien dar. Immerhin kann man sagen, daß die Brauindustrie, wenngleich ihre jetzige Rentabilität hinter der früherer „steuerloser" Jahre naturgemäß noch zurückbleibt, die Brausteuerkrise doch verhältnismäßig gut und leicht überwunden hat. Wenn man die jetzigen Verhältnisse mit denen nach der ersten Brausteuer von 1906 vergleicht, so wird man sogar zu dem Ergebnis kommen, daß das Braugewerbe durch die Brausteuerreform von 1909 nicht erschüttert, sondern eher saniert worden ist. Sogar ein Teil der Brauindustrie selbst hat in seinem innersten Herzen die Steuer nicht gar so ungern kommen sehen. Gab sie dem Gewerbe doch die erwünschte Möglichkeit, die „kleine" Brausteuer von 1906, die nur zum Teil auf den Konsum hatte überwälzt werden können und mit dem Rest als eine Gewerbesteuer auf der Industrie sitzen geblieben war, mit abzuwälzen. Obwohl man auch bei der „großen" Brausteuer der Industrie die sichere Handhabe für eine Abwälzung, die Kontingentierung des Bierabsatzes, von Reichs wegen versagt und ihr nur das theoretische Recht auf Abwälzung gegeben hatte, ist die Überführung der Brausteuer in eine Konsumsteuer doch unter dem Zwange der Notwendigkeit fast überall gelungen. Der Konsum hat die Preiserhöhungen, die vielfach mit etwas reichlichem Aufschlage durchzudrücken versucht wurden, mehr oder weniger widerstrebend über sich ergehen lassen, ohne daß die Vorliebe für das Bier sichtlich verringert worden wäre. Von den Brauereien sind nur wenige, meist an sich schon des wirtschaftlichen Gleichgewichts entbehrende Unternehmungen durch die Brausteuer zu Fall gebracht worden, und wo das geschah, handelte es sich fast immer um solche Unternehmungen, die klug zu handeln geglaubt hatten, wenn sie die Abwälzung auf dem Wege der Bierverdünnung statt auf dem Wege der Preiserhöhung durchführten. Die nachfolgende Tabelle zeigt die Dividendenentwicklung, die die Brauereien, deren Aktien an der Berliner Börse notiert werden, seit der Zeit der ersten Brausteuer aufzuweisen gehabt haben.

Der Vergleich lehrt, daß die Schwankungen in der Rentabilität bei den Provinzbrauereien bei weitem nicht so erheblich gewesen sind wie bei den Berliner Brauereien. Weder war der Abfall der Rente in den Jahren 1905/06 bis 1908/09 unter der Einwirkung der beiden Brausteuern im Durchschnitt so schroff wie bei den Berliner Brauereien, noch war das Ansteigen der Rente nach Überwindung der Brausteuerkrise bei den Provinzbrauereien so stark und sprunghaft wie bei den Berliner Unternehmungen. Von den zum Vergleich

Berliner Brauereien:

	1905/06	1906/07	1907/08	1908/09	1909/10	1910/11[1]
Schultheiß	18	17	14	14	14	15
Patzenhofer	15	14	11	11	12	14
Berliner Kindl Prioraktien	14	12½	12	12	14	16
Berliner Kindl Stammaktien	12	10½	10	10	12	14
Schloßbrauerei Schöneberg	12	10	8	8	9	11
Pfefferberg	14	12	9	7½	8½	10
Deutsche Bierbrauerei	10	8	5	4	5	5
Böhm. Brauhaus	10	10	5	0	0	5
Unionsbrauerei	6	5	3	1	2	3
Spandauerberg	7	6	4½	4	5	5
Königstadt	7	5	4	4	4	4
Friedrichshain	6	4½	3	1½	3	4½[2]
Viktoriabrauerei	6	6	3	3	4	6
Münch. Brauhaus	5	6	4	4	6	7
Löwenbrauerei	9	9	6	7	10	12
Engelhardt	—	—	12	10	12	12
Berliner Bock	8	7	5	4	5	6
Weißbier Gebhardt	4	1	1	0	0	3
Weißbier Landré	4	1½	0	0	3	5
Weißbier Bolle	4	3	1	0	2	0

Provinzbrauereien:

	1905/06	1906/07	1907/08	1908/09	1909/10	1910/11[1]
Bochumer Viktoriabrauer.	8	8	7	7	7	7
Brauhaus Nürnberg	9	9	9	9	9	9
Brieger Stadtbrauerei	4½	4½	4½	4½	5½	5½[2]
Brauerei Büchner, Erfurt	7	6½	6	5½	6½	7
Danziger Aktienbrauerei	7	10	10	10	12	12
Dortmunder Akt.-Br.	20	20	20	20	20	20
Dortmunder Unions-Br.	20	20	20	20	20	25
Dortmunder Vikt.-Br.	8	8	7	5	5	6
Düsseldorfer Adler-Br.	5	5	4	4	5	6
Düsseldorfer Dietrich-Br.	11	11	11	12	15	16
Düsseldorfer Brauerei Hoefel	10	10	8	7	8½	10

	1905/06	1906/07	1907/08	1908/09	1909/10	1910/11
Frankfurt. Henninger-Br.	9	9	8	7	7	7
Gevelsberger Akt.-Br. ..	7	6	5	4	5	5
Glückaufbrauerei, Gelsenkirchen	9	9	9	8	8	8
Hofbrauhaus Hanau	5	5	3½	1	3	3½
Henninger Reifbräu, Erlangen	5½	4½	3	3	3	3½
Herkules-Brauerei, Kassel	10	10	10	9	9	9
Hessische Bierbrauerei, Kassel	6	6	6	5½	5	5
Holstenbrauerei, Altona..	10	10	11	11	12	13
Huggerbrauerei, Posen ..	8½	8½	8½	8½	8½	8½
Isenbeck-Brauerei, Hamm	5	5	0	0	4	6
Kieler Schloßbrauerei ...	10	10	10	7	8	8
Klosterbrauerei, Röderhof	8	2	3½	3½	5	5
Königbrauerei, Duisburg	8	8	7½	7½	8	9
Brauerei Kunterstein, Graudenz	3	3	3	3	4	4
Leipziger Bierbrauerei Riebeck	10	10	9½	8½	9½	10
Lindenbrauerei, Unna...	4	4	4	4	4	5
Lindener Aktienbrauerei .	18	16	14	12	12	13
Löwenbrauerei, Dortmund	12	12	12	10	10	10
Merziger Aktienbrauerei .	12	12	9	9	9	9
Gebr. Müser, Brauerei, Langendreer	0	5	6	6	6	7
Oberschlesische Brauerei (Händler)	8	8	6	4	4	4½
Oppelner Aktienbrauerei.	6	5	4½	0	3	3½
Brauerei Paulshöhe, Spitta	7	7	7	5	5	4
Reichelbräu, Kulmbach .	10	10	10	10	10	11
Roß u. Co., Dortmund .	9	9	5	0	0	0
Mahn u. Ohlerich, Rostock	11	11	10	10	10	10
Schlegelbrauerei, Bochum	10½	10½	10	10	9	10
Brauerei Schöfferhof, Frankfurt	8	8	4½	0	0	0
Schwabenbräu	10	10	8	7	8½	10
Tucher	14	14	14	14	14	14
Vereinsbrauerei Artern..	6	6½	6	6	6	6
Wicküler Küpper........	14	10	7	7	7	7
Wiesbadener Kronen ...	5	3	0	0	0	0

gestellten 19 Berliner Brauereien konnte auch nicht eine einzige ihre Rente in der Krisenzeit aufrecht erhalten, von den 44 Provinzbrauereien brauchte eine immerhin große Anzahl ihre Dividende nicht zu verringern. Andererseits behielten ca. 14 Provinzbrauereien in den letzten beiden Jahren ihre Dividendensätze aus 1908/09 ohne Erhöhung bei, während die Berliner Brauereien sämtlich vermehrte Gewinne ausschütteten.

Wenn es den meisten Brauereien bereits, abgesehen von den Weißbierbrauereien, deren Situation infolge der ständig zurückgehenden Beliebtheit des Weißbieres schon an sich ziemlich schwierig ist, bereits im ersten Jahre nach der Brausteuerreform — dem Jahre 1909/10 — gelang, sich auf der neuen Grundlage wirtschaftlich einzurichten, so ist dies zum großen Teil darauf zurückzuführen, daß fast allenthalben Regulierungen der Bierpreise durch Festsetzung von Mindestpreisen, stellenweise auch Regulierungen des Bierabsatzes, zustande gekommen sind. Ganz besonders gilt das für Berlin, wo im Gegensatz zu der Provinz das Braugewerbe fast ausschließlich in den Händen von Großbetrieben liegt, und wo es kleine und mittlere Brauereien, die unter ganz anderen Bedingungen arbeiten und insbesondere auch auf einer niedrigen Brausteuerstaffel stehen, nur in ganz geringer Zahl gibt. Die Berliner Großbrauereien, die einen sehr großen Teil des Konsums an einheimischen Bier decken, versteuern ihren Malzverbrauch fast ausschließlich auf Grund der Höchststaffel von 20 Mk. pro Doppelzentner Malz. So war hier bei aller technischen und wirtschaftlichen Verschiedenheit der Betriebe im einzelnen doch eine einigermaßen gleichartige Basis für einen Zusammenschluß der Brauereien zum Zwecke der Brausteuerabwälzung gegeben. Bereits am 1. Oktober 1909 trat — ohne jeden Bierkrieg — die Berliner Brauereikonvention (der Verein der Brauereien von Berlin und Umgegend) in Kraft, die eine Kontingentierung des Absatzes in Verbindung mit einer hohen Überkontingentsabgabe, sowie eine Festsetzung von Mindestpreisen für das Groß-Berliner Absatzgebiet vorsah. Noch vor Ablauf der zunächst auf zwei Jahre, also bis zum 1. Oktober 1911, laufenden Konvention wurde eine Verlängerung um 6 Jahre beschlossen, und zur Ergänzung der Konvention ein Provinzialabkommen gewissermaßen als Appendix geschaffen, das den Absatz nach den beiden Hauptexportprovinzen der Berliner Brauereien, Brandenburg und Sachsen, auf Grundlage von Mindestpreisen (aber ohne Kontingentierung) für gleichfalls 6 Jahre regelte. Das neue Abkommen schließt genau mit den 8 Jahren — vom Inkrafttreten der Brausteuer gerechnet — ab, in denen die Konventionsbrauereien, d. h. fast alle namhaften und leistungsfähigen Großbetriebe Groß-Berlins, vor dem Entstehen jeder Außenseiterkonkurenz gesichert sind. Denn für diese Zeit belegt das Gesetz jeden neugeschaffenen Betrieb mit einer prohibitiv wirkenden Sondersteuer. Auch in anderen Beziehungen haben die Brauereikonventionen sich als heilsam für die Brauereien bewährt. Ihrer absatzregulierenden Tätigkeit ist es zum Teil mit zuzuschreiben, daß dem Anwachsen der Darlehen und Aktivhypotheken, mit dem die Brauereien früher die Steigerung oder auch nur die Aufrechterhaltung ihres Absatzes bezahlen mußten, in letzter Zeit Einhalt getan wurde. Es ergeben sich also mindestens bis 1918 besonders für die Berliner Brauereien ziemlich stabile Existenzgrundlagen, auf denen eine befriedigende Entwicklung möglich und bis zu einem gewissen Grade sogar wahrscheinlich ist, vorausgesetzt, daß sich die Brauereien nicht durch das Gefühl, „daß ihnen während dieser 6 Jahre nichts geschehen kann", allzusehr in Sicherheit wiegen lassen, in ihrer Dividendenpolitik etwas kühn, in ihren Bilanzierungsmethoden etwas lässig zu Werke gehen.

Bei den guten Erträgnissen der Brauereien in den letzten beiden Jahren ist allerdings zu brücksichtigen, daß eine Anzahl günstiger Faktoren zusammengewirkt hat, um die schnelle Überwindung der Brausteuerkrise zu ermöglichen, nämlich eine günstige Allgemeinkonjunktur, eine dem Bierabsatz außergewöhnlich günstige Sommerwitterung im Jahre 1911 und relativ vorteilhafte Bezugsbedingungen für die Rohmaterialien.

Einundzwanzigster Abschnitt.

Aktien von Zementfabriken.

Die deutsche Zementindustrie ist ein Wirtschaftsgebiet, dem es an Ruhe und Stetigkeit der Entwicklung noch vielfach gebricht. Obgleich der Bedarf an dem künstlichen Baustoff genannt „Zement“ ständig und stark gestiegen ist, und die Absatzverhältnisse sich dementsprechend fortgesetzt gebessert haben, so sind die von den Zementfabriken erwarteten großen Gewinne doch vielfach ausgeblieben, oder wenigstens nicht mit jener Regelmäßigkeit erzielt worden, die als Kennzeichen der fortschreitenden Festigung eines Gewerbes anzusehen sind.

Schuld an der die Zementproduktion noch immer zum großen Teil beherrschenden Unsicherheit hinsichtlich der Lukrativität ist die im wesentlichen auf die örtliche Beschränktheit des Kalksandstein-Vorkommens beruhende Zersplitterung der Produktion in eine Reihe von Zentren, deren Bildung noch durch die aus wirtschaftlichen Gründen nur beschränkte Transportmöglichkeit des Erzeugnisses begünstigt worden ist. An diesen Produktionszentren haben sich nämlich seit Jahren für die Zementproduktion in hohem Grade typische Vorgänge abgespielt, die in ihrer mit überraschender Regelmäßigkeit sich zeigenden Wiederholung trotz der sonst nicht ungünstig liegenden Bedingungen für diesen Industriezweig doch das eigentliche Moment der Unruhe für den Zementmarkt darstellen. Diese Vorgänge lassen sich auf folgende Formel bringen: Überproduktion — Kartellierung — Sprengung des Kartells durch Außenseiter — Überproduktion — neue Kartellierung usw. Gerade auf dem Zementmarkte hat sich immer wieder gezeigt, daß die Syndikatsbildung, wie sie für den Konsumenten fast regelmäßig eine Bedrückung bedeutet, auch für den Produzenten keineswegs nur erfreuliche Konsequenzen zeitigt. So sehr die Verhältnisse in der Zementindustrie durch die Ausbildung von Produktionszentren nach Vereinbarungen unter den Produzenten hinzudrängen scheinen, so wenig darf außer acht gelassen werden, daß kartellfreie Werke gerade auf diesem Gebiete mit Leichtigkeit, weil mit verhältnismäßig geringen Mitteln, entstehen können; durch die Errichtung einer einzigen syndikatfreien, d. h. nicht an die Preisvereinbarungen des Kartells gebundenen Fabrik kann aber das Syndikat tatsächlich außer Funktion gesetzt werden, wie denn auch vielfach das Recht zur Kündigung des Syndikatsvertrages bei Errichtung eines „Außenseiterunternehmens" gegeben ist.

Von den bestehenden Syndikaten hat die im ganzen ruhigste Entwicklung das süddeutsche Zementsyndikat genommen; es ist von Kämpfen mit Außenseitern in den letzten Jahren fast ganz verschont geblieben. Der Bestand dieses Kartells bis zum Jahre 1925 scheint gewährleistet zu sein. In Oberschlesien liegen die Verhältnisse ebenfalls noch relativ günstig für das Kartell; seit 1911 ist es hier lückenlos geschlossen, und durch billige Transportgelegenheiten konnte eine Reihe von Fabriken ziemlich günstig arbeiten. So konnten beispielsweise im Geschäftsjahre 1911 die Oberschlesischen Portlandzementwerke in Gr. Strehlitz ihre Dividende von 5 auf 6 % erhöhen und die Oppelner Portlandzementfabrik zahlte 5 % gegen 3 % im Jahre 1910.

Weniger gesichert sind die Verhältnisse in Rheinland-Westfalen und auf dem Groß-Berliner Absatzgebiet. Das Rheinisch-Westfälische Zementsyndikat ist zurzeit in seinen Grundfesten erschüttert; durch die Konkurrenz der im Laufe der Jahre sehr zahlreich gewordenen Außenseiter hart bedrängt, sind die kartellierten Fabriken nicht in der Lage, ihrer Produktionsfähigkeit entsprechend zu arbeiten. Durch Preisunterbietungen leidet aber auch das Geschäft bei den nichtsyndizierten Werken. Die Auflösung des Syndikats, die von einigen syndizierten Werken schon vorzeitig angestrebt wird, würde den Konkurrenzkampf naturgemäß noch verschärfen und die Rentabilität der Werke weiter beeinträchtigen. Die Dividendenzahlungen der westfälischen Werke hielten sich diesen Umständen entsprechend schon für das Jahr 1911 auf mäßiger Höhe; sieht man von der durch besondere Umstände (Fabrikation eines Zementersatzmittels) günstig beeinflußten Lage der Geseker Portlandzementwerke „Meteor" ab, so bewegen sich die Dividendenausschüttungen im allgemeinen ungefähr bis zur oberen Grenze von 4 %; eine Reihe von Fabriken ist dividendenlos geblieben.

Auf dem Berliner Absatzgebiete waren bis zu dem Ende 1911 erfolgten Zusammenschluß außer den in Berlin selbst domizilierenden Unternehmungen noch die mitteldeutschen (thüringischen), hannoverschen und Stettiner Werke tätig. Alle diese sind nunmehr in einem Groß-Berliner Kartell vereint, das seine Tätigkeit damit begonnen hat, die Preise heraufzusetzen, nachdem sie durch die Konkurrenzkämpfe vorher so gesunken waren, daß sie, wie die Fabrikanten behaupteten, keinen Nutzen mehr brachten. Von 3,20 Mk. auf 4,20 Mk. und weiter auf 5—6 Mk. stiegen in schneller Folge die Notierungen für das Normalfaß Zement (170 kg). — Der Absatz des Berliner Syndikats ist, wie es heißt, durch die schlechte Lage des Baugewerbes in Berlin nicht beeinträchtigt worden, in der Tat wird ja Zement für Bedarfsbauten, insbesonders Tunnelanlagen (Untergrundbahnen!) unabhängig von der Konjunktur des privaten Baumarktes gebraucht. Auf diese Momente, d. h. auf die Preiserhöhungen und den Bedarf gestützt, erwarten die im Berliner Kartell zusammengeschlossenen Fabriken nunmehr bessere Zeiten, die sie für sich und ihre Aktionäre auch sehr gut brauchen könnten; so weist die große, mit 5,5 Mill. Mk. Aktienkapital arbeitende „Adler"-Portlandzementfabrik in Berlin schon seit mehreren Jahren erhebliche Verluste auf.

In welchem Umfange die Erwartungen der im Berliner Syndikat vereinigten Firmen sich verwirklichen werden, muß im übrigen dahingestellt bleiben. Bei Niederschrift dieser Zeilen verlautete mit Bestimmtheit, daß eine ringfreie Konkurrenz dem Syndikat drohe, daß nämlich der rheinische Großindustrielle Thyssen in Rüdersdorf den Bau einer Zementfabrik betreibe. So ist die Unsicherheit vom Berliner Markt noch keineswegs völlig gewichen, und es ist leicht möglich, daß nach einer kurzen Zeit der Ruhe die Konkurrenzkämpfe um so verderblicher entbrennen.

Diese Skizze von der Lage des deutschen Zementmarktes soll die Grundlage geben für die Beurteilung von „Zementwerten" als Kapitalanlage. Dabei muß jedoch ausdrücklich betont werden, daß die allgemeine Situation des Zementgeschäfts sich nicht in absolut einheitlicher Weise im Geschäftsgang der einzelnen Unternehmungen widerspiegelt. Es gibt unter diesen einige, die es durch kluge Dividendenpolitik, reichliche offene Rücklagen und Schaffung stiller Reserven verstanden haben, eine gewisse Stabilität herzustellen und sich bis zu einem gewissen Grade von der Konjunktur und den oben dargelegten besonderen Umständen, die bei der Zementindustrie auftreten, unabhängig zu machen. Die Aktien dieser Unternehmungen können unter Umständen bei vielfach sehr angemessener Verzinsung eine, wenn auch nicht von jedem Risiko freie, so doch noch als solide zu bezeichnende Anlage darstellen. Beim Erwerb von Zementaktien soll man jedoch nicht vergessen, daß Gesellschaften solcher Art doch die Ausnahme bilden; daß die meisten Unternehmungen unter der mangelnden Einheitlichkeit des Marktes und der stets drohenden Konkurrenz leiden, so daß die Erträgnisse, wenn solche überhaupt zur Ausschüttung an die Aktionäre gebracht werden können, einen unsicheren und schwankenden Charakter tragen — ein Umstand, der denn auch dazu beigetragen hat, die Spekulation mehr als die eigentliche Kapitalanlage auf dieses Gebiet zu locken.

Zweiundzwanzigster Abschnitt.

Terrainaktien.

Die „Terrainaktie" nimmt unter den verschiedenen Aktienbeteiligungen in mehr als einer Hinsicht eine Sonderstellung ein. Das erklärt sich schon daraus, daß andere Aktiengesellschaften im allgemeinen eine unbegrenzte Lebensdauer haben. Terraingesellschaften sind hingegen eigentlich nur Gelegenheitsgesellschaften.

Sie werden gegründet, wenn sich angeblich[1]) oder tatsächlich die Aussicht bietet, irgendwelche Grundstücke — meistens unbebaute — günstig zu verwerten. Diese werden, sobald das erforderliche Kapital zusammengebracht ist, angekauft und in die zu gründende Gesellschaft eingebracht, um nach und nach zu gelegener Zeit wieder abgestoßen zu werden. Ist das letzte Terrain verkauft, dann hat die Gesellschaft ihre Daseinsberechtigung verloren. Mit jedem Verkauf eines Grundstücks nähert sie sich aber diesem Ziel, und so kommt es, daß die Terraingesellschaften eigentlich ständig im Absterben begriffen sind, wenn dieses sich auch sehr lange hinziehen mag. Infolge dieser Eigenart der Terraingesellschaften gelangen bei ihnen gewöhnlich die Jahresgewinne nicht in Gestalt von Dividenden zur Auszahlung, vielmehr werden die Erträgnisse in den meisten Fällen aufgespeichert, bis daß der größte Teil der Aktiven, also in erster Reihe des Grundbesitzes, realisiert ist. Dann tritt die Gesellschaft in Liquidation und macht Rückzahlungen auf das Aktienkapital. Die Chance des Aktionärs der Terraingesellschaft besteht also darin, daß die Summe der Liquidationsraten, die er empfängt, unter Berücksichtigung der entgangenen Zinsen und Zinseszinsen größer ist, als der von ihm ursprünglich eingezahlte Betrag. Die Rückzahlungen auf das Aktienkapital könnten an sich auch erfolgen, ohne daß die Gesellschaft in Liquidation tritt; nur darf nach den Bestimmungen des Handelsgesetzbuches der Nennbetrag der Aktie nicht unter 1000 Mk. sinken.[2]) Da nun die Aktien, besonders der älteren Aktiengesellschaften, von vornherein keinen höheren Nennbetrag als 1000 Mk. hatten, so mußten die Gesellschaften, sobald Rückzahlungen erfolgen sollten, in Liquidation treten. Das hat indes einen Nachteil besonderer Art: „das Sperrjahr". Nach Eintragung des Liquidationsbeschlusses sind nämlich die Gläubiger dreimal zur Anmeldung ihrer Ansprüche öffentlich aufzufordern, und dann muß noch ein volles Jahr abgewartet werden, ehe das Gesellschaftsvermögen an die Aktionäre ver-

[1]) In manchen Fällen wird die Terraingesellschaft nur gegründet, um dem Eigentümer der Terrains, die in die Aktiengesellschaft eingebracht werden, eine schnelle Mobilisierung der investierten Kapitalien zu ermöglichen.

[2]) § 180 Absatz 1: „Die Aktien müssen auf einen Betrag von mindestens eintausend Mark gestellt werden."

teilt werden kann. (§ 301 des HGB.). Infolgedessen wird in neuerer Zeit das Nominalkapital der Terrainaktien häufig auf 2000 Mk. normiert. Die Gesellschaften halten sich dann, unter Hinweis auf § 227 HGB. für berechtigt[1]), Rückzahlungen ohne Innehaltung eines Sperrjahres vorzunehmen und treten erst dann in Liquidation, wenn die Hälfte des Nominalbetrages jeder Aktie zurückgezahlt ist.

Da die Terrainaktie im allgemeinen kein Jahresertrāgnis liefert und das Endresultat, das sich nach der völligen Verwertung der Aktien ergibt, zumeist in undurchdringliches Dunkel gehüllt ist, so kann dem kleinen Kapitalisten die Beteiligung an einer Terraingesellschaft, es sei denn, daß ganz besondere Gründe eine gegenteilige Auffassung rechtfertigen, nicht anempfohlen werden. Denn es ist gewiß nicht jedermanns Sache, jahrelang eine Rente zu entbehren, um schließlich, wie das häufig in der Praxis der Fall ist, statt des erwarteten Goldregens ein klägliches Liquidationsresultat zu erhalten. Es kommen aber noch andere Gründe hinzu, die nicht nur dem „kleinen", sondern überhaupt jedem Kapitalisten die Beteiligung an einer Terraingesellschaft verleiden können. Mehr als bei anderen Aktiengesellschaften findet man bei den Gründern und Machthabern das Bestreben, sich auf Kosten der Aktionäre zu bereichern. Bei der Gründung werden häufig schon so erhebliche Zwischengewinne zu erzielen versucht, daß die Chancen der künftigen Aktionäre die denkbar ungünstigsten werden. Weiter hat man aber auch die Beobachtung machen können, daß von den Machthabern eigenartige Mittel angewandt wurden, um ohne sonderliches Risiko die Gewalt über die Gesellschaft zu behaupten. Ein besonders krasser Fall dieser Art soll hier näher geschildert werden:

Die Neu-Westend-Akt.-Ges. für Grundstücksverwertung in Charlottenburg ist seinerzeit mit zwei Aktienkategorien ins Leben getreten, nämlich mit 8 Mill. Mk. Aktien Lit. A und 4 Mill. Mk. Aktien Lit. B. Die verschiedene recht-

---

[1]) Die Richtigkeit dieser Anschauung ist bestritten; § 227 HGB. läßt die Einziehung (Amortisation von Aktien) zu, wenn dies im Gesellschaftsvertrag angeordnet oder gestattet ist. Ob die Rückzahlung eines Teilbetrages auf eine Aktie gleichbedeutend mit Amortisation ist, muß als zweifelhaft angesehen werden.

liche Stellung der beiden Aktiengruppen ergibt sich aus den Bestimmungen der §§ 6, 30 und 32 der Gesellschafts-Statuten. Nach § 6 sind die Aktien Lit. A zum vollen Nennbetrag, also zum Betrage von 1000 Mk. pro Aktie, die Aktien Lit. B mit 25 % des Nennbetrages, also zum Betrage von 250 Mk. pro Aktie, einzuzahlen. Weitere Einzahlungen sind auf Beschluß des Aufsichtsrats zu leisten. Hierzu heißt es im § 30: „Aus den flüssigen Mitteln der Gesellschaft, die nach dem Ermessen des Aufsichtsrates nicht zum laufenden Geschäftsbetrieb erforderlich sind, sind den Inhabern der Aktien Lit. B bis zur Höhe der über 25 % betragenden Einzahlung zinslose, jederzeit kündbare Vorschüsse zu gewähren."

Der gewaltige Unterschied in den Rechten und Pflichten der beiden Aktienkategorien springt in die Augen[1]). Die B-Aktionäre von Neu-Westend haben Anspruch auf einen zinsfreien Vorschuß in Höhe der 25 % übersteigenden Einzahlung. Das heißt also, diese Gruppe von Aktionären braucht ihre Einzahlungen nur zu einem Viertel aus eigenen Mitteln zu leisten, den Rest kann sie aus den Taschen der A-Aktionäre bezahlen, denen sie dafür nicht einmal Zinsen zu vergüten braucht. Allerdings heißt es im § 30: „nach Ermessen des Aufsichtsrats." Man braucht nun nicht besonders hellseherisch veranlagt zu sein, um zu wissen, daß die Kreise, aus denen sich die B-Aktionäre zusammensetzen, identisch sind mit den Personen, die den Aufsichtsrat bilden resp. ihn nominieren. Die B-Aktien von Neu-Westend sind denn auch niemals in den Verkehr gelangt, überhaupt nicht an der Börse zugelassen. Nun hat aber die Gesellschaft Neu-Westend für die Aufschließung ihres Terrains sehr erhebliche Beträge investieren müssen. Infolgedessen hätte es wohl nahegelegen, die fehlende Einzahlung von 75 % auf die B-Aktien einzufordern, was 3 Mill. Mk. Bargeld eingebracht haben würde. Der Aufsichtsrat hat es jedoch für richtiger gehalten, die zum Geschäftsbetrieb notwendigen Mittel durch Bankkredit aufzubringen. Die Gesellschaft mußte also eine erhebliche Zinsenlast auf sich nehmen, nur weil der Aufsichtsrat (alias die B-Aktionäre) von seinem Recht, die fehlende Einzahlung einzufordern, keinen Gebrauch machte. Nun könnte man die Frage

[1]) Vgl. die Zeitschrift „Die Bank" vom November 1910.

aufwerfen, ob denn die B-Aktionäre nicht durch Generalversammlungsbeschluß gezwungen werden konnten, die fehlende Einzahlung zu leisten. Dem stand aber die Tatsache gegenüber, daß die B-Aktionäre geschlossen in der Generalversammlung auftreten konnten und — da die A-Aktien in alle Winde zersprengt waren — nicht zu befürchten brauchten, trotz des größeren Kapitals an A-Aktien niedergestimmt zu werden. Von besonderer Bedeutung war dabei, daß die Aktien Littera A und Littera B das gleiche Stimmrecht haben, obwohl die B-Aktionäre nur den vierten Teil der Aktieneinzahlung aus eigenen Mitteln zu leisten brauchen, die restlichen drei Viertel aber aus den Mitteln der Gesellschaft, d. h. in erster Reihe aus den Taschen der 8000 A-Aktionäre bestreiten können. Das Stimmrecht der B-Aktionäre ist also genau genommen viermal größer als das der A-Aktionäre; infolgedessen haben die B-Aktionäre, die mit den Gründern identisch sind, gegenüber dem zersplitterten Besitz der A-Aktionäre die absolute Majorität und halten das Schicksal der Neu-Westend-Gesellschaft dauernd in der Hand. Diese Verteilung von Rechten und Pflichten erscheint noch interessanter, wenn man den Modus untersucht, nach dem die erwarteten Gewinne zu verteilen sind. Nach § 32 des Gesellschaftsvertrages werden aus der Liquidationsmasse zunächst an die B-Aktionäre die Beträge zurückgezahlt, die etwa über den Betrag von 250 Mk. auf die Aktie eingezahlt sein sollten. Sind Vorschüsse gegeben, so sind sie auf die Rückzahlung zu verrechnen. Alsdann werden die Aktien Lit. A bis auf 250 Mk. pro Aktie zurückgezahlt. Darauf erfolgen die Rückzahlungen auf beide Aktiengattungen gleichmäßig, bis alle auf deren Nennwert geleisteten Zahlungen erstattet sind. Von dem verbleibenden Überschuß erhält der Aufsichtsrat 5 %. Der dann noch verfügbare Rest ist auf alle Aktien zu gleichen Anteilen auszuzahlen. Hiernach haben also die B-Aktionäre den ersten Anspruch auf die Liquidationsmasse. Erst wenn ihnen die Einzahlungen, die sie über 25 % hinaus geleistet haben (was sie auf Kosten der Gesellschaft zinsfrei bewerkstelligen können) zurückbezahlt worden sind, kommen die A-Aktionäre an die Reihe.

Ähnlich wie die Struktur der Neu-Westend-Aktiengesellschaft ist die einiger anderer Berliner Terraingesellschaften, so der Bodengesellschaft Berlin-Nord und der Tempelhoferfeld-Aktiengesellschaft. Bei dem letztgenannten Unternehmen ist einer Majorisierung der A-Aktionäre bis zu einem gewissen Grade dadurch vorgebeugt worden, daß sich die Eigentümer der Aktien Littera B (Deutsche Bank, Darmstädter Bank. Dresdner Bank) der Zulassungsstelle der Berliner Börse gegenüber verpflichtet haben, so lange für die Hälfte ihres Besitzes, nämlich für 5 Mill. Mk. auf die Ausübung des Stimmrechtes Verzicht zu leisten, bis diese 5 Mill. Mk. vollgezahlt und in den Verkehr gebracht sind.

Wie unerfreuliche Erfahrungen die Besitzer von Terrainaktien im Laufe der Zeit gemacht haben, ergibt sich am klarsten aus der nachstehenden Übersicht, in der die Verluste berechnet sind, die sich aus einem Vergleiche der Emissionskurse mit den Kursen vom April 1912 für eine Reihe von Terrainaktien ergeben:

Name der Terraingesellschaft	aufgelegt oder eingeführt am	zum Kurse %	5% Zinseszins ca.	Kurs am 25. 4. 1912 %	Verlust %
Allgem. Boden-Akt.-Ges.	9. 5. 1906	117½	35	100	52
Bauland Seestr., Nordpark ..	16. 4. 1904	112½	46	101	57
Bodengesf. Amtsg. Pankow ..	5. 6. 1905	125	48	70	103
Bodeng. Hochb. Schönh.-Allee	7. 6. 1906	130	41	75	96
Borsigwald. Terrain	15. 5. 1908	117	22	80½	59
Frankfurter Chaussee	4. 6. 1896	113½	130½	92	151
Großschiff. Berlin—Stettin ..	6. 2. 1906	135	42	90.60	87
Heilmann Immobilien	12. 9. 1905	172½	55	113.75	114
Lichtenberger Terrain........	10. 5. 1909	83	12	55	40
Neu-Grunewald	13. 4. 1907	132	31	1710 p. St (25% Rückz.)	53
Neu-Westend in München ...	20. 1. 1906	92½		Sanierung	
Nieder-Schönhausen	11. 5. 1905	130	40	85	85
Neuer Botanischer Garten ...	21. 5. 1903	118	54	93	79
Teltower Kanalterrain	27. 7. 1905	105	37	43½	99
Rudow-Johannisthal	Aug. 1906	105	32	97	40
Teltower Boden	10. 1. 1906	112		Sanierung	
Wilmersdorf-Rheingau	5. 6. 1905	132	50	90	92
Berlin-Nordost	9. 6. 1896	122½	138	212	48
Neu-Westend-Berlin	2. 3. 1904	128	58	166	20

Der Vergleich der Emissions- resp. Einführungskurse der einzelnen Werte mit den Notierungen des Jahres 1912 ergibt danach unter Berücksichtigung der den Aktionären im Laufe der Jahre entgangenen Zinsen teilweise sehr erhebliche Verluste. Von den hier aufgeführten Gesellschaften hat keine einzige ihren Aktionären einen Gewinn bringen können, wenn auch der Emissions- oder Einführungskurs bei einigen wenigen (bei der Gesellschaft Berlin-Nordost und bei Neu-Westend) zur Zeit der Aufmachung der vorstehenden Berechnung überschritten war. Bei zwei Gesellschaften, bei der Neu-Westend in München und der Teltower Bodengesellschaft sind Sanierungen notwendig geworden, so daß die Verluste der Aktionäre hier noch nicht endgültig feststehen, aber sehr groß sind. Im Herbst 1910 bereits betrugen diese Verluste bei der Münchener Gesellschaft 70 % und bei der Teltower (die seit 1906 existiert) 115 %. Einen noch darüber hinausgehenden Verlust haben die Aktionäre der Akt.-Ges. Frankfurter Chaussee erlitten; er beträgt nicht weniger als 151 %, verteilt sich allerdings auf die Zeit von 16 Jahren, so daß jährlich etwa 10 % verloren gingen. Größer sind, per Jahr berechnet, die Verluste bei der Bodenaktiengesellschaft am Amtsgericht Pankow, wo sie ca. 15 % jährlich betragen, und bei der Heilmannschen Immobiliengesellschaft in München. Recht beträchtlich sind auch die Verluste der Aktionäre der Teltower Kanal-Terraingesellschaft (99 % seit 1905).

Nun enthält zwar die obige Liste nicht alle an der Berliner Börse eingeführten Terrainaktien, doch läßt die Tabelle die Allgemeintendenz deutlich erkennen, und das Bild würde nicht freundlicher, wenn man noch diese oder jene Aktie dazu nähme. So ergibt sich für die Aktionäre der Bodenaktiengesellschaft Berlin-Nord ein bloßer Kursverlust von 58 %. Sehr große Verluste haben durch wiederholte Zusammenlegung der Aktien die Aktionäre des Groß-Lichterfelder Bauvereins erlitten. Die Aktien der Handelsgesellschaft für Grundbesitz, die im Jahre 1903 zu 160 % eingeführt wurden, haben sich relativ günstig gehalten. Die Dividenden, die die Gesellschaft gezahlt hat, waren allerdings im Verhältnis zum jeweiligen Kursstand nicht besonders hoch, so daß sich auch bei diesen Werten im Ergebnis kaum ein Gewinn für die Aktionäre herausstellen dürfte. Eine interessante

Entwicklung hat die 1884 errichtete Terraingesellschaft Groß-Lichterfelde durchgemacht; die Aktien standen, nachdem sie in 1886 zu 120 % eingeführt worden waren, in den Jahren 1906 bis 1909 durchschnittlich auf über 400 %; es wurden bei einem Kapital von nur 1 Mill. Mk. bis zu 35 % Dividende gezahlt. Nunmehr hat aber auch hier der Zug der Zeit sich geltend gemacht, und der Kurs ist erheblich zurückgegangen.

Die Gründe zu den Erscheinungen, die sich auf dem Markte der Terrainaktien zeigen, sind einheitlich, ebenso wie diese Erscheinungen selber. Nicht so sehr die Erschwerung des Geschäftes durch die in der letzten Zeit allerdings andauernd erhöhte Belastung des Grundbesitzes und Grundstücksumsatzes, als vielmehr die Umstände, die bereits bei der Gründung vieler Terraingesellschaften vorlagen, müssen als Erklärung für die schlechten Erfahrungen der Besitzer von Terrainaktien dienen. Die Gründer derartiger Gesellschaften und die Emittenten der Aktien haben, wie schon oben hervorgehoben, vielfach zu reichlich verdienen wollen, und haben in allzu optimistischer Weise Aussichten „eskomptiert", die sich nachher nicht oder nicht in dem erwarteten Umfang erfüllten. Dazu kommt, daß die Verwaltung und der Betrieb der Terraingesellschaften meist sehr hohe Spesen verursachen, den Leitern auch manchmal an besonders schneller Geschäftsabwicklung nicht übermäßig viel gelegen ist, weil sie sich möglichst lange hoher Gehälter erfreuen möchten. Weiter mußte die vielfach mangelhafte Qualität des Bauunternehmertums auf die Geschäftsgestaltung bei den Terraingesellschaften von ungünstigem Einfluß auf das Geschäft sein.

Wenn nun auch für den Immobilienmarkt auf eine über kurz oder lang eintretende Besserung der Lage gehofft werden darf, so hat sich immerhin an der Kursentwicklung der Terrainaktien gezeigt, daß die Beteiligung an Terraingesellschaften nicht gleichbedeutend ist mit dem Besitz von Grund und Boden selber, der in krisenhaften Zeiten einen gewissen Eigenwert behält, während die Aktien den Einflüssen der schlechten Konjunktur in weit stärkerem Maße unterliegen.

Dreiundzwanzigster Abschnitt.

Versicherungsaktien.

Unter den Versicherungsaktien begegnen wir den ältesten Repräsentanten der Kurszettel unserer heimischen Effektenbörsen. Führen doch einige Versicherungsunternehmungen ihre Begründung als Aktiengesellschaft bereits auf das zweite Jahrzehnt des vorigen Jahrhunderts zurück, so zum Beispiel die Berlinische Feuerversicherungsgesellschaft, die 1812 ins Leben trat. Gerade mit dem Alter solcher Gesellschaften hängt es nun aber auch zu einem großen Teil zusammen, daß ihre Aktien an der Börse nur eine untergeordnete Rolle spielen; viele Monate vergehen oft, bis in der einen oder anderen Versicherungsaktie wieder einmal ein Börsenumsatz von wenigen Stücken erfolgt. Die Aktien haben eben im Laufe der Jahrzehnte Unterkunft im Publikum gefunden, und da das Aktienkapital nur selten vermehrt wurde, so kann von sogenanntem schwimmenden Material heute nur noch in Einzelfällen die Rede sein. Wer derzeit Versicherungsaktien besitzt, ist denn auch nur selten durch einen börsenmäßigen Ankauf zu solchen Effekten gelangt, in der Regel sind ihm die Aktien durch Erbschaft in Familien überkommen, die sich schon geraume Zeit hindurch in gut fundierten Verhältnissen befanden. In guten Verhältnissen, — denn die Aktien waren schon bei der Begründung der Gesellschaften auf Summen gestellt, die größer waren als die Nominalbeträge der heute gangbaren Bank- und Industrieaktien. Die überwiegende Mehrzahl der zurzeit an der Berliner Börse eingeführten Versicherungsaktien lautet auf eine Nominalsumme von 3000 Mk., und das war ein Betrag, der in den Jahren der Entstehung der Gesellschaften verhältnismäßig weit mehr repräsentierte als heutzutage.

Allerdings sind die Aktien in der Regel nicht voll eingezahlt, weil das Aktienkapital einer Versicherungsgesellschaft weniger als Betriebs- denn als Garantiekapital anzusehen ist. Eine Einzahlung von 20 bis 25 % ist das Übliche. Höhere Einzahlungen oder sogar Vollzahlungen finden sich nur in sehr seltenen Fällen. So sind zum Beispiel die Aktien der „Viktoria zu Berlin Allgemeine Versicherungs-Akt.-Ges." mit 70 % und die Aktien der „Leipziger Feuerversicherungsgesellschaft" sogar voll eingezahlt. In der Natur der Sache würde es nun liegen, daß die im allgemeinen geringen Einzahlungen die Umsätze in den Versicherungsaktien erleichtern sollten. Dem ist aber nicht so. Denn für die seitens der Aktionäre noch ausstehenden Zahlungen bestehen sehr strenge Bestimmungen, auf deren Innehaltung seitens der Verwaltungen der Gesellschaften peinlich geachtet wird, zumal da jeder Ausfall, der durch die Zahlungsunfähigkeit eines Aktionärs entstehen sollte, die Allgemeinheit der Aktionäre, also die Gesellschaft unmittelbar trifft. Bis vor kurzem mußte, wer eine Versicherungsaktie erwarb, seiner Gesellschaft über die noch ausstehenden Restzahlungen Solawechsel, und zwar in der Regel mehrere, ausstellen. Ein erster dieser Wechsel, der auf eine kleinere Einzahlung lautete, war sofort bei Sicht fällig, während ein zweiter Wechsel, gewöhnlich auf die größere Restzahlung lautend, erst einige Wochen nach Sicht fällig wurde. Als dann die Novelle zum Wechselsteuergesetz für solche oft Jahrzehnte im Portefeuille der Gesellschaft liegenden Akzepte erhöhte Stempelgebühren vorsah, gaben zwar die Versicherungsgesellschaften diese Wechsel ihren Aktionären zurück und ließen als Ersatz in der Regel die handelsrechtlichen Bestimmungen über die Einzahlungspflicht der Aktionäre treten. Doch wird auch nach wie vor seitens der Verwaltungen darauf geachtet, daß der Neuerwerber einer Versicherungsaktie kreditwürdig ist. Bevor ihn die Gesellschaft anerkennt, unterzieht die Verwaltung seine Kreditverhältnisse einer Prüfung, nach deren Ergebnis sie dann entweder zustimmt, oder, ohne besondere Gründe namhaft zu machen, den Neuerwerber einer Aktie zurückweist. Aber auch noch andere Statutenbestimmungen gelten der Sicherung ausstehender Zahlungen. So finden wir zum Beispiel bei verschiedenen Gesellschaften die Bestimmung, daß kein Aktionär über eine gewisse Anzahl Aktien hinaus — etwa 50, 25, ja mitunter nur 15 Stück — besitzen darf, und als weitere Vorschrift, daß das Stimmrecht, das gesetzlich an den Besitz einer Aktie geknüpft ist, nicht gleichen Schritt hält mit dem mehrfachen Besitz von Aktien. So hat zum Beispiel bei der Kölnischen Feuerversicherungsgesellschaft Colonia der Besitzer von vier Aktien nicht mehr Stimmrecht als der Besitzer einer Aktie und der höchst zugelassene Besitzer, der von 25 Aktien, nur das Stimmrecht auf fünf Aktien. Besondere, der Sicherung der außenstehenden Zahlungen dienende Statutenvorschriften finden sich sodann auch bei verschiedenen Gesellschaften für den Fall, daß der Aktionär ins Ausland verzieht. Auch da lassen sich die Gesellschaften mitunter die Wahl, ob sie den bisherigen Besitzer der Aktien weiterhin als solchen anerkennen wollen oder nicht. So muß zum Beispiel bei der Berlinischen Lebensversicherung der Aktionär, der ins Ausland verzieht, innerhalb zwei Monaten nach erfolgter Aufforderung der Gesellschaft einen neuen Besitzer vorschlagen, der dann die Rechte und Pflichten seines Vorgängers zu übernehmen hat. In anderen Fällen, so bei der Allgemeinen Versicherungs-Akt.-Ges. Fortuna in Berlin und bei der Lebensversicherungs-Akt.-Ges. Germania zu Stettin, bedarf auch die Verpfändung der Aktien der Genehmigung der Gesellschaft respektive der des Aufsichtsrates. Bei der Gladbacher Feuerversicherungsgesellschaft haben die Erben eines verstorbenen Aktionärs eventuell den auf den Nennwert der Aktie noch nicht eingezahlten Betrag in mündelsicheren Wertpapieren bei der Gesellschaft zu hinterlegen. Auch ist bei dieser Gesellschaft der Vorstand verpflichtet, die Kreditverhältnisse der Aktionäre alle Vierteljahre von neuem einer Prüfung zu unterziehen.

Das Einfordern ausstehender Einzahlungen, das Präsentieren der Wechsel, ist in der Praxis nicht gerade häufig gewesen. Viele Gesellschaften haben sich einer konservativen Verwaltung zu erfreuen gehabt, die auf möglichste Ansammlung von Rücklagen hinarbeitete, aus denen dann übergroße Verluste, die das eine oder andere Jahr brachte, bestritten werden konnten, ohne daß die Aktionäre in Anspruch genommen zu werden brauchten. Aber man hat doch auch Fälle gekannt, in denen der Besitzer von Versicherungsaktien in die Zwangslage gesetzt wurde, eine weitere Einzahlung zu leisten. Beispiele der jüngsten Zeit sind hier die Einzahlungen, die verschiedene Hagelversicherungsgesellschaften nach einer größeren Zahl schwerer Schädenkampagnen im Jahre 1908 einberiefen, so unter anderem die Kölnische und die Magdeburger Hagelversicherungsgesellschaft. Wer in solchen Tagen die Nachforderungen, die verlangt wurden, aus irgendwelchem Grunde nicht leisten konnte und sich von seinem Papier trennen wollte, für den zog das dann, da das Börsengeschäft in Versicherungsaktien eben wenig kulant ist, die unangenehmsten Folgen nach sich. So sank zum Beispiel im Jahre 1908 der Kurs der Aktien der Kölnischen Hagelversicherungsgesellschaft bis auf 20 Mk. pro Stück, der Kurs der Aktien der Magdeburger Hagelversicherungsgesellschaft, die noch wenige Jahre zuvor mit über 700 Mk. bewertet wurden, sogar bis auf 10 Mk., so daß danach bemessen die ganze Magdeburger Hagelversicherungsgesellschaft in 1908 zeitweise nur einen Kurswert von 40 000 Mk. repräsentierte.

Die Aktien der Versicherungsgesellschaften werden an der Börse in Mark pro Stück notiert, die Dividende dagegen in den Kurszetteln zumeist in Prozenten angegeben. Dabei versteht sich denn dieser Prozentsatz — was wohl zu beachten ist — nicht etwa vom Nominalbetrag der Versicherungsaktien, sondern nur von der jeweiligen Einzahlung. Wenn also beispielsweise die Aachen-Münchener Feuerversicherungsgesellschaft für 1910 eine Dividende von 100 % erklärt hatte, so beziehen sich diese 100 % nicht auf den Nennwert der Stücke, der 3000 Mk. beträgt, sondern nur auf die Einzahlung von 20 %, also nur auf einen Betrag von 600 Mk., so daß der Aktionär bei 100 % Dividende 600 Mk. erhalten hatte.

Die Dividenden, die die Versicherungsgesellschaften zahlen, zeigen eine große Verschiedenheit. Einmal hängt die Höhe der Dividende in sehr starkem Maße von der Art der Betriebe ab; als schärfste Kontraste stehen sich hier zwei Gattungen von Versicherungsgesellschaften gegenüber: die zuerst in die Form einer Aktiengesellschaft eingekleideten Feuerversicherungsgesellschaften und die erst Jahrzehnte später im Aktienwesen erscheinenden Hagelversicherungsgesellschaften. Unter den ersteren finden sich Dividendenzahler, deren Renten auf das eingezahlte Kapital das Normale ganz außerordentlich übersteigen, so beispielsweise die Kölnische Feuerversicherungsgesellschaft Colonia, die schon seit den siebziger Jahren niemals weniger als 50 % Dividende gezahlt hatte und es in den letzten Jahren zu Dividenden von 70 % und mehr brachte. Dagegen haben die Hagelversicherungsgesellschaften, und ganz besonders im letzten Jahrzehnt, eine sehr stattliche Anzahl dividendenloser Jahre gesehen, wie das unter anderem die nachstehende Tabelle deutlich erkennen läßt, in der die Dividenden gegenübergestellt sind, die die Repräsentanten von vier verschiedenen Gruppen von Versicherungsgesellschaften in den sechs Jahren 1905—1910 zur Auszahlung gebracht hatten.

	1910	1909	1908	1907	1906	1905
Aachen-Münchener-Feuer.	100	100	83⅓	75	50	50
Berlinische Feuer-Vers..	32	28⅔	26⅔	20	0	38⅓
Colonia Feuer-Vers. ...	77½	77½	71⅔	71⅔	71⅔	71⅔
Elberfeld. Vaterl. Feuer.	58⅓	55	55	55	55	55
Leipziger Feuer-Vers...	20	17½	17½	27½	27½	27½
Magdeburger Feuer-Vers.	50	50	45⅚	45⅚	43⅓	41⅔
Berliner Hagel-Assekuranz	20	45	0	0	6	0
Kölnische Hagel-Vers. ..	0	0	0	0	0	0
Magdeburger Hagel-Vers.	0	0	0	0	0	0
Union Allgemeine Hagel.	15	35	10	16⅔	25	10
Concordia Lebensvers...	9	8½	8	7	10	10
Germania Lebensvers...	22	20	18	16½	15	15
Magdeburger Lebensvers.	20	19	18⅓	17⅓	16⅔	14⅔
Preuß. Lebensvers.	20	20	20	20	20	18
Viktoria	62½	60	57½	55	52½	50
Deutsche Transportvers.	13⅓	13⅓	16⅔	16⅔	16⅔	16⅔
Düsseldorfer Allg. Transp.	0	0	0	0	0	0
Transatl. Güterverf. ...	26⅔	25	25	25	25	20

Die vorstehende Tabelle bietet aber auch nach anderen Richtungen hin zu Betrachtungen Anlaß. Sie zeigt, daß auch bei den Feuerversicherungsgesellschaften die Dividenden nur wenig konstant sind, und bei einigen Gesellschaften finden sich Schwankungen in den Jahresergebnissen, wie sie in der Regel nur Industrieaktien zu eigen sind. So zahlte die Aachen-Münchener Feuerversicherungsgesellschaft für 1905 und 1906 je 50 % Dividende, wenige Jahre später dagegen je 100 %. Und daß auch der Besitzer von Aktien von Feuerversicherungsgesellschaften niemals vor Überraschungen sicher sein kann, das zeigte sich beispielsweise bei der Berlinischen Feuerversicherungsgesellschaft, die für das Jahr 1906 gänzlich dividendenlos blieb, nachdem sie für 1905 38 1/3 % Dividende gezahlt hatte. Solche Schwankungen bei ein und derselben Gesellschaft finden sich natürlich am häufigsten, wenn das Unternehmen bei einzelnen Objekten stark in Mitleidenschaft gezogen wurde, wie beispielsweise die Berlinische Feuerversicherungsgesellschaft durch den Brand von San Francisco, der diesem Unternehmen einen Schaden von über 3 Mill. Mk. zufügte. Aber auch die großen Wirtschaftskonjunkturen pflegen an den Ergebnissen der Feuerversicherungsgesellschaften erfahrungsgemäß nicht spurlos vorüberzugehen. Daß auf der anderen Seite die Höhe der Dividende zwischen den einzelnen Gesellschaften der gleichen Branche große Verschiedenheiten aufweist — den 100 % Dividende der Aachen-Münchener Feuerversicherungsgesellschaft stehen bei der Leipziger Feuerversicherungsgesellschaft nur 20 % gegenüber — ist in erster Linie auf den jeweiligen Status der Kapitalsreserven, der Prämienübertragung und der Schadenreserve zurückzuführen. Bei der Aachen-Münchener Feuerversicherungsgesellschaft steht beispielsweise in der Bilanz für 1910 einer Einzahlung von 1,8 Mill. Mk. ein vier- bis fünffacher Betrag, nämlich allein 8,2 Mill. Mk. an Kapital- und Spezialreserven gegenüber, während Prämienüberträge mit 13,5 Mill. Mk. eine noch weit größere Summe repräsentieren. Demgegenüber blieben bei der Leipziger Feuerversicherungsgesellschaft die Kapital- und Spezialreserve mit 4,8 Mill. Mk., aber auch die Prämienübertragung und Schadenreserve mit ca. 5,2 Mill. Mk. hinter dem allerdings voll eingezahlten Aktienkapital von 6 Mill. Mk. zurück. Je größer sich aber insbesondere die Reserven im Verhältnis zum eingezahlten Kapital ausnehmen, um so höher fällt prozentual genommen die Dividende aus, um so mehr verringert sich auch für den Aktionär die Gefahr, eventuelle Nachzahlungen leisten zu müssen. Als ganz beseitigt kann aber diese Gefahr nie gelten.

Die Hagelversicherungsgesellschaften, selbst solche hohen Alters, haben Reserven wie die Feuerversicherungsgesellschaften trotz mancher guten Anläufe, die sie hierzu genommen — so namentlich Ende der siebziger und Mitte der neunziger Jahre des vorigen Jahrhunderts —

nicht ansammeln können. Der Hauptgrund liegt darin, daß der Gedanke, sich gegen Hagelschaden zu versichern, beim Landwirt nicht allgemein durchdringt, daß aber gerade in solchen Distrikten die Landleute vielfach gegen Hagel versichert sind, die, wie namentlich Süddeutschland, besonders starken Hagelschäden ausgesetzt sind. So hat die Kölnische Hagelversicherungsgesellschaft — auf Grund sehr trüber Erfahrungen — das Geschäft in Bayern, Baden, Württemberg usw. im Laufe der Zeit gänzlich aufgegeben. Ebenso hat sich die Magdeburger Hagelversicherungsgesellschaft nach schweren Schäden, die sie im südlichen Bayern aus dem Gewinn des Jahres 1903 zu begleichen hatte, seitdem aus dieser Gegend vollständig zurückgezogen.

Verhältnismäßig konstant pflegen die Ergebnisse der Lebensversicherungsgesellschaften zu sein, dagegen haben sich bei dem ältesten Zweige des Versicherungswesens überhaupt, dem schon in frühesten Zeiten der Weltwirtschaft bekannten Versicherungswesen gegen Transportschäden, mitunter die größten Kontraste gezeigt. Den in der vorstehenden Tabelle angeführten Aktien der Düsseldorfer Allgemeinen Versicherungsgesellschaft für See-, Fluß- und Landtransport, die schon seit dem Jahre 1896 dividendenlos geblieben sind, ist heute kaum noch anzumerken, daß das Unternehmen kurz zuvor sechs Jahre lang je 85 % und in einem Jahr sogar 100 % Dividende (!) gezahlt hatte.

Fast alle Zweige des Versicherungsfaches, ausgenommen die Transportversicherung und die Rückversicherung, unterstehen einer sehr strengen Beaufsichtigung durch das Kaiserliche Aufsichtsamt für Privatversicherung. Dem Aufsichtsamt sind ganz bestimmte Nachweise über die Geschäftstätigkeit der einzelnen Versicherungsgesellschaften einzureichen. Und diese Nachweise sind weitgehender als der Inhalt der Geschäftsberichte, die den Aktionären vorgelegt werden. Erwünscht wäre es, wenn die Aktionäre und die Öffentlichkeit ebenso eingehend unterrichtet würden wie die Aufsichtsbehörde. Immerhin ist es für die Aktionäre eine Beruhigung, zu wissen, daß das Aufsichtsamt eine scharfe Kontrolltätigkeit ausübt.

Einen sehr wesentlichen Faktor unter den Aktiven der Bilanz einer Versicherungsgesellschaft bilden die Hypothekenbestände. Ganz besonders gilt das für die Lebensversicherungsgesellschaften, die die Bestände der Prämienreservefonds[1]) zum weitaus größten Teil in Hypotheken anlegen. Die vom Gesetzgeber resp. der Aufsichtsbehörde erlassenen Bestimmungen betreffend die Anlage von Geldern der Versicherungsgesellschaften entsprechen im wesentlichen den Bestimmungen wie sie für die Hypothekenbanken erlassen sind: „Die Beleihungen sollen der Regel nach nur zur ersten Stelle erfolgen und die ersten drei Fünfteile des Grundstückes nicht überschreiten. Beleihungen von Bauplätzen und solche Neubauten, die noch nicht fertiggestellt und ertragsfähig sind, sowie von Grundstücken, die einen dauernden Ertrag nicht gewähren, insbesondere von Gruben, Brüchen und Bergwerken, sind ausgeschlossen." — Während aber das Hypothekenbankgesetz vorschreibt, daß die Geschäftsberichte der Hypothekenbanken verschiedene Einzelheiten hinsichtlich der Zusammensetzung des Hypothekenbestandes usw. enthalten müssen, die kennen zu lernen für die Aktionäre wichtig sind, bestehen für die Versicherungsgesellschaften solche Vorschriften nicht, und dies, obwohl das Hypothekengeschäft mancher Versicherungsgesellschaften umfangreicher ist, als das der Hypothekenbanken. Die Viktoria-Versicherungs-Gesellschaft in Berlin hat Jahre gehabt, in denen sie für 50 Mill. Mk. Hypotheken erwarb.

Ziehen wir das Fazit aus dem Gesagten, so wird man Versicherungsaktien, wenngleich ein Teil von ihnen den Eigentümern gute Erträgnisse gebracht hat, dem kleinen Kapitalisten nicht gerade als Anlagepapier empfehlen können. Wer solche Werte besitzt, muß zum mindesten in der Lage sein, mit der Rente, die ihm die Aktien abwerfen, nicht als mit einer benötigten sicheren Einnahmequelle zu rechnen. Hinzu kommt, daß mit den großen Dividendenschwankungen auch ebenso große Kursschwankungen der Aktien Hand in

[1]) Rücklagen, die die Versicherungsgesellschaften einem Fonds zuweisen, um mit Hilfe dieser durch Zinses-Zinsen anwachsenden Fonds und der noch zu erwartenden Prämien die künftigen Verpflichtungen bestreiten zu können. Außer den Prämienreserven erscheinen in den Bilanzen der Versicherungsgesellschaften die sogenannten Prämienüberträge; es handelt sich dabei um noch nicht verdiente Teile gezahlter Jahresprämien, um Beträge, die zwar im Rechnungsjahr eingenommen, aber erst dem Nutzen der kommenden Jahre zuzurechnen sind.

Hand gehen, die dazu führen, daß der jeweilige Börsenkurs, zu dem der Erwerber eine Versicherungsaktie kauft, eine Rente läßt, die von dem Gesichtspunkt des Risikos aus, das der Aktionär zu tragen hat, keineswegs immer als verlockend bezeichnet werden kann.

Vierundzwanzigster Abschnitt.

Werte ohne Börsennotiz.

Der Kreis der unnotierten Werte ist sehr groß, und er umschließt eine recht bunt zusammengewürfelte und ziemlich ungleichartige Gesellschaft. Faßt man den Begriff im denkbar weitesten Sinne, und definiert man: ein unnotiertes Papier ist jede Aktie oder jedes sonstige Wertpapier, das an keiner Börse notiert wird, so steht an einem Punkte der Peripherie dieses Kreises etwa die Aktie der Fried. Krupp Aktien-Gesellschaft, das heißt eines unserer größten und bestfundiertesten Industrieunternehmungen, am gegenüberliegenden Punkte irgendein Nonvaleur, etwa die Genußscheine der Boese Akkumulatoren-Gesellschaft oder ein unbedeutender Bohranteil. Dem Einwurf, daß die Aktien der Fried. Krupp-Gesellschaft überhaupt nicht im Verkehr sind, sondern sich in dem hermetisch verschlossenen Portefeuille der Familie Krupp befinden, ist eine gewisse praktische Bedeutung nicht abzusprechen, aber er darf nicht als prinzipiell ausschlaggebend erachtet werden. Jedes Familienportefeuille oder jeder sonstige „Holding"-Verschluß kann sich öffnen, sei es mit, sei es ohne Absicht der maßgebenden Persönlichkeiten, und aus der jüngsten Vergangenheit ist noch der Fall in Erinnerung, daß 40 Stück der sonst ausschließlich im Besitze der Fürsten von Hohenlohe und Fürstenberg befindlichen Aktien der Handelsvereigung den Weg ins Freie gefunden hatten und in der Generalversammlung dieser fürstlichen Bank von Außenseitern gegen die herrschende Verwaltungsgruppe ausgespielt wurden. Solche Fälle mögen in der Praxis ziemlich selten sein, viel häufiger sind schon die anderen Fälle, in denen ein bisher in festen Händen gehaltener Aktienbesitz den Markt aufsucht, weil die bisherigen Inhaber sich finanziell entlasten und demzufolge ihre Wertpapiere zu Gelde machen wollen. Die Regel ist es allerdings in den meisten dieser Fälle, wenigstens dort, wo es sich um gutfundierte und größere Unternehmungen handelt, daß zum Zwecke der Plazierung der bisher unter Verschluß gehaltenen Aktien die Börsennotierung nachgesucht wird. Oft pflegt aber auch der Börseneinführung eine mehr oder weniger kurze Zwischenperiode des Handels am Markte der unnotierten Werte voranzugehen.

Wenn man der oben gegebenen weitesten Definition des Begriffs „unnotierte Werte" die engste Definition entgegenstellen will, so wird man unnotierte Werte als solche kennzeichnen können, die am Markte der unnotierten Werte — das heißt, entweder an der so bezeichneten Stelle des Börsengebäudes oder im brieflichen bzw. telephonischen Verkehr der sich mit solchen Geschäften befassenden Bankiers — umgesetzt werden. Mit dieser Definition würde man aber keineswegs einen auch nur halbwegs geschlossenen Kreis bestimmter Papiere umgrenzen können. Denn das Geschäft am Markte der unnotierten Werte ist durchaus unregelmäßiger Natur, sozusagen ein Gelegenheitsgeschäft. Wir können es erleben, daß in einer Woche oder auch nur an einigen Tagen sich ein schwunghaftes Geschäft in irgendeinem unnotierten Papier entwickelt, während dann monatelang weder Angebot noch Nachfrage dafür auftritt. Meist bieten ganz besondere Anlässe die Vorbedingung für das Interesse und das Geschäft in einem nicht marktgängigen Papier, sei es ein größerer Besitzwechsel, der sich aus Gründen, die in der Person des Besitzers liegen, vollzieht, sei es irgendeine schroffe Wertveränderung bei dem Unternehmen selbst, die oft ganz natürlich nach einem sichtbaren kursmäßigen Ausgleich drängt und auch den spekulativen Nerv bei den Kreisen, die sich mit dem Geschäft in unnotierten Werten gewohnheitsmäßig befassen, anreizt. Abgesehen von diesen charakteristischen Gelegenheitsgeschäften sind es aber ganz besondere Zwischenstadien, in denen sich für ein Papier das Interesse des Marktes der unnotierten Werte regt. Wie schon oben angedeutet wurde, haben wir besonders solche Fälle im Auge, in denen die Börseneinführung irgendeines Papieres in Aussicht genommen oder angestrebt wird. Von Aktien, die vor ihrer Börseneinführung in

Berlin am Markte der unnotierten Werte eine ziemlich große Rolle gespielt haben, nennen wir die der Daimler-Motorenwerke, der Brauerei Engelhardt, der Habermann u. Guckes Akt.-Ges., der Horch u. Co.-Ges., des Baroper Walzwerks, der Lindes Eismaschinen-Ges., der Bildgießerei Gladenbeck, der Deutschen Schachtbau Akt.-Ges. und der Enzinger Filterfabrik. Eine andere Kategorie der unnotierten Aktien ist die solcher Werte, die früher einmal offiziell an der Börse notiert wurden, aber wegen irgendwelcher Ereignisse, meistens Sanierungen, die Börsenfähigkeit verloren haben. Diese Kategorie umfaßt gewöhnlich keine besonders erstklassigen Papiere, sondern sie repräsentiert im großen und ganzen die Werte, die man als „Schmerzenskinder" des Aktienmarktes bezeichnen kann. Das wird sogleich ersichtlich, wenn man Namen hört, wie Hüstener Gewerkschaft, Elberfelder Papierfabrik Vorzugsaktien, Helios Elektrizitätswerke Vorzugsaktien, Neue Photographische Ges. Vorzugsaktien usw. Eine dritte Kategorie von unnotierten Werten bilden die zur Börsennotierung aus irgendeinem Grunde nicht beantragten oder nicht zugelassenen Nebenpapiere von notierten Aktien, also junge Aktien (junge Aktien der Berliner Terrain- und Baugesellschaft), Genußscheine (Boese Akkumulatoren-, Rhein. Metall Genußscheine) sowie Vorzugsaktien.

Aus den vorstehenden Ausführungen läßt sich bereits ersehen, wie große Nachteile und wie geringe Vorteile der Erwerb unnotierter Werte für die Zwecke einer ernsten Kapitalanlage bietet. Von vornherein müssen natürlich alle die Werte ausscheiden, die nur deswegen „unnotiert" sind, weil ihnen die Qualität für die Erreichung oder die Beibehaltung der Börsennotierung fehlt. Aber auch bei den übrigen Weretn ist größte Vorsicht und sorgfältige Prüfung geboten. Der unregelmäßige Charakter der Geschäfts, die geringe und ungleichmäßige Aufnahmefähigkeit des Marktes und die daraus resultierende Schwierigkeit, derartige Papiere ohne größeren Verlust wieder abzustoßen, lassen sie in der Regel für denjenigen Kapitalisten, der eine sichere und möglichst wenig riskante Anlage sucht, als ungeeignet erscheinen. Günstiger kann der Erwerb solcher unnotierten Werte, deren Börseneinführung bevorsteht, beurteilt werden. Aber auch hier sind die verschiedenen Unsicherheitsfaktoren, die auf dem Wege von dem Zulassungsantrag bis zur tatsächlichen Zulassung immerhin vorhanden sind, nicht außer acht zu lassen. Auch pflegt das Geschäft in derartigen Übergangswerten häufig einen ganz besonders spekulativen Charakter zu tragen. Schließlich muß noch darauf aufmerksam gemacht werden, daß die Technik des Geschäfts in unnotierten Werten dem Kapitalisten durchaus nicht dieselben Sicherheiten in bezug auf Kontrolle durch die Börsenbehörden und Kursfeststellung gibt, wie das offizielle Geschäft am Kassaindustrieaktienmarkte. Ganz besonders die sogenannten „Ausweichkurse" der Bankiers, die auf ihre „unverbindlichen" Privatkursnotierungen nicht festgenagelt werden können, sind dem Unerfahrenen hier oft gefährlich geworden.

Die Rentenfrage tritt neben diesen vorstehend aufgeführten meist „negativen" Momenten in den Hintergrund, oder sie sollte es wenigstens in den meisten Fällen tun. Die Verzinsung wird vielfach bei unnotierten Werten höher als bei marktgängigen Papieren, sie wird verschiedentlich sogar verlockend hoch sein. Dafür ist aber auch das Risiko des Rentenrückganges sowohl wie des Kursverlustes größer als bei guten Papieren des Kassaindustriemarktes. — Daß es auch solide Papiere gibt, die sich, trotzdem sie eine Börsennotiz nicht besitzen, dennoch zur Kapitalsanlage eignen können, soll nicht bestritten werden. Es gibt Gesellschaften, die gut fundiert und geleitet sind, eine stabile Rente bringen, und für deren Aktien eine Börsennotierung nicht beantragt wird, weil sie in festem Besitz bleiben sollen. Die Beteiligung an solchen Unternehmungen darf aber nicht vom Standpunkte des Effektenerwerbs, sondern sie muß vom Standpunkte der dauernden Beteiligung, wie sie bei jedem anderen gewerblichen Unternehmen (zum Beispiel einer G. m. b. H., einer Kommanditgesellschaft oder einer offenen Handelsgesellschaft) möglich ist, betrachtet werden. Ein eigener und genauer Einblick in die Verhältnisse des Unternehmens, eine gewisse persönliche Fühlung mit den Leitern der Gesellschaft und ein ausreichender Einfluß auf die Führung des Unternehmens sind hier erforderlich, um die unerläßlichen Vorbedingungen für eine derartige Kapitalanlage zu schaffen.

Über das Geschäft in Kuxen, das mit dem in unnotierten Werten viele Berührungspunkte aufweist, wird im nächsten Kapitel gesprochen werden.

Fünfundzwanzigster Abschnitt.

Kuxe, Bohranteile, Kaliaktien und Kali-Schuldverschreibungen.

Der Verkehr am sogenannten „Kuxenmarkte" hat — was die Technik des Geschäfts anlangt — eine große Ähnlichkeit mit dem Handel in unnotierten Werten. Zum erheblichen Teil sind übrigens auch Kuxe den unnotierten Werten zuzurechnen, denn in ihrer überwiegenden Mehrzahl werden sie an keiner Börse offiziell notiert, sondern es entwickelt sich in ihnen ein freier Verkehr, der sich zwar räumlich oft innerhalb der Börsensäle abspielt, aber der Kontrolle der Börsenbehörden und insbesondere auch den Normen des Börsengesetzes über Kursfeststellung usw. nicht unterliegt. Wohl aber sind die Personen, die am freien Kuxenverkehr innerhalb der Börsenräume teilnehmen, den Vorschriften der Börsenordnung, insbesondere auch der Börsenpolizei unterworfen. Das Unterscheidende zwischen dem offiziellen Börsengeschäft und dem freien Geschäft am Kuxenmarkte wie auch am Markte der unnotierten Werte ist im wesentlichen eben die Technik. Für den Verkehr am freien Kuxenmarkt sind in der Hauptsache folgende charakteristische Hauptmerkmale anzuführen: Eine amtliche Kursfixierung und eine amtliche Veröffentlichung der Kurse findet nicht statt, die Kurse, die genannt werden, stellen private Geld- oder Briefofferten dar, die naturgemäß während des Marktverkehrs oft starken Schwankungen unterliegen. Über an der Börse abgeschlossene Geschäfte dürfen auch von privater Seite keine Kurse veröffentlicht werden, sondern höchstens Geld- und Briefkurse, die aber meist außerhalb der Börse — und zwar regelmäßig unter Vorbehalt — abgegebene Offerten darstellen.

Wenn man den Begriff des freien „Kuxenmarktes" umgrenzen und abgrenzen will, so muß man zunächst feststellen, daß keineswegs lediglich Kuxe auf ihm umgesetzt werden. Vielmehr findet auch innerhalb dieses Marktes ein ausgedehnter Handel in Aktien, und zwar ausschließlich in Kaliaktien statt. Rein begrifflich wären diese Aktien den „unnotierten Werten" zuzuzählen, praktisch vollzieht sich aber das Geschäft in ihnen am Kuxenmarkte und auf Grund der Technik des Kuxenmarktes. Dasselbe gilt von den sogenannten Bohranteilen. — Ist somit das Geschäft am freien Kuxenmarkt keineswegs auf Kuxe beschränkt, so sind diese auf der anderen Seite nicht lediglich auf die Umsätze am freien Kuxenmarkte angewiesen. Sie können vielmehr auch börsenmäßig umgesetzt und notiert werden. Im größeren Umfange findet ein derartiger offiziell börsenmäßiger Verkehr allerdings nur an den sogenannten Kuxenbörsen in Essen und Düsseldorf statt, an denen von amtlichen Maklern für eine Anzahl von Kali-, Kohlen- und Erzkuxen offizielle Brief- und Geldnotierungen festgestellt werden. Aber nicht nur an diesen Spezialbörsen, sondern auch an den gewöhnlichen Effektenbörsen stehen einer offiziellen Notierung von Kuxen keine prizipiellen Hindernisse entgegen. So werden an der Börse in Frankfurt a. M. die Kuxe der Kaligesellschaft Roßleben, an der Börse zu Leipzig u. a. die Kuxe der Mansfeldschen Kupferschiefer bauenden Gewerkschaft amtlich notiert. Auch für die Berliner Börse ist prinzipiell die Zulässigkeit der Börseneinführung von Kuxen bejaht worden, und die Zulassungsstelle der Berliner Börse hat besondere Bestimmungen über die Zulassung von Kuxen ausgearbeitet. Praktisch ist allerdings an der Berliner Börse noch kein Fall offizieller Kuxennotierung akut geworden.

Was nun die Frage anlangt, ob und wieweit sich Kuxe zu Zwecken der Kapitalanlage eignen, so muß zunächst auf den Unterschied zwischen den sogenannten Zubuße- und Ausbeutewerten hingewiesen werden. Dem Wesen des Kuxes, als dem Anteil an einer Bergbaugewerkschaft, entspricht es, daß er nicht nur oft lange Zeit — die Bauperiode bei Bergwerken dauert meist 6 bis 8 Jahre und in manchen Fällen noch länger — ohne Rente bleiben muß, sondern daß während dieser Bauperiode auch regelmäßige Kapitaleinzahlungen in Form von Zubußen auf ihn zu leisten sind. Diese Eigenschaft der Gewerkschaftsbeteiligung, die es erforderlich macht, größere Beträge für längere Zeit festzulegen, ohne daß in vielen Fällen eine vorteilhafte oder auch nur verlustfreie Wiederabstoßung möglich ist, läßt den Zubußekux als Anlagepapier für kleine oder mittlere Kapitalisten durchaus ungeeignet erscheinen. Der Ausbeutekux wiederum, d. h. die Beteiligung an einem „freigebauten" und rentenbringenden Bergwerke, der oft eine ziemlich hohe Verzinsung abwirft, eignet sich deshalb für Anlagezwecke des Kleinkapitals nicht sonderlich, weil er zu „schwer" ist, und nicht selten einen Kurswert von 10—30 000 Mk. und mehr repräsentiert. Wenn der Besitzer eines kleinen oder mittleren Vermögens Beträge in dieser Höhe festlegt, so soll er unbedingt sichere und zinstragende Werte wie Hypotheken, Staats- und Kommunalpapiere, Pfandbriefe oder gute Industrieobligationen kaufen. Die „billigen" Papiere des Kuxenmarktes, die sogenannten Bohrwerte (Kali-, Ölbohranteile, galizische Bruttoprozente), die meist nur wenige hundert Mark kosten und oft gänzlich ungerechtfertigt mit dem Aushängeschild „Kux" oder Gewerkschaft prunken, sind allerdings in gewissen Blütezeiten der Bohrkonjunktur in großen Mengen gerade in das kleine und kleinste Publikum gedrungen, das an ihnen aber wenig Freude erlebte. Skrupelloses Anreißertum auf der einen, Unerfahrenheit und Leichtsinn auf der anderen Seite haben es ermöglicht, daß sich Papiere zeitweilig trotz aller Warnungen der Presse für eine Kapitalanlage ausgeben konnten, die nichts als eine höchst unsichere und oft frivole Spekulation darstellten. Ob solche Bohranteile dabei in der Gestalt von Beteiligungen an einer Gesellschaft nach den §§ 705 ff. des BGB. bzw. an einem nicht rechtsfähigen Vereine nach dem § 54 des BGB. oder in der Gestalt von Kuxen einer Titulargewerkschaft auftreten, ist wirtschaftlich völlig gleichgültig. Deutet doch die Gewerkschaftsform, die z. B. im Herzogtum Gotha vor wenigen Jahren noch in vielen Tausenden von Exemplaren auf Vorrat fabriziert wurde und von jedermann und für jedes noch so unfertige Unternehmen für wenige hundert Mark zu erwerben war, keineswegs darauf hin, daß das Unternehmen, das die Gewerkschaftsform trägt, über ein abbauwürdiges Mineral verfügt.

Was die Haftung des Besitzers von Bohranteilen anlangt, so haftet an sich nach den gesetzlichen Bestimmungen jeder Gesellschafter für die gesamten Schulden der Gesellschaft. Diese Haftung kann aber nach der Judikatur des Reichsgerichts im Gesellschaftsstatut des Bohrunternehmers auf den Anteil beschränkt werden. Eine Beschränkung der Haftung ist z. B. schon dann gegeben, wenn die Vertretungsmacht der für die Gesellschaft Handelnden nur dahin erteilt wird, daß sie die Gesellschafter lediglich mit Beschränkung auf das Gesellschaftsvermögen verpflichten dürfen.

Auch dem Kuxenbesitzer kann durch Mehrheitsbeschluß der Gewerkenversammlung — also eventuell gegen seinen Willen — die Verpflichtung auferlegt werden, über seinen Anteil hinaus Zubuße zu leisten, doch besteht bei der juristischen Persönlichkeit der Gewerkschaft weder eine direkte Haftung des einzelnen Kuxenbesitzers gegenüber den Gläubigern der Gewerkschaft, noch kann die Gewerkschaft selbst wider ihren Willen gezwungen werden, die Mittel zur Tilgung von Schulden durch Zubußeneinziehung aufzubringen. Der einzelne Gewerke kann übrigens die Verurteilung zur Zahlung einer ausgeschriebenen Zubuße sowie die Exekution dadurch abwenden, daß er unter Überreichung des Kuxscheins den Verkauf seines Anteils behufs Befriedigung der Gewerkschaft anheimstellt. Außerdem ist jeder Gewerke befugt, auf seinen Anteil freiwillig zu verzichten, wenn auf diesem weder schuldige Beiträge (Zubußen) noch sonstige Schuldverbindlichkeiten haften oder die ausdrückliche Einwilligung der Gläubiger beigebracht wird. — Diese Rechte der „Anheimstellung" und des „Verzichtes" sind allerdings in den letzten Jahren, in denen die „Zubußenflucht" große Dimensionen annahm, von einer Reihe von Gewerkschaften meist gothaischen Rechts durch Statutenbestimmungen aufgehoben oder stark eingeschränkt worden, doch hat sich ein Teil der Gewerkschaften infolge einer Gegenaktion des Vereins für die Wahrung der am Kuxenhandel beteiligten Bankfirmen Rheinland-Westfalens zur Zurücknahme dieser Statutenbestimmungen bereitfinden lassen.

Anders als für kleinere und mittlere Kapitalisten stellt sich die Frage nach der Anlagefähigkeit der Kuxe für die Besitzer größerer Vermögen. Der Grundsatz der Verteilung von Risiko und Chance auf möglichst viele und verschiedene Arten von Kapitalanlagen gestattet es und läßt es in manchen Fällen sogar als zweckmäßig erscheinen, daß ein gewisser — im allgemeinen allerdings nicht allzu erheblicher — Teil des Vermögens auch in guten Kuxen angelegt wird. Voraussetzung dafür ist, daß der Kapitalist die Papiere tunlichst mit eigenem Geld, das heißt ohne Inanspruchnahme von Bankkredit kaufen und trotz Zubußen, Kursrückgängen usw. durchhalten kann. Derartige Kapitalanlagen haben sich — wie die Existenz vieler respektabler Gewerkenvermögen namentlich in Westdeutschland beweist — oft als sehr fruchtbar erwiesen. Die Geschichte des Gewerkenkapitalismus zeigt aber auch, daß die Erfahrungen der Vergangenheit auf diesem Gebiete für die Zukunft in verschiedener Hinsicht keineswegs mehr durchaus maßgebend sind. Diese Geschichte lehrt nämlich, daß die großen Gewerkenvermögen vielfach aus Kombinationen zwischen Bergbaubetrieb und Grundbesitz stammen, wie sie nur in den jungfräulichen Zeiten des Bergbaues möglich waren. Hatte doch damals die Spekulation in Grundstückswerten sowie in Bergwerksgerechtsamen noch nicht die in beiden liegenden Zukunftschancen so voll und vielleicht so übervoll ausgeschöpft wie jetzt, wo die guten Bergbauvorkommen fast völlig aufgeteilt und zum großen Teil in Abbau genommen sind. Mit anderen Worten: Die im Bergbau sowie im Grundbesitz liegenden Wertzuwachsmöglichkeiten und somit auch Gewinnchancen für die Besitzer von Bergbaupapieren sind bei weitem nicht mehr so groß wie früher, zumal da auch auf der anderen Seite die Betriebsausgaben und Steuerlasten prozentual erheblich gestiegen sind. Daneben ist auch die Bodenbeständigkeit des Gewerkschaftskapitals, die aus seinen obenerwähnten Beziehungen zum Grundbesitz wie auch aus der ursprünglich immobilen Rechtsnatur des Kuxes herrührte, stark gelockert und durch mobiles Kapital, wie es sich auch sonst in wirtschaftlichen Unternehmungen zu betätigen pflegt, ersetzt worden. Dadurch ist aber eine der wesentlichsten Vorbedingungen für die besondere Sicherheit und die Lukrativität der Kuxe als Kapitalanlage, nämlich die genaue örtliche und persönlichen Vertrautheit des Gewerken mit dem Werk und seiner Verwaltung verloren gegangen. Der Kux wird dadurch als Wertpapier in dieser Hinsicht der Aktie immer ähnlicher, oder er hat doch nichts Besonderes mehr vor ihr voraus, andererseits steht er ihr aber in der kapitalistischen Beweglichkeit usw. erheblich nach, wodurch sich auch die Umwandlung vieler gewerkschaftlicher Betriebe in Aktiengesellschaften erklärt.

Der Erwerber von Bergwerks**kuxen** wird also heute im allgemeinen kaum größere Wertzuwachschancen erwarten können als der Erwerber von Bergwerks**aktien**. Die Realisierungsmöglichkeit wird entsprechend der schwerfälligeren Natur des Kuxes sowie der geringeren Aufnahmefähigkeit des beengten Marktes sogar oft wesentlich ungünstiger sein. Das dürfte allerdings beim Kux häufig durch eine höhere Nettorente bis zu einem gewissen Grade ausgeglichen werden. Die nachfolgende Zusammenstellung einer Reihe von **Kohlenkuxen** gibt neben der Kursentwicklung im Jahre 1911 auch die auf Grund von Dezemberkurs und Ausbeute berechnete Rente an:

Kohlenkuxe:

	Anfang Januar 1911	Ende Dezbr. 1911	Höchster Kurs 1911	Niedrigster Kurs 1911	Rente %
Constantin der Große	37,700	42,000	42,000	34,300	5,95%
Friedrich der Große	22,000	23,000	27,000	21,500	4,35
Graf Bismarck ...	64,000	58,500	64,500	53,000	6,15
Graf Schwerin ...	13,000	13,000	13,400	10,300	6,15
Helene und Amalie	17,000	17,800	18,400	15,000	4,49
Johann Deimelsberg	6,200	5,300	7,550	4,500	Zubuße
Langenbrahm	23,000	20,600	23,300	19,000	8,74
Lothringen	25,500	26,200	26 900	21,500	5,34
Mont Cenis	21,000	16,300	23,000	14,850	6,62
Unser Fritz	25,000	22,000	25,000	17,800	4,55
Ewald	45,500	38,500	47,500	34,300	6,23
Freie Vogel u. Unverhofft	2,000	1,600	2,100	675	Zubuße
Trier	6,800	9,900	7,350	5,750	Zubuße
König Ludwig ...	28,500	2,800	29,200	24,800	4,29
Eintracht Tiefbau .	5,450	4,000	6,450	2,500	Zubuße

Die **Durchschnittsrente** der Kohlenkuxe beläuft sich auf ca. 6 %. Die Kursentwicklung weist eine einheitliche Richtung nicht auf. Abgesehen von Spezialmomenten für die einzelnen Papiere, kommen als allgemeine Momente in Betracht die wechselnden Phasen der Erneuerungs- und Erweiterungsfrage im Kohlensyndikat sowie die Beschäftigung der Kohlenindustrie.

Die nächsten Tabellen bringen ähnliche Zusammenstellungen für Kalikuxe sowie für Kaliaktien, die — wie schon oben bemerkt — praktisch zum Kuxenmarkt gehören:

Kalikuxe:

	Anfang Januar 1911	Ende Dezbr. 1911	Höchster Kurs 1911	Niedrigster Kurs 1911	Rente %
Alexandershall	12,200	12,350	15,300	12,000	6,45
Burbach	16,700	14,000	17,000	13,900	7,14
Glückauf	21,000	21,300	22,300	19,700	4,63
Heldrungen I	2,900	1,300	3,300	1,200	0
Roßleben	12,100	14,400	15,000	1,200	4,17
Rothenberg (5000 K.	3,400	3,450	4,100	3,200	6,43
Johannashall	5,100	5,400	6,400	4,900	7,34
Wilhelmshall	14,300	12,200	14,500	11,500	8,20
Wintershall	22,800	19,500	23,000	18,500	5,16
Karlsfund	7,350	7,050	8,100	6,700	7,09
Beienrode	5 800	7,000	8,100	5,600	7,25
Thüringen	6,500	4,800	6,900	4,500	8,33
Walbeck	7,400	5,400	7,600	4,800	9,43

Kaliaktien:

	Anfang Januar %	Ende Dezbr. %	Höchster Kurs %	Niedrigster Kurs %	Div. 1911 %
Heldburg	89	77	91	77	4
Salzdetfurth	230	332	350	230	18
Ronnenberg	115	123	130	115	7
Sigmundshall	170	176	182	169	10
Krügershall	130	131	135	122	9
Justus	113	98	115	87	7
Nordhäuser Kaliw.	126	122½	128	109	5
Teutonia	117	95½	122	95	mindest. 6

Wie aus den Zusammenstellungen ersichtlich ist, stellt sich die Durchschnittsverzinsung der Kalikuxe höher als die der Kohlenkuxe. Sie beziffert sich auf etwa 7 %.

Die früher recht unruhigen Verhältnisse in der Kaliindustrie haben durch die reichsgesetzliche Regelung resp. Syndizierung eine gewisse Festigung erhalten, die letzten Außenseiterschwierigkeiten sind kurz vor Ablauf des Jahres 1911 behoben worden. Die Industrie steht nach außen geschlossen da, von innen aber drängt trotz des Kaligesetzes und gerade begünstigt durch das Kaligesetz immer neuer Nachwuchs hervor, ohne daß ein Ende bereits abzusehen ist. Dadurch erscheinen die Ertrügnisaussichten der jetzt schon fördernden Werke und die Quotenaussichten der schachtbauenden Werke nicht in sonderlich günstigem Lichte. Wie das Jahr 1910 hat allerdings auch das Jahr 1911 und das Jahr 1912 eine starke Zunahme des Gesamtabsatzes gebracht. Nur wenn diese Steigerung sich in gleicher Progression fortsetzt, wird die Produktion an neuen Werken die alten Werke in ungeschmälertem Besitz ihrer jetzigen Absatzkontingente lassen.

Eine Rente von 7 %, wie sie nach der obigen Zusammenstellung die Werte von Kaligesellschaften durchschnittlich erbringen, trägt dem Risiko, das mit diesem Besitz verknüpft ist, einigermaßen Rechnung. Denn daß dieses Risiko auch in bergbaulicher Hinsicht nicht gering zu veranschlagen ist, hat die vollständige Vernichtung des Kalibergwerkes Jessenitz durch Wassereinbruch im Jahre 1912 wieder einmal gezeigt. Aus diesem Grunde sind auch Schuldverschreibungen einer Kaligesellschaft, die nur ein einziges den Gefahren des Bergbaus ausgesetztes Bergwerk besitzt, nicht als geeignete Kapitalanlage anzusehen. Eine Maschinenfabrik, Elektrizitätsgesellschaft oder dergleichen kann in ihren Erträgnissen so weit zurückgehen, daß die Aktien wertlos werden. Dann bleiben doch noch der unzerstörbare Grund und Boden, sowie die Fabrikgebäulichkeiten, die zur Sicherung der Besitzer der Schuldverschreibungen dienen können. Im Kalibergbau ist selbst diese Sicherheit gegebenenfalls vollkommen wertlos. In dem Augenblicke, wo das Bergwerk „ersäuft", hat der Boden im allergünstigsten Fall nur noch Ackerwert, und die Gebäude sind nur noch als Abbruchsgrundstücke zu verwerten. Die Vorgänge in Jessenitz zeigen deutlich, daß die gerade in der letzten Zeit immer mehr in Aufnahme gekommene Gepflogenheit der Kaliwerke, ihr Betriebsgeld zum Teil durch Ausgabe von Papieren mit begrenzter Verzinsung zu beschaffen, wirtschaftlich durchaus zu verwerfen ist. Für den Kapitalisten sollte nur der Erwerb solcher Kaliobligationen in Frage kommen, die von einer bewährten Gesellschaft mit mehreren, räumlich voneinander getrennten Bergwerken ausgegeben sind.

Sechsundzwanzigster Abschnitt.

Kolonialwerte.

Entwicklungstendenzen. — Gesellschaftsformen.

Auf keinem zweiten Gebiete ist von leichtfertigen und skrupellosen Persönlichkeiten mit solchem Erfolg für die eigene Tasche auf die Gutgläubigkeit und Unerfahrenheit des Publikums hin im Laufe der Jahre spekuliert worden, wie auf dem Gebiete des kolonialen Gründungswesens. Mit sogenannten „Prospekten" oder „Denkschriften", in denen glänzende Rentabilitäten auf fadenscheiniger Basis ausgerechnet wurden, gelang es untergeordneten Firmen, das Publikum einzufangen. Mit Vorliebe wurde dabei für undurchsichtige Kolonialgründungen die Form der „Gesellschaft mit beschränkter Haftung" gewählt; waren doch die Beteiligten dadurch auf einfache Art von dem ihnen lästigen Publikationszwange befreit. Allmählich wurde auf diese Weise das ganze koloniale Gründungswesen derart diskreditiert, daß es immer schwieriger wurde, Geld für die Zwecke der Kolonien heranzuziehen. Bestand doch an und für sich schon in weiten Kreisen eine Abneigung gegen alle Investierungen von Geld in den Schutzgebieten.

Zwei Jahrzehnte besaß das Deutsche Reich einen überseeischen Schutzgebietsbesitz von stattlicher Größe, ohne daß sich das deutsche Kapital besonders dafür interessiert hätte. In sehr wenigen Fällen fand eine Beteiligung des Großkapitals statt, das die Grundlagen zu einer soliden Entwicklung schaffen konnte; nur ganz vereinzelt finden wir planmäßig organisierte kapitalkräftige Unternehmungen, hinter denen Männer des praktischen Wirtschaftslebens standen. Bei den meisten dieser großkapitalistischen Gründungen handelte es sich aber gar nicht um eine Kapitalanlage, sondern nur um eine sogenannte patriotische Tat. Die Gelder, die hergegeben wurden, galten als à fonds perdu gezahlt. Das typischste Beispiel hierfür ist die Deutsche Kolonialgesellschaft für Südwestafrika, auf die wir noch weiter unten zu sprechen kommen. Hier bedurfte es eines Appells des Fürsten Bismarck an den Patriotismus, und der Erfolg war, daß 75 deutsche Männer sich bereit fanden — ein Kapital von 800 000 Mk. zu zeichnen! Dieser Kolonialgründung folgten in der ersten Periode deutscher Kolonialpolitik nur wenige einigermaßen großzügig angelegte Gesellschaften. Zunächst ist hier zu nennen: Die Deutsche Handels- und Plantagen-Gesellschaft der Südsee-Inseln, deren Gründung in eine Zeit fällt, in der Deutschland noch gar keine Kolonien besaß. In den ersten Jahren der Erwerbung der Schutzgebiete wurden mit Hilfe des Großkapitals zustande gebracht: die Neu-Guinea-Co., das größte deutsche Plantagen-Unternehmen, dem u. a. die DiskontoGesellschaft nahesteht, die Deutsch-Ostafrikanische Gesellschaft, die sich auf den Erwerbungen von Karl Peters aufbaut, und die Jaluitgesellschaft. Nach Errichtung dieser Gesellschaften dauerte es fast zwölf Jahre, bis daß wieder ein größeres Kolonialunternehmen ins Leben gerufen wurde. Zwar fand inzwischen die Errichtung der Kaoko-Gesellschaft statt, indes handelte es sich hierbei weniger um ein neues Unternehmen, als um eine Tochtergesellschaft der Deutschen Kolonialgesellschaft. Neu geschaffen wurden dagegen Ende der neunziger Jahre die zwei großen Konzessionsgesellschaften in Kamerun: die Gesellschaften Südkamerun und Nordwestkamerun. Es folgten alsdann Ende des vorigen Jahrhunderts die beiden Pflanzungsgesellschaften Viktoria und Bibundi, sowie die Usambara-Kaffeebaugesellschaft. Um die Mitte der neunziger Jahre wurden auf Grund der Konzessionen der deutschen Kolonialverwaltung noch zwei englische Gesellschaften, die South West Africa Co. und die South African Territorries Co. errichtet. Erst zu Beginn des laufendeu Jahrhunderts schritten deutsche Großbanken gemeinsam mit englischen Großkapitalisten zur Gründung der Otavi-Minen- und Eisenbahngesellschaft.

Mit diesen wenigen Gründungen war indes das Interesse des heimischen Großkapitals für die Schutzgebiete im wesentlichen erschöpft. Doch trat in der Ära Dernburg hierin ein Wandel ein. Dernburg verstand es durch die Art seiner Geschäftsführung, das Publikum für die deutschen Kolonien, die man bis dahin als „wertlose Sandbüchsen" anzusehen pflegte, zu begeistern. Er verstand es, der Industrie den Glauben beizubringen, daß die Kolonien sehr wohl in der Lage seien, wenn auch zunächst nur in kleinem Umfange, zur Deckung des Bedarfes des Heimatlandes an Rohmaterialien beizutragen; er sorgte für die wirtschaftliche Erschließung des deutschen Kolonialbesitzes durch den Ausbau des Eisenbahnnetzes und hatte schließlich das Glück, daß in seine Amtszeit die ersten Diamantfunde in Deutsch-Südwestafrika fielen.

Anderthalb Jahre hindurch hatte Dernburg unter denselben Voraussetzungen gearbeitet wie seine Vorgänger, nur, daß ihm, dem der Ruf eines geschickten, weltgewandten und welterfahrenen Kaufmanns vorausging, es schon um eben dieses Rufes willen viel leichter fiel, als seinen Vorgängern, die Rolle des Kapitalerweckers mit Erfolg zu spielen. Das Kapital läßt sich sehr häufig von Antipathien abstoßen, von Sympathien anziehen, die es gegen respektive für den hegt, der die moralische Verantworttung für die Sicherheit der dem Kapital vorgeezeichneten Wege trägt. Dernburg gelang das, was seinen Vorgängern niemals gelungen wäre: eine Art Kolonialbegeisterung zu entfachen — nicht durch hochtönende, mit einem Appell an den Patriotismus ausklingende Worte — sondern dadurch, daß er eine kaufmännische Bilanz der Kolonien zog und einen großen Überschuß der Aktiva über die Passiva ausrechnete. Mochte das zunächst auch nur dadurch erreicht werden, daß der Optimismus ein wesentliches Aktivum in der Bilanz bildete — der Zweck wurde erreicht. Brausender Jubel folgte Dernburgs Worten, als er am 11. Januar des Jahres 1907 in Berlin vom Podium des Mozartsaales hinab vor einem Parterre von Kaufleuten und Kolonialfreunden seine „Zielpunkte des deutschen Kolonialwesens" präzisierte, als die trockenen Zahlen über Erzeugung und Verbrauch von Baumwolle,

Kautschuk, Hanf, Kupfer dadurch Leben gewannen, daß Dernburg darlegte, wie sehr wir jetzt bei dem Bezuge der einzelnen Produkte besonders von den Vereinigten Staaten abhängig sind, welche enormen Summen uns diese Abhängigkeit kostet, und daß nur die Hälfte der an das Ausland jährlich für Baumwolle gehenden Summe, für die Baumwollkultur in den Kolonien aufgewendet, uns unabhängig von dem dauernden Tribut an das Ausland machen und den Grund zu einer enormen Steigerung zinstragender Kapitalien legen würde.

Die Kaufmannschaft begann, an der wirtschaftlichen Erschließung der Kolonien mitzuwirken; weiß unsere Industrie doch nur zu gut, was die Abhängigkeit beim Bezuge von Rohstoffen vom Auslande bedeutet. Und wenn auch die Früchte des Kapitals, das nach den Kolonien wandert, zum großen Teil erst späteren Generationen zugute kommen können, so mußte doch der Anfang einmal gemacht werden.

„Bei allem guten Willen, aller Energie und Tüchtigkeit wird die Aufgabe, die dem neuen Staatssekretär gestellt ist, Jahrzehnte erfordern" — so schrieb ein Anonymus zu Beginn des Jahres 1908. Diese Prognose hätte sich sicherlich in vollem Umfange als richtig erwiesen, wenn nicht in demselben Jahre das oben schon erwähnte Ereignis eingetreten wäre, das den Aufmarsch der Kapitalien beschleunigte, das Interesse für die Kolonien ganz wesentlich steigerte, ja sogar in einen fieberhaften Paroxismus verwandelte und schließlich zu dem Rücktritt des Kaufmann-Staatssekretärs führte:

Auf seiner Reise durch Britisch- und Deutsch-Südwestafrika weilte Dernburg im Juni des Jahres 1908 in Natal, als die Nachricht eintraf, daß in der Gegend der Lüderitzbucht Diamanten gefunden worden seien. Beim Bahnbau hatten Arbeiter die kostbaren Edelsteine entdeckt, und der davon zuerst in Kenntnis gesetzte Oberbahnmeister Stauch belegte schleunigst in Gemeinschaft mit drei anderen der Berliner Eisenbahnbaufirma Lenz u. Co. angehörenden Herren 70 Schürffelder. Das war der Anfang. In der Lüderitzbucht entstand bald darauf eine fieberhafte Tätigkeit, ganz „Deutsch-Südwest" ergriff der Diamantentaumel, und im Mutterlande wurden wie mit einem Schlage aus den größten Kolonialskeptikern Kolonialschwärmer.

Das Interesse für Kolonialwerte nahm besonders im Jahre 1909 einen geradezu gefährlichen Charakter an. Kaum hatten nämlich mit den vielfach übertriebenen Meldungen vom Wert und Umfang der Diamantenfunde die ersten Käufe in Kolonialeffekten begonnen, als es wie ein Fieber, eine Art Rausch immer weitere Kreise ergriff. Die Fähigkeit der Abschätzung vieler Wertunterlagen schien selbst urteilsfähigen Kreisen geschwunden zu sein, niemand wollte bei der erträumten phantastischen Gewinnernte zu spät kommen. Ein sprunghaftes Steigen der Kolonialwerte war die Folge, und zwar wandte sich das Hauptinteresse den Anteilen der oben schon genannten Deutschen Kolonialgesellschaft für Südwestafrika zu. Die Kursbewegung dieses Papiers war derart sensationell, daß ein kurzer Rückblick von Interesse sein dürfte:

Als Anno 1885 die Deutsche Kolonial-Gesellschaft, die sich auf den Landerwerbungen des Bremer Kaufmanns Lüderitz aufbaute, ins Leben trat, da mußten, wie wir schon ausgeführt hatten, nicht weniger als 75 Personen — Mitglieder der Finanz- und Geburtsaristokratie — aufgeboten werden, um das damals vorgesehene Kapital von 800 000 Mk. aufzubringen. Bis zum Jahre 1905 zahlte die Deutsche Kolonialgesellschaft keine Gewinne aus, sie blieb weitesten Kreisen des deutschen Volkes unbekannt, und ihre Anteile ruhten in den Tresors ihrer Gründer. Erst der Krieg gegen die Hereros lenkte die Aufmerksamkeit auf die Gesellschaft, die infolge der gesteigerten Ansiedlung in Südwestafrika größere Landverkäufe vornehmen konnte. Die Folge davon war, daß die Gesellschaft im Jahre 1905/06 zum ersten Male eine Dividende, und zwar in Höhe von 20 % ausschüttete. Im folgenden Jahre gelangte eine gleich hohe Dividende zur Verteilung. Im Jahre 1908 erfuhr dann die Situation der Gesellschaft durch die Entdeckung der Diamanten auf den Feldern von Lüderitzbucht und die damit im Zusammenhang stehende Verhängung der Schürfsperre zugunsten der Kolonialgesellschaft eine ungeahnte Wendung. Dem Unternehmen flossen unerwartete hohe Beträge zu, und der Kolonialanteil, den früher nur einige Börsenbesucher gekannt hatten, war eines der populärsten Börsenpapiere.

Je mehr die Schätzungen über den Wert der auf dem Gebiete der Gesellschaft lagernden Steine wuchsen, desto höher stieg der Kurs der Anteile des Unternehmens. Zu Anfang des Monats Juli 1909 wurde der über 1000 Mk. Nominalbetrag lautende Anteil der ein Jahr zuvor 195 % oder 1950 Mk. gekostet hatte, mit 2000 % oder 20 000 Mk. bezahlt. Ja, es gab Leute, und ihre Zahl war nicht gering, die bereits einen Kurs von 3000 % voraussagten, ohne dabei auf Unglauben zu stoßen. Erst nach und nach drangen in den großen Kreis der Optimisten einige Skeptiker mit Erfolg ein, und man schenkte ihren Warnungen schließlich um so eher Gehör, als Zweifel darüber auftauchten, ob die Gesellschaft auf ihrem Besitz dauernde Abbaurechte hätte. Als das Problem, den Konzern der Deutschen Kolonialgesellschaft zu Abgaben an den Fiskus heranzuziehen, in ein ernsteres Stadium trat, senkte sich das Kursniveau beträchtlich. Im Februar des Jahres 1910 war der Kurs auf 1700 %, im Juli desselben Jahres auf 1400 % zurückgegangen, im September 1910 auf 1000 % und im Monat September 1912 bewegte sich der Kurs auf einem Niveau von 490 %. Die Kämpfe, die sich um die Bergrechte der Gesellschaft abspielten, dürften noch in allgemeiner Erinnerung sein. Nach langwierigen Verhandlungen gelang es Dernburg, mit der Kolonialgesellschaft einen Vertrag abzuschließen, der dem Fiskus eine angemessene Beteiligung an dem Erlöse aus der Diamantenproduktion der Gesellschaft sicherte und umfangreiche Landesgebiete in die Gewalt des Fiskus zurückgab. Außerdem wurde vereinbart, daß nach Ablauf der zweijährigen Sperre (d. h. nach dem 1. April 1911) etwaige neu entdeckte Diamantfelder gemeinschaftlich von der Gesellschaft und dem Fiskus ausgebeutet werden sollen.

Die höchste Dividende der Deutschen Kolonialgesellschaft für Südwestafrika wurde im Jahre 1910 mit 64 % erreicht, pro 1910/11 betrug die Dividende 50 %, pro 1911/12 35 %. Diese Angaben lassen erkennen, daß das zeitweilige Steigen des Kurses der Anteile der Deutschen Kolonial-Gesellschaft bis auf 2000 % auf einer starken Übertreibung beruht hatte, die weder in der speziellen Situation der Gesellschaft, noch in den allgemeinen Verhältnissen begründet war und dem deutschen Kapital sehr erhebliche Verluste brachte. Auch bei verschiedenen anderen Kolonialwerten, in denen im Jahre 1909 ungewöhnliche Kurstreibereien vorgenommen worden waren, traten in der Folge erhebliche Rückschläge ein. Hier sind u. a. zu nennen die

Shares der beiden oben schon erwähnten Landgesellschaften in Südwest, der South West Africa Co. und der South African Territories Co. sowie die Shares der im Jahre 1908 gegründeten Kolmanskop Diamant Mines Limited. Die Kurserhöhungen der South West Africa Co. hingen zum Teil mit der Steigerung der Anteile ihres Tochterunternehmens, der Otavi-Minen- und Eisenbahngesellschaft zusammen. Im übrigen geht man fehl, wenn als Grund der enormen kursmäßigen Werterhöhungen, die einzelne Kolonialwerte vorübergehend erfuhren, lediglich die spekulative Nachfrage aus deutschen Kapitalisten- oder Bankkreisen angenommen würde. Es handelte sich vielmehr bei einzelnen Kolonialwerten um einen etwas komplizierten Vorgang. Man muß sich erinnern, daß englisches Kapital — schon die Namen verschiedener Gesellschaften zeigen das — einen erheblichen Anteil an den in unseren Kolonien, besonders in Deutsch-Südwestafrika errichteten Gesellschaften genommen hatte. Der Diamanten-Weltmarkt war früher die fast unbestrittene Domäne englischer Interessen. Nun tauchte die Nachricht von deutschen Diamantfunden auf, die Kunde bewahrheitete sich. Nichts lag näher, als daß das sehr kapitalkräftige englische Diamantensyndikat seine Hand auf die deutschen Fundstellen zu legen versuchte. Der vielleicht unbequem werdende Konkurrent sollte von vornherein, so lag es offenbar in der Absicht der englischen Finanzgruppen, nicht selbständig in der Ausbeutung der neuentdeckten Bodenschätze bleiben, zum mindesten sollte dem englischen Kapital eine Mitwirkung bei der Ausbeute gesichert werden, wenn es nicht etwa gelang, den gesamten Felderbesitz unter englische Disposition zu bringen und in englischem Interesse zu verwalten. Es entspann sich daher ein doppelter Wettlauf. Das eine Ziel war die Majorität im Aktienbesitz der beteiligten Landgesellschaften. Neben dem Wettlauf um Kolonialaktien aber ging die Jagd nach den Diamantfeldern selbst. Hier war ein Erfolg des raschen Vorgehens der Engländer zu konstatieren, sie sicherten sich die Kolmanskop-Felder.

Es würde zu weit führen, alle die Kämpfe, die sich um die Diamanten von Südwest abspielten, zu schildern; nur soviel sei gesagt, daß ein großer Teil der im Strudel der Diamantenzeit entstandenen Gesellschaften sich nicht in das Fahrwasser der späteren ruhigeren Entwicklung hinüberzuretten vermochte, weil die Funde sich im Vergleich mit den Förderkosten und Steuern als unlohnend erwiesen. Dernburg, von Natur aus Optimist, ist übrigens gerade in der Diamantenfrage übertriebenen Erwartungen stets entgegengetreten. Er hat immer wieder betont, daß das, was zielbewußte Arbeit schaffen kann, wichtiger sei als Diamanten. Und in der Tat: Wichtiger und sicherer ist die Gewinnung von Baumwolle, sonstigen Faserpflanzen, von Kaffee, Kakao, Kautschuk, Mais, Kupfer u. a. m. Der Entwicklung dieser Kulturen und Produktionen ist zwar in den letzten Jahren ebenfalls steigende Aufmerksamkeit zugewandt worden, doch sind die Erfolge zunächst im allgemeinen bescheiden.

Die reguläre Bewirtschaftung unserer Kolonien hat mit manchem Hindernis zu rechnen, sie wird, vorerst in den meisten Fällen noch reichliches Zuwarten der an den einzelnen Gesellschaften interessierten Anteilseigner erfordern. Immerhin hat die vermehrte Führung von Schienensträngen die Möglichkeit der rationellen Exploitation der Kolonien erhöht. In der Ära Dernburg wurden etwa zweihundert neue Kolonialunternehmungen ins Leben gerufen. Die Neugründungen verteilen sich folgendermaßen:

	1907	1908	1909
Ostafrika	12	23	11
Südwest	16	33	81
Kamerun	—	3	2
Togo	1	1	1
Südsee	3	3	1
Verschiedene Kolonien	1	2	5

Abgesehen von diesen Gründungen in Gesellschaftsform haben noch sehr viele einzelne Kapitalisten sich zur Errichtung von Pflanzungen, Farmen u. dergl. nach den Schutzgebieten begeben.

Bei der **Kapitalanlage** in Kolonialwerten wird man besonders auf die Art der Geschäftsbetätigung und auf die Art der Gesellschaftsform zu achten haben. Der Art der Geschäftsbetätigung nach wird zu unterscheiden sein zwischen: Handelsgesellschaften, Pflanzungsgesellschaften, Bergwerksunternehmungen und Diamantgesellschaften. Die Erträgnisse der beiden erstgenannten Kategorien, aber auch die der Bergwerksunternehmungen, werden durch die allgemeine Konjunktur am Weltmarkte resp. durch den jeweiligen Umfang des Konsums für die in Frage kommenden Handelsobjekte oder Produkte beeinflußt. Weiter spielen die Preisbewegungen, die Arbeiter- und die Witterungsverhältnisse eine große Rolle.

Was die Preisbewegungen anbetrifft, so wird man diejenigen Kapitalisten, die sich an Baumwollpflanzungen oder Kautschukkulturen beteiligen wollen, an die gewaltigen Schwankungen erinnern müssen, denen die Preise für Rohbaumwolle und Kautschuk in den letzten Jahren ausgesetzt waren; desgleichen sind auch die Schwankungen des Preises für Kupfer recht bedeutend.

Was das Arbeiterproblem angeht, so ist seine Lösung eine der wichtigsten Fragen für die einzelnen Unternehmungen sowohl, als auch für die allgemeine wirtschaftliche Entwicklung unserer Schutzgebiete. In der letzten Denkschrift[1]) des Reichs-Kolonialamts wurde die Arbeiterfrage, ohne deren Regelung die wirtschaftliche Entwicklung in den Kolonien leicht eine Stagnation, wenn nicht einen Rückgang erfahren könnte, nicht ohne Sorge betrachtet, namentlich im Hinblick auf die Gestaltung der Verhältnisse in der Südsee und in Südwestafrika. In der Südsee sind die Bedingungen für die ausreichende Beschaffung chinesischer Arbeiter in den letzten Jahren zusehends schwieriger geworden, und in Südwestafrika bestand zeitweise ein förmlicher Arbeitermangel für Farmwirtschaft und Bergbau. Wenn auch nach Vollendung der derzeitigen Bahnbauten eine Besserung dieser Verhältnisse erwartet wird, ist doch die dauernde Beschaffung ausreichender und tüchtiger Arbeitskräfte für das Schutzgebiet damit noch keineswegs gesichert. In Ostafrika ist trotz der Eisenbahnbauten in den letzten Jahren ein allgemeiner Arbeitermangel nicht zu verzeichnen gewesen, da in den verschiedenen Eingeborenenstämmen sehr beträchtliche Reserven von Arbeitskräften zur Verfügung stehen, die in steigendem Maße für regel-

[1]) Die deutschen Schutzgebiete in Afrika und der Südsee. Verlag von Ernst Siegfried Mittler u. Sohn.

mäßige Arbeit gewonnen werden. Bei Mißgriffen in der Anwerbung und Behandlung der Arbeiter, dann auch in Gegenden mit allzu dichter Plantagenwirtschaft und während der Zeit der Feldbestellung für den eigenen Nahrungsbedarf der Eingebornen ist freilich auch in Ostafrika zeit- und stellenweise Arbeitermangel fühlbar gewesen.

Was die Witterungsverhältnisse angeht, so ist von ihnen naturgemäß der Ertrag der Ernten in hohem Grade abhängig. Das Unternehmerrisiko wird aber bei den Pflanzungsgesellschaften in den tropischen Gebieten durch das Klima dadurch erhöht, daß das Leben und die Gesundheit der Leiter der einzelnen Betriebe ganz anderen Gefahren ausgesetzt sind, als im Mutterlande, und daß von diesen Leitern häufig die Existenz eines überseeischen Unternehmens fast vollkommen abhängt. Bei den bergbaulichen Unternehmungen spielt die Witterung nicht dieselbe Rolle wie bei den landwirtschaftlichen Kulturen. Dafür kommt aber das allgemeine Risiko in Betracht, das dem Bergbau anhaftet. Eine wie große Vorsicht für den Kapitalisten bei der Beteiligung an Diamantengesellschaften erforderlich ist, ergibt sich schon aus dem oben Gesagten; es kann noch hinzugefügt werden, daß nur wenige Diamantenunternehmungen bisher einen Ertrag geliefert haben, und daß es sich bei den Gründungen vielfach um fragwürdige Versuche von kleinen Lüderitzbuchter Spekulanten handelte.

Für die verschiedenen Kolonialunternehmungen sind mannigfaltige Gesellschaftsformen gewählt worden. Wir finden in bunter Reihe Aktiengesellschaften, Gesellschaften mit beschränkter Haftung, Kolonialgesellschaften, Genossenschaften und englische Limiteds[1]). Die Rechtsform der Kolonialgesellschaft ist durch das Reichsgesetz vom 2. Juli 1899 geschaffen worden. Dieses wurde dann abgeändert durch das am 10. September 1900 bekanntgegebene „Schutzgebietsgesetz". Letzteres gewährt kolonialen Erwerbsgesellschaften in den Paragraphen 11—13 die Möglichkeit eines Sonderrechtes. § 11 lautet:

[1]) Die englische Limited-Company ist eine Aktiengesellschaft, bei der die Haftung (Liability) des Aktionärs (Share Holder) auf den Nennwert (face Value) eines Aktenbesitzes (Share Holding) beschränkt (limited) bleibt.

„Deutschen Kolonialgesellschaften, welche die Kolonisation der deutschen Schutzgebiete, insbesondere den Erwerb und die Verwertung von Grundbesitz, den Betrieb von Land- oder Plantagenwirtschaft, den Betrieb von Bergbau, gewerblichen Unternehmungen und Handelsgesellschaften in demselben zum ausschließlichen Gegenstand ihres Unternehmens und ihren Sitz entweder im Reichsgebiet oder in einem Schutzgebiete oder in einem Konsulargerichtsbezirke haben, oder denen durch kaiserliche Schutzbriefe die Ausübung von Hoheitsrechten in den deutschen Schutzgebieten übertragen ist, kann auf Grund eines vom Reichskanzler genehmigten Gesellschaftsvertrages (Statuts) durch Beschluß des Bundesrats die Fähigkeit beigelegt werden, unter ihrem Namen Rechte, insbesondere Eigentum und andere dringliche Rechte an Grundstücken zu erwerben, Verbindlichkeiten einzugehen, vor Gericht zu klagen und verklagt zu werden. In solchem Falle haftet den Gläubigern für alle Verbindlichkeiten der Kolonialgesellschaft nur das Vermögen derselben.

Das Gleiche gilt für deutsche Gesellschaften, welche den Betrieb eines Unternehmens der in Absatz 1 bezeichneten Art in dem Hinterland eines deutschen Schutzgebietes usw. haben.

Der Beschluß des Bundesrats und im Auszuge der Gesellschaftsvertrag sind durch den Reichsanzeiger bekanntzumachen."

§ 12 des Schutzgebietsgesetzes enthält Bestimmungen über den Gesellschaftsvertrag und in § 13 wird zum Ausdruck gebracht, daß Gesellschaften, die die in § 11 erwähnte Fähigkeit durch Beschluß des Bundesrats erlangt haben, der Aufsicht des Reichskanzlers unterstehen. Diese Bestimmung darf den Kapitalisten aber keineswegs in besondere Sicherheit wiegen; denn mit dem Recht der Aufsicht ist keine Verpflichtung der Regierung, insbesondere keine Gewährleistung gegenüber den Anteilseignern, verbunden. Die Sonderstellung der Kolonialgesellschaft gegenüber der Aktiengesellschaft kommt äußerlich dadurch zum Ausdruck, daß die Höhe der Anteilscheine nicht an den für Aktien vorgeschriebenen Mindestbetrag von 1000 Mk. gebunden ist; die unterste Grenze ist vielmehr auf 100 Mk. festgesetzt. Dadurch ist die Beteiligung des Kleinkapitals an Kolonialgesellschaften sehr erleichtert, ohne daß allerdings die innere Eignung immer der äußeren entsprechen dürfte. Einige Kolonialgesellschaften sind von der Reichsregierung in besonderer Weise gefördert worden; so übernahm die Reichsregierung die Sicherung des Dienstes für die Schuldverschreibungen der Deutsch-Ostafrikanischen Gesellschaft, sowie für die Anteile der Ostafrikanischen Eisenbahngesellschaft, wodurch beide Werte die „Mündelsicherheit" erlangten. Der Deutsch-Ostafrikanischen Bank wurde die Konzession zur Ausgabe von Banknoten [1]) erteilt.

Das Geschäft in Kolonialwerten, zu dessen Vermittlung einige sogenannte Kolonialbanken ins Leben getreten sind, vollzieht sich recht ungleichmäßig. Amtlich notiert werden in Berlin nur die eigentlichen „Kolonialpapiere". Es sind dies die Anteile der Deutsch-Ostafrikanischen Gesellschaft, der Otavi-Gesellschaft und die Shares der South West Africa Co. (Außerdem werden in Hamburg noch einige Werte notiert). Die meisten Kolonialpapiere werden am sogenannten freien Markt umgesetzt; das Geschäft unterliegt keiner amtlichen Kontrolle, so daß sich mancherlei Mißstände, wie sie der Handel in unnotierten Werten [2]) mit sich bringt, ergeben.

Alles in allem muß gesagt werden: Noch fordert die wirtschaftliche Situation in unseren Kolonien und der ganze Aufbau des Kolonialmarktes Zurückhaltung aller derer, die nicht in der Lage sind, auf eine sichere Rente ihres Besitzes für vielleicht geraume Zeit zu verzichten. Sorgsam und nüchtern muß jeder einzelne prüfen, was ihm zum Erwerb angetragen wird. Denn noch sind unsere Kolonien das Versuchsfeld für das Kapital des reichen Mannes.

[1]) Für die umlaufenden Noten muß ein Drittel in Metallgeld, Reichskassenscheinen oder Reichsbanknoten als Deckung bereit gehalten werden.

[2]) Vgl. S. 217 und folgende.

Siebenundzwanzigster Abschnitt.

Anteile von Gesellschaften mit beschränkter Haftung.

Um die Anlage von Kapital in den Anteilen einer G. m. b. H. richtig zu würdigen, empfiehlt es sich zunächst, einiges über die Konstruktion der G. m. b. H. zu sagen: Die G. m. b. H. ist die modernste Form der Handelsgesellschaft, sie ist vor 20 Jahren vom Gesetzgeber [1]) ins Leben gerufen und seitdem der bevorzugte Liebling der Handelswelt geworden.

Das Bedürfnis nach einer neuen Gesellschaftsform, die ein Mittelding zwischen der offenen Handelsgesellschaft und der Aktiengesellschaft bilden sollte, trat in Deutschland zum ersten Male im Anfang der achtziger Jahre des vorigen Jahrhunderts deutlich zutage. Der Grundgedanke war, das System der beschränkten Haftung, das ja auch das Prinzip der Aktiengesellschaft bildet, in einer mehr elastischen Form, als dies bei der Aktiengesellschaft der Fall ist, auf solche Unternehmungen zu übertragen, die nicht auf größere Verhältnisse berechnet sind, und die mehr einen persönlichen Charakter an sich tragen. Hierzu gesellte sich das Verlangen, eine Gesellschaftsform zu finden, bei der die einzelnen Gesellschafter in ein engeres Verhältnis zu dem Unternehmen treten, als dies bei der Aktiengesellschaft möglich ist, ohne daß indes das Verhältnis so eng wird, daß der Gesellschafter für die Verbindlichkeiten der Gesellschaft mit seinem ganzen Vermögen haftet. Diesen Wünschen trug das Gesetz in vollem Umfang Rechnung. Seine wesentlichsten, für unsere Zwecke zu beachtenden Bestimmungen lauten:

> Die Errichtung der Gesellschaft m. b. H. kann „zu jedem gesetzlich zulässigen Zweck" geschehen (§ 1); die Gesellschaft gilt — welchen Zweck sie immer verfolgt — als Handelsgesellschaft im Sinne des Handelsgesetzbuches (§ 13 Absatz 3). Das Stammkapital der Gesellschaft muß mindestens zwanzigtausend Mark

[1]) Das Reichsgesetz betreffend die Gesellschaften mit beschränkter Haftung vom 20. April 1892.

betragen (§ 5). Die Gesellschaft als solche hat selbständig Rechte und Pflichten; den Gläubigern haftet nur das Gesellschaftsvermögen (§ 13 Absatz 1 und 2). Die Gesellschafter sind nur der Gesellschaft und lediglich in Höhe der von ihnen übernommenen Stammeinlagen verpflichtet (§ 20). Kann eine Stammeinlage von dem Zahlungspflichtigen nicht eingezogen werden, so haben die übrigen Gesellschafter den Fehlbetrag nach Verhältnis ihrer Geschäftsanteile aufzubringen (§ 24). Die Anteile sind — grundsätzlich — veräußerlich und vererblich. Zur Abtretung von Geschäftsanteilen durch Gesellschafter bedarf es eines in gerichtlicher oder notarieller Form geschlossenen Vertrages (§ 15). Nachschüsse auf die Stammeinlagen können nur, wenn der Vertrag es bestimmt, erhoben werden (§ 26). Die Vertretung der Gesellschaft liegt bei den Geschäftsführern, die nicht Gesellschafter zu sein brauchen (§ 35). Die Auflösung der Gesellschaft kann u. a. durch gerichtliches Uretil erfolgen, „wenn die Erreichung des Gesellschaftszweckes unmöglich wird, oder wenn andere in den Verhältnissen der Gesellschaft liegende wichtige Gründe für die Auflösung vorhanden sind" (§ 61).

Der Vorteil, daß die Gesellschaft mit beschränkter Haftung sich auf wesentlich einfacherer Grundlage aufbaut, als die Aktiengesellschaft, ist vor allem darin gegeben, daß die Vorschriften über den Gründungshergang und die Verantwortlichkeit der bei der Gründung Beteiligten auf die Gesellschaft mit beschränkter Haftung in weit geringerem Maße zur Anwendung gelangen, als auf die Aktiengesellschaft. Denn die G. m. b. H. erfordert für ihre Gründung nur einen notariellen Akt und die Eintragung in das Handelsregister. Besondere Kautelen wie bei der Aktiengesellschaft (Nachprüfung der Gründung, Notwendigkeit der Wahl eines Aufsichtsrates) sind nicht zu beachten. Bilanzen brauchen nur solche G. m. b. H. zu veröffentlichen, bei denen der Gegenstand des Unternehmens im Betriebe von Bankgeschäften [1]) besteht.

[1]) Warenhäuser, die in der Form der G. m. b. H. betrieben werden und eine Bankabteilung haben, müssen Bilanzen veröffentlichen. Das Berliner Warenhaus A. Wertheim hat infolgedessen die Bankabteilung aus dem übrigen Betriebe ausgesondert und veröffentlicht nun für die Bankabteilung G. m. b. H. eine Bilanz.

Wenn der Gesetzgeber die hier erwähnten Erleichterungen gewährt hat, so ging er dabei von der Ansicht aus, daß die Form der Gesellschaft mit beschränkter Haftung nur für Unternehmen bestimmt ist, die einen kleinen Kreis von Teilnehmern umfassen, nicht aber an die breite Öffentlichkeit appellieren. In der Praxis ist freilich dieses Prinzip keineswegs innegehalten worden. Obgleich die Anteile der Gesellschaften mit beschränkter Haftung nur durch notariellen Vertrag verkäuflich werden, war und ist dies kein Hindernis für ein, in manchen Fällen sogar marktschreierisches Angebot von solchen Anteilen. Sie gelangten dadurch auch in die Hände von kleinen und kleinsten Kapitalisten, für die der Anteil einer Gesellschaft mit beschränkter Haftung, an der sie nicht persönlich mitwirken, weit weniger als Kapitalanlage geeignet erscheint als die Beteiligung an einer Aktiengesellschaft.

Vielfach wird die G. m. b. H. auch als Vorstufe für die Aktiengesellschaft gewählt, und zwar häufig deshalb, um die Nachprüfung der Sacheinlagen zu verhindern.

Was nun für den Gründer ein Vorteil, erweist sich häufig für das unerfahrene Publikum, das sich an Gesellschaften mit beschränkter Haftung beteiligt, als ein schwerer Nachteil. Das gilt insbesondere von dem Mangel einer Kontrolle über die Sacheinlagen. Das Stammkapital der G. m. b. H. muß, wie wir oben gesehen haben, 20 000 Mk. betragen; die Stammeinlagen der Gesellschafter brauchen aber nicht in Geld zu bestehen; es können andere „Vermögensgegenstände", deren Bewertung im Belieben der Gesellschafter steht, eingebracht und auf die Stammeinlage verrechnet werden. Als solche Vermögensgegenstände erscheinen in der Praxis alle irgendwie verwertbaren oder bewertbaren Vermögensstücke, und die Rechtsprechung hat dem Begriff eine ziemlich extensive Interpretation zuteil werden lassen. Außer greifbaren Sachen, Grundstücken, Forderungen werden insbesondere Patente und andere Schutzrechte hierher gerechnet. Denkbar ist infolgedessen, daß das gesamte Vermögen einer G. m. b. H. durch Sacheinlagen belegt ist, die, phantastisch eingeschätzt, in Wirklichkeit wertlos sein können. Der unerfahrene Kapitalist, glaubt, wenn er hört, eine G. m. b. H. habe 500 000 Mk. Stammkapital, diese 500 000 Mk seien wirklich vorhanden. Er hat vielleicht nicht einmal eine Ahnung davon, daß — wie das sehr häufig der Fall und nach dem Gesetz auch zulässig ist — nur der vierte Teil des Kapitals eingezahlt ist, und daß diese „Einzahlung" in einer fragwürdigen Sacheinlage besteht. Noch weniger kennt er den außerordentlich wichtigen, aber schon kurz erwähnten § 24 des Gesetzes, betreffend die Gesellschaften mit beschränkter Haftung, durch den die Haftbarkeit der Gesellschafter eine tief eingreifende Erweiterung erfährt. Der genannte Paragraph bestimmt:

> Soweit eine Stammeinlage weder von den Zahlungspflichtigen eingezogen, noch durch Verkauf des Geschäftsanteiles gedeckt werden kann, haben die übrigen Gesellschafter den Fehlbetrag nach Verhältnis ihrer Geschäftsanteile aufzubringen. Beiträge, welche von einzelnen Gesellschaftern nicht zu erlangen sind, werden nach dem bezeichneten Verhältnis auf die übrigen verteilt.

Hat also X. sich bestimmen lassen, sich mit einem kleinen Anteil von etwa 1000 Mk. bei einer Gesellschaft zu beteiligen, so haftet er, gleichgültig ob er Gründer der Gesellschaft, oder ob er ihr erst später durch Erwerb des Anteils beigetreten ist, dafür, daß das Stammkapital in seiner vollen Höhe in die Gesellschaft zur Einzahlung gelangt, in obigem Beispiel also dafür, daß von den 500 000 Mk. die ausstehenden 375 000 Mk. auf die Anteile eingezahlt werden. Wie verhängnisvoll das für unseren Gesellschafter werden kann, liegt auf der Hand; er, der sein Risiko auf 1000 Mk. beschränkt glaubt sieht sich auf einmal der Notwendigkeit gegenüber, das ganze Defizit zu tragen. Dieses gilt selbst für den ausgeschiedenen Gesellschafter. Mag der Zeitpunkt seines Ausscheidens noch solange zurückliegen, er haftet nach wie vor dafür, daß das Stammkapital in seiner vollen Höhe eingezahlt ist, und er kann gewiß sein, daß im Falle eines Konkurses schonungslos gegen ihn vorgegangen wird.

Welche Lehren ergeben sich daraus für den, der Anteile einer G. m. b. H. erwirbt? Er muß in erster Reihe sich durch Einsichtnahme in das Handelsregister davon überzeugen, wieviel auf das Stammkapital eingezahlt ist, und welcher Art etwaige Sacheinlagen sind. Nur eine sorgsame Prüfung dieser Frage schützt ihn dagegen, daß er mit einem größeren Betrage in Anspruch genommen werden kann, als er je vermutet hat. Damit ist freilich noch nicht ein Schutz gegen den Verlust des aufgewendeten Kapitals gegeben. Ein solcher kann am ehesten erreicht werden, wenn der Kapitalist nur die Anteile solcher G. m. b. H. erwirbt, die ihre Lebensfähigkeit bereits erwiesen haben, nicht aber erst am Beginn ihrer Tätigkeit stehen. Im übrigen ist zu beachten, daß die G. m. b. H. eine Mittelstellung zwischen den streng individualistischen Gesellschaftsformen und der als äußerste Konsequenz des kapitalistischen Betriebes sich darstellenden Aktiengesellschaft einnehmen. Die G. m. b. H. soll einer beschränkten Anzahl von Personen es ermöglichen, einen Geschäftsbetrieb unter dem Schutze einer beschränkten Haftung zu unterhalten, ohne sie zu der kostspieligen und mehr im Lichte der Öffentlichkeit arbeitenden Aktiengesellschaft zu zwingen. Diese Erleichterung hat aber, wie schon oben auseinandergesetzt, der Gesetzgeber nur unter der Voraussetzung gewährt, daß die bei einer G. m. b. H. beteiligten Personen im allgemeinen nicht wechseln. Der Anteil der G. m. b. H. sollte nach dem Willen des Gesetzgebers kein Handelsobjekt sein. Diesen Willen des Gesetzgebers zu respektieren, hat das Publikum alle Ursache, wenn es sich nicht Verlusten aussetzen will.

Achtundzwanzigster Abschnitt.

Los- und Prämienanleihen.

Unter den einer allmählichen Tilgung unterliegenden Obligationen spielten besonders in früheren Jahren die Los- und Prämienanleihen eine größere Rolle. Es handelt sich bei ihnen um Anleihen, die hauptsächlich von Staaten und Kommunen aufgenommen worden sind, und zwar namentlich im Zusammenhang mit den zahlreichen und großen Eisenbahnbauten der 1860er Jahre.

Die Emission fand in Deutschland ausschließlich vor dem Jahre 1871 statt, in dem durch das Reichsgesetz über die Inhaberpapiere mit Prämien bestimmt wurde, daß neue Prämienanleihen innerhalb des Deutschen Reiches nicht ausgegeben werden dürfen, es sei denn auf Grund eines besonderen Reichsgesetzes und zum Zwecke der Anleihe eines Bundesstaates oder des Reiches.

Auf Grund von Ziehungsplänen, die im einzelnen die verschiedenartigsten Kombinationen vorsehen, finden bei den Prämienanleihen Verlosungen statt, bei denen innerhalb der Umlaufszeit der betreffenden Anleihe sukzessive alle Obligationen gezogen werden, und zwar teils mit einem Gewinn, teils mit einem Einlösungsbetrage, der mindestens dem Nennwert entspricht.

Gegenüber den Losen der Klassenlotterien haben die meisten Prämien- und Lotterieanleihen den Vorteil, daß die Gewinnchancen wesentlich größer sind, denn es spielt bei den einzelnen Auslosungen eine relativ kleine Zahl von Losen mit. Gewöhnlich sind es nur einige hundert oder einige tausend Lose, die an der jeweiligen Prämienziehung beteiligt sind, während bei den Klassenlotterien meist über 100 000 Lose an der Ziehung teilnehmen. Dementsprechend sind auch Prämienanleihen weit teurer als Klassenlose. Immerhin geht bei den Prämienanleihen im ungünstigsten Falle nur der — häufig allerdings sehr erhebliche — Unterschied zwischen dem Anschaffungspreise des Loses und dem niedrigsten Gewinn (gewöhnlich Nennwert des Loses) verloren, während bei der Klassenlotterie ein großer Teil der Losbesitzer seinen Einsatz völlig verspielt.

Zwecks Erleichterung des Ziehungsgeschäftes sind viele Lotterieanleihen in Serien von 10, 20, 25, 50 und 100 Stück eingeteilt, und es findet zunächst eine Serienziehung statt. Innerhalb der Serien werden dann diejenigen Nummern ausgelost, die einen über den niedrigsten Einlösungsbetrag hinausgehenden Gewinn erhalten. Die Einlösung der übrig bleibenden Lose erfolgt mithin zum niedrigsten Auszahlungsbetrage. In den Losen, bei denen die Serienziehung getrennt von der Gewinnziehung vorgenommen wird, hat sich ein besonderer Serienlos-Handel entwickelt, und zwar wird für die gezogenen Serien, die in der Prämienziehung herauskommen müssen, ein Preis gezahlt, der wesentlich höher ist als der Börsenkurs, der sich ja für die „nicht in der Serie gezogenen" Lose versteht. Wenn man die fast immer vorhandene Möglichkeit ins Auge faßt, die in der Serie gezogenen Lose in der Zeit, die zwischen der Serienziehung und der Prämienziehung liegt, zu verkaufen, so kann der Losbesitzer mit Sicherheit auf die Erzielung eines Nutzens rechnen, der in der Differenz zwischen Börsen- oder Einkaufskurs und dem Verkaufspreise für das Serienlos besteht. Nur werden sich die meisten Besitzer gezogener Serienlose schwer von ihnen trennen wollen, denn sie hoffen auf den Hauptgewinn und stehen nicht auf dem Standpunkte, daß der Sperling in der Hand besser sei, als die Taube auf dem Dache.

Bei den Lotterieanleihen ist zunächst zu unterscheiden zwischen solchen, die wenigstens scheinbar Zinsen bringen und solchen, die unverzinslich sind. „Scheinbar" deshalb, weil die an sich — am Kursstande gemessen — außerordentliche niedrige Verzinsung durch die Versicherungsprämie, über die weiter unten gesprochen werden soll, meist absorbiert wird. Die verzinslichen Anleihen werden an der Börse in Prozenten, die unverzinslichen in Mark per Stück notiert. Zu unterscheiden ist ferner zwischen den einheimischen und den auswärtigen Loosanleihen. Die Tendenz geht bei uns dahin, die fremden Lose vom deutschen Markt fernzuhalten, und man hat die Marktfähigkeit nur den besonders abgestempelten ausländischen Losen zuerkannt. Das Reichsgesetz über die Inhaberpapiere mit Prämien vom 8. Juli 1871 verbietet nämlich den Handel in solchen ausländischen Inhaberpapieren mit Prämien, die nicht bis zum 15. März 1872 zur Abstempelung mit dem Losstempel eingereicht worden waren. Der Kurs der ausländischen Lotteriepapiere ist in Deutschland zum Teil sehr erheblich gestiegen, und zwar in einigen Fällen über den Preis, der in den Heimatsländern oder an außerdeutschen Börsen dafür bewilligt wird. Das hat wiederholt zu Stempelfälschungen den Anreiz gegeben. Am häufigsten sind sie bei „Türkenlosen“ vorgekommen, und zwar in größerem Umfange zuletzt vor etwa fünf Jahren.

Was die Verlosung im einzelnen betrifft, so hatten wir bereits erwähnt, daß die Lose mindestens zum Nennwert herauskommen, und zwar stellt diese niedrigste Einlösungssumme bei vielen Anleihen nicht einen konstant bleibenden Betrag dar, sondern er erhöht sich im Laufe der Jahre. In diesem Zuschlag zum Nennwert kann eine nachträgliche Verzinsung auf die Lose erblickt werden.

Da das Herauskommen eines Loses zum Nennwert für den Besitzer namentlich bei hohem Kursstand des betreffenden Papieres einen empfindlichen Schaden involviert, so versichern sich die Erwerber von Prämienanleihen gegen Kursverlust. Diese Art des Versicherungsgeschäftes wird von allen Banken und Privatbankiers direkt oder kommissionsweise betrieben. Dem Versicherungsnehmer wird im Falle der Auslosung das verloste Stück gegen ein unverlostes gleichartiges umgetauscht oder die zwischen Kurswert und Einlösungswert entstehende Verlustdifferenz bar vergütet. Die Versicherung kann entweder als eine einmalige Versicherung für eine bestimmte Ziehung oder fortlaufend bis auf Widerruf erfolgen. Die Kosten der Versicherung richten sich nach den Kursstand der Effekten und dem jeweiligen Amortisationsvetrag, sind daher mannigfachen Schwankungen unterworfen und werden umso höher steigen, je näher der Zeitpunkt der vollständigen Tilgung heranrückt. Bei den letzten Ziehungen wird die Versicherung ganz eingestellt. (Im Jahre 1912 fanden die letzten Ziehungen der 3½proz. 50 Taler-Lose der Stadt Lübeck vom Jahre 1863, das Salm-Reifferscheid 40 Fl.-Lose von 1855 und der Finnländer 10 Taler-Lose von 1868 statt.) Da die Mehrzahl der Lotterieanleihen in den 1860er Jahren emittiert wurde und ihre Umlaufszeit durchschnittlich 50 bis 60 Jahre beträgt, so verringert sich die Zahl der Prämienlose im Laufe der nächsten Jahre beträchtlich. Die längste Umlaufszeit haben die unverzinslichen Türkischen 400 Frs.-Lose von 1870, deren letzter

Ziehungstermin in das Jahr 1974 fällt. Eine lange Umlaufszeit hat auch die 2½proz. Raab-Grazer Eisenbahnanleihe von 1871, deren letzte Verlosung im Jahre 1952 erfolgt.

Die Türkischen 400 Frs.-Lose wurden seinerzeit in einer Höhe von 1,980,000 Stück emittiert. Bei den Ziehungen spielen gegenwärtig noch etwa 1 812 350 Stück mit, und zwar nehmen bei dieser Anleihe stets sämtliche noch vorhandenen Lose an der Ziehung teil. (Hier kommt also der oben erwähnte Vorteil gegenüber der Klassenlotterie nicht in Frage.) Die Haupttreffer betragen 400 000 Frs. und 200 000 Frs. je nach dem Ziehungstermin. Die niedrigsten Gewinne betragen 400 Frs. und werden im Gegensatz zu den mit 100 % einlösbaren Treffern nur mit 60% gleich 240 Frs. oder ca. 194 Mk. ausgezahlt. An der Berliner Börse stellt sich der Kurs der Türkischen 400 Frs.-Lose auf ca. 170 Mk.; eine Versicherung gegen Auslosung ist hier also nicht erforderlich.

Ein Überblick über die Hauptgewinne, Nieten und die Kursbewegung wird im übrigen durch die auf S. 250 und 251 abgedruckte Tabelle gegeben. Berücksichtigt sind die an der Berliner Börse zur Notierung gelangenden Lose.

Aus den Zusammenstellungen auf S. 250 und 251 wird ersichtlich, daß die Kursbewegung fast sämtlicher Losanleihen in den letzten Jahren nach oben gerichtet war. Der Grund hierfür ist darin zu suchen, daß das Material von Jahr zu Jahr geringer wird. Besonders stark war die Steigerung bei der Badischen 4proz. Prämienanleihe von 1867, den Hamburger 3proz. 50 Taler-Losen, den Braunschweiger 20 Taler-Losen und den Pappenheimer 7 Fl.-Losen. Bei den letzteren dürfte das Heranrücken des nächstjährigen letzten Ziehungstermins für die günstige Kursentwicklung maßgebend gewesen sein, während umgekehrt die noch verhältnismäßig lange Umlaufszeit der Oldenburgischen 3proz. 40 Taler-Lose in einer rückläufigen Kursbewegung zum Ausdruck kommt. Auch dürfte der relativ niedrige Hauptgewinn, sowie die konstant bleibende Niete von 120 Mk. den Loserwerbern keinen besonderen Anreiz gegeben haben. Unter den fremden Losanleihen fällt insbesondere der außerordentlich hohe Kursstand der Russischen 5proz. Prä-

Deutsche	Notiz in	Kurse Ultimo Dezember 1900	1907	1911	Ultimo Juni 1912	1912 Größter Gewinn	Niete	Letzte Ziehung
Augsburger 7 Fl.-Lose von 1864 .	M.	25,00	29,75	37,00	34,40	6 000 Fl.	12 Fl.	1934
Badische 4proz. Prämien (100-Taler) Anl. 1867	%	140,25	143,30	167,75	173,50	120 000 M.	300 M.	1917
Braunschw. 20 Tlr.-Lose........	M.	130,50	165,00	211,50	198,10	180 000 M.	84 M.	1924
Cöln-Mindener 3½proz. (100 Taler) Prämienscheine............	%	129,00	131,00	136,90	134,20	120 000 M.	330 M.	1927
Gothaer 3½% Prämienpfandbriefe (100 Taler) Serie II..	%	107,50	110,00	117,75	117,70	150 000 M.	300 M.[1])	1923
Hamburger 3proz. 50 Taler-Lose	%	130,50	149,00	181,50	174,10	105 000 M.	180 M.	1926
Meininger 7 Fl.-Lose	M.	24,75	30,00	36,40	33,75	10 000 u. 5000 Fl.	10 Fl.	1926
Meininger 4proz. Prämien-Pfandbriefe (100 Taler)....	%	129,00	129,50	138,00	136,00	255 000 M.	312 M.	1927
Oldenburgische 3proz. 40 Tlr.-Lose	%	128,90	128,25	125,90	125,10	30 000 M.	120 M.	1930
Pappenheimer 7 fl.-Lose	M.	24,00	39,50	62,30	66,00	10 000 Fl.	10 Fl.	1913
Fremde:								
Donau-Regulierungs- (100 Fl.) Lose 5proz.	%	138,75	131,00	163,00	154,00	60 000 Fl.	100 Fl.[3])	1920
Freiburger 15 Frs.-Lose	M.	25,60	35,50	75,75	69,00	20 000 u. 16 000 Frs.	28 Frs.	1914

Genueser 150 Lire-Lose	M.	143,50	165,00	188,75	207,00	40 000 Lire	195 Lire	1919
Holländische 3proz. 100 Fl.-Komm.-Lose	%	103,25	104,00	106,25	107,75	20 000 u. 6000 Fl.	100 Fl.	1939
Mailänder 45 Lire-Lose	M.	48,00	71,00	145,00	130,00	100 000 Lire	60 Lire[2])	1916
Mailänder 10 Lire-Lose	M.	15,20	18,75	33,50	28,50	50 000 Lire	10 Lire[2])	1921
Österr. 1858er 100 Fl.-Lose	M.	344,75	400,00	448,00	455,00	300 000 Kr.	400 Kr.[3])	1924
Österr. 5proz. 500 Fl. 1860er-Lose	%	136,75	150,10	180,50	173,00	600 000 Kr.	1200 Kr.[4])	1917
Österr. 1864er 100 Fl.-Lose.....	M.	349,00	443,00	527,00	522,00	300 000 Kr.	400 Kr.[3])	1918
Raab-Grazer 2½proz. 100 Tlr.-Lose	%	87,40	93,90	101,75	101,25	75 000 u. 67 500 Fl.	150 Fl.	1952
Russische 5proz. 100 Rbl.-Präm.-Anl. 1864	%	338,50	366,50	480,00	462,00	200 000 Rbl.	500 Rbl.[5])	1925
do. do. 1866	%	284,80	262,50	367,00	353,00	do.	do.[5])	1926
Türkische 400 Frs.-Lose	M.	110,00	142,90	162,70	169,50	400 000 u. 200 000 Frs.	400 Frs.[6])	1974
Ungarische Prämienanleihe 1870.	M.	285,75	326,00	379,00	368,00	240 000 u. 200 000 Kr.	368 Kr.	1920
Venetianer 30 Lire-Lose	M.	23,50	28,75	45,25	42,50	20 000 u. 10 000 Lire	30 Lire	1919

[1]) 5% Gewinnsteuer bei den Gewinnen über 300 Mk. (Vgl. S. 82.)
[2]) 21% Gewinnsteuer von der den Nennbetrag übersteigenden Summe.
[3]) Gewinnsteuer 20 %.
[4]) Kuponsteuer 20%, Gewinnsteuer 20 %.
[5]) Gewinnsteuer 5 %, Kuponsteuer 5 %.
[6]) Treffer werden mit 100 %, Nieten mit 60 % ausgezahlt.

mienanleihe von 1864 auf. Wir haben es hier mit dem höchstbewerteten Staatspapier der Welt zu tun. Die Anleihe hatte zeitweise einen Kurs von über 500 % zu verzeichnen und stellte sich Ultimo Juni 1912 immer noch auf 462 %. Als das bekannteste Lospapier — das gleichzeitig stark spekulativen Charakter trägt — können die Türkischen Lose angesehen werden, von denen schon oben die Rede war. Sie stellen die größte Losanleihe dar, die jemals emittiert wurde. Ihr Kurs hat seit den 1890er Jahren eine im ganzen steigende Richtung eingeschlagen.

Als Kapitalanlage kommen Prämienanleihen eigentlich überhaupt nicht in Frage; denn als nutzbringende Kapitalanlage würden sie sich nur dann erweisen, wenn das Los mit einem Gewinn gezogen wird, der über den Kurswert hinausgeht. Ist das nicht der Fall, so können schon durch die Zinsverluste große Einbußen entstehen, die allerdings durch die allmähliche steigende Bewertung der Lose zum Teil ausgeglichen werden.

Wir sagten oben, daß die Chancen bei Prämienanleihen größer sind, als bei der Klassenlotterie. Trotzdem ist aber die Gewinnmöglichkeit noch gering genug. Das Publikum liebt es gleichwohl, Prämienanleihen zu erwerben, und zwar sind es meist „kleine Leute", die von den Gewinnchancen angelockt werden. Die Spielleidenschaft des Publikums wird oft durch gewissenlose „Bankgeschäfte" ausgebeutet. Man verkauft dem Publikum — besonders war das in früheren Jahren der Fall — zum Beispiel Türkische Lose auf Abzahlung. Selbst wenn es dabei reell zuging, stellten sich die Zahlungen weit höher als der Börsenkurs: aber es ging auch sehr oft unreell zu: die monatlichen Raten wurden ins Ungemessene gefordert, und der Loskäufer bekam niemals das Los in die Hand. Auch mit anderen Prämienlosen ist oft Schwindel getrieben worden, so daß sich der Gesetzgeber genötigt sah, einzuschreiten. Dem gefährlichen Treiben der „Losgesellschaften" wird durch das Gesetz, betreffend die Losgesellschaften, die Veräußerung von Inhaberpapieren mit Prämien und den Handel mit Lotterielosen, vom 19. Juli 1911 zu begegnen versucht.

Jedes einzelne Zuwiderhandeln gegen die Vorschriften dieses Gesetzes wird mit Gefängnis resp. hohen Geldbußen bestraft. Ganz hat der Losschwindel auch heute noch nicht aufgehört; das Publikum sei besonders vor den ausländischen Loshändlern nachdrücklichst gewarnt!

Neunundzwanzigster Abschnitt.

Mündelsichere Wertpapiere und Mündelgeld in Sparkassen.

Der Abschnitt „Mündelsichere Wertpapiere" soll keine Darstellung der einzelnen Anleihen usw. geben, denen die Mündelsicherheit zuerkannt ist, sondern es soll einmal zusammenfassend gezeigt werden, welche Papiere nach Reichs- resp. Landesrecht zur Anlegung von Mündelgeld gewählt werden dürfen.

Im ganzen Reich sind mündelsicher:

a) die Schuldverschreibungen des Reiches und der Bundesstaaten;
b) die Schuldverschreibungen, deren Verzinsung von dem Reiche oder einem Bundesstaate gewährleistet ist (hierzu gehören zum Beispiel die Pfandbriefe der Hessischen Hypothekenbank, ferner die Rentenbriefe der staatlichen Rentenbanken).
c) Schuldverschreibungen einer inländischen kommunalen Körperschaft (Provinzialanleihen, Kreisanleihen, Stadtanleihen usw.) oder der Kreditanstalt einer solchen Körperschaft, wenn die Forderungen von seiten des Gläubigers kündbar sind oder einer regelmäßigen Tilgung unterliegen. (Hierzu gehören auch die Pfandbriefe des Magdeburger Pfandbriefamtes [1]), nicht aber die des Berliner Pfandbriefamtes [2]).
d) die Schuldverschreibungen der evangelischen Kirchengemeinde Mainz vom Jahre 1900;

---

[1]) Vgl. S. 68.
[2]) Vgl. S. 66.

e) die Kur- und Neumärkischen ritterschaftlichen Kommunalschuldverschreibungen;
f) die von der Deutsch-Ostafrikanischen Gesellschaft auf Grund des Vertrages mit dem Reiche vom 15. November 1902 ausgegebenen Schuldverschreibungen;
g) die Schuldverschreibungen des Fürstlich Waldeckschen Domäniums über die $3\frac{1}{2}$proz. Anleihe von 1905;
h) die 4proz. Anleihe der Emscher Genossenschaft;
i) Schuldverschreibungen der Hospizien der Stadt Straßburg.

In Preußen sind mündelsicher:

a) die Rentenbriefe der in Preußen bestehenden Rentenbanken;
b) die Schuldverschreibungen, die mit Genehmigung der staatlichen Aufsichtsbehörde von einer Kirchengemeinde im Königreich Preußen ausgestellt und entweder von seiten der Inhaber kündbar sind oder einer regelmäßigen Tilgung unterliegen;
c) die mit staatlicher Genehmigung ausgegebenen Pfandbriefe und gleichartigen Schuldverschreibungen einer öffentlichen Kreditanstalt, die durch Vereinigung von Grundbesitzern gebildet ist und durch staatliche Verleihung Rechtsfähigkeit erlangt hat; die Schuldverschreibungen einer preußischen provinzial (kommunal) ständischen öffentlichen Grundkreditanstalt. (Hiermit sind insbesondere die Pfandbriefe der Landschaften und Landesbanken in Preußen für mündelsicher erklärt, ferner die Pfandbriefe des Berliner Pfandbriefamtes.)
d) die Kommunalobligationen — nicht Pfandbriefe — der Hypothekenbanken (z. B. Deutsche Hypothekenbank, Berlin, Preußische Zentral-Bodenkredit-Akt.-Ges., Preußische Pfandbriefbank, Westdeutsche Bodenkreditanstalt usw.).

In Bayern:

a) die Pfandbriefe und Kommunalobligationen der Bayerischen Landwirtschaftsbank und der Pfälzischen Hypothekenbank;
b) die Pfandbriefe der Bayerischen Hypotheken- und Wechselbank in München, der Vereinsbank in München, der Vereinsbank in Nürnberg, der Süddeutschen Bodenkreditbank in München

und der Bayerischen Handelsbank in München. (Von den bayerischen Hypothekenbanken ist mithin nur die Bayerische Bodenkreditanstalt [1]) in Würzburg nicht „mündelsicher".)

In Sachsen:

a) Schuldverschreibungen, die von einer kommunalen Körperschaft oder der Kreditanstalt einer solchen oder von einer Kirchen- oder Schulgemeinde in Königreich Sachsen ausgestellt sind;
b) die Pfandbriefe und Schuldverschreibungen der Landständischen Bank des Markgrafentums Oberlausitz, des erbländischen ritterschaftlichen Kreditvereins und des landwirtschaftlichen Kreditvereins;
c) die Anlehensscheine der Kommunalbank des Königreichs Sachsen;
d) die Pfandbriefe [2]) Serie I, II, III der Sächsischen Bodenkreditanstalt in Dresden und die Hypothekenbank- und Anlehensscheine Serie B, C, D, E, F, VII und VIII der Leipziger Hypothekenbank.

In Württemberg:

a) die Schuldverschreibungen des Württembergischen Kreditvereins in Stuttgart;
b) die Pfandbriefe der Württembergischen Hypothekenbank.

In Baden:

a) die Schuldverschreibungen, die von einer deutschen kommunalen Körperschaft oder der Kreditanstalt einer solchen ausgestellt sind;
b) die Pfandbriefe und Kommunalobligationen der Rheinischen Hypothekenbank in Mannheim.

In Hessen:

a) die Prioritätsobligationen der Süddeutschen Eisenbahngesellschaft;

[1]) Vgl. die Anmerkungen auf Seite 26 und Seite 80.

[2]) Nach dem sächsischen Gesetz vom 22. Dezember 1899 dürfen alle bis zum Jahre 1899 ausgegebenen Pfandbriefe sächsischer Hypothekenbanken zur Anlage von Mündelgeldern im Königreich Sachsen benutzt werden.

b) die Pfandbriefe der Frankfurter Hypothekenbank;

c) die Pfandbriefe der Rheinischen Hypothekenbank in Mannheim;

d) die Pfandbriefe der Süddeutschen Bodenkreditbank in München.

Ferner in Sachsen-Weimar: die Pfandbriefe der im Königreich Preußen und im Königreich Sachsen mit staatlicher Genehmigung bestehenden Landschaften und landschaftlichen Kreditvereine, sofern sie an einer der Börsen zu Berlin, Frankfurt a. M. oder Leipzig notiert werden. — In Mecklenburg: die Pfandbriefe des mecklenburgischen ritterschaftlichen Kreditvereins. — In Oldenburg: die Schuldverschreibungen, die von oldenburgischen staatlich geregelten Genossenschaften ausgestellt und entweder seitens des Inhabers kündbar sind oder einer regelmäßigen Tilgung unterliegen. — In Braunschweig: die Schuldverschreibungen, die ein Kreiskommunalverband des Herzogtums ausgegeben hat, und die Schuldverschreibungen des Ritterschaftlichen Kreditvereins. — In Sachsen-Meiningen: Die Pfandbriefe der Deutschen Hypothekenbank in Meinigen. — In Sachsen-Altenburg: die Schuldverschreibungen, die mit Genehmigung der Aufsichtsbehörde von einer Kirchen- oder Schulgemeinde in Sachsen-Altenburg ausgestellt und entweder von seiten des Inhabers kündbar sind oder einer regelmäßigen Tilgung unterliegen. — In Sachsen-Koburg-Gotha: die Schuldverschreibungen, die von der Domänenverwaltung ausgegeben werden oder gewährleistet sind. Die Anlehensscheine der Privatbank zu Gotha, für die Schuldverschreibungen von deutschen kommunalen Körperschaften oder von deren Kreditanstalten verpfändet sind, wenn die Forderungen von seiten des Gläubigers kündbar sind oder einer regelmäßigen Tilgung unterliegen; die Pfandbriefe der Deutschen Grundkreditbank. In Schwarzburg-Sondershausen: die Schuldverschreibungen des Kammerschuldentilgungsfonds, die Schuldverschreibungen, die mit Genehmigung der staatlichen Aufsichtsbehörde von einer Kirchengemeinde ausgestellt und entweder von seiten der Inhaber kündbar sind oder einer regelmäßigen Tilgung unterliegen; die Pfandbriefe der in Preußen und Sachsen mit staatlicher Genehmigung bestehenden Landschaften und landschaftlichen Kreditvereine; die Pfandbriefe der Schwarzburgischen Hypothekenbank; die Pfandbriefe anderer deutscher Hypothekenbanken, solange sie als geeignet zur Anlegung von Mündelgeld von den betreffenden Staatsregierungen anerkannt sind. In Waldeck: die gleichen Wertpapiere, die in Preußen mündelsicher sind. — In Reuß ä. L. die Pfandbriefe usw. der Mitteldeutschen Bodenkredit-Anstalt, die Pfandbriefe anderer Hypothekenbanken, sofern die Anlegung von Mündelgeld in solchen Pfandbriefen durch Regierungsverordnung für zulässig erklärt wird. — In Reuß j. L.: die Schuldverschreibungen, die mit Genehmigung der staatlichen Aufsichtsbehörde von einer Kirchengemeinde des Fürstentums Reuß j. L. ausgestellt und entweder seitens des Inhabers kündbar sind oder einer regelmäßigen Tilgung unterliegen; die Landrentenbriefe des Fürstentums Reuß j. L. — In Schaumburg-Lippe: die Schuldverschreibungen der Hofkammer von Schaumburg-Lippe; die mit staatlicher Genehmigung ausgegebenen Pfandbriefe und gleichartigen Schuldverschreibungen solcher Kreditinstitute im Deutschen Reiche, die durch Vereinigung von Grundbesitzern gebildet sind, durch staatliche Verleihung Rechtsfähigkeit erlangt haben und nach ihren Statuten die Beleihung von Grundstücken auf die im § 45 des Ausführungsgesetzes zum Bürgerlichen Gesetzbuch (für Schaumburg-Lippe) bezeichneten Teile des Grundstückswertes zu beschränken haben. — In Elsaß-Lothringen: die Pfandbriefe und Kommunalobligationen der Akt.-Ges. für Boden- und Kommunalkredit in Elsaß-Lothringen.

Die Anlegung von Mündelgeld in Sparkassen[1]) ist nur zulässig, wenn die Sparkasse eine öffentliche ist. Wann eine Sparkasse eine öffentliche ist, richtet sich nach dem Landesrechte. Auf den Namen Sparkasse kommt es nicht an, auch sogenannte Kreditkassen oder Leihhauskassen usw. können unter Umständen als Sparkassen im Sinne des § 1807 anzusehen sein. In Preußen haben nach einer Ministerialverfügung vom 27. Juni 1900 als öffentliche Sparkassen diejenigen zu gelten, die für Rechnung einer Körperschaft des öffentlichen Rechtes betrieben werden, oder für die eine solche

[1]) Über Sparkassengelder siehe Näheres S. 12.

Körperschaft die Haftung übernommen hat. Die Anlegung von Mündelgeld in Sparkassen setzt voraus, daß die Sparkasse von der zuständigen Behörde des Bundesstaates, in dem sie ihren Sitz hat, zur Anlegung von Mündelgeld für geeignet erklärt worden ist. Unter dieser Voraussetzung gilt sie im ganzen Reiche für mündelsicher; auch wenn die Vormundschaft zum Beispiel in Hessen geführt wird, kann der Vormund das Geld des Mündels in einer badischen Sparkasse anlegen.

FSC
www.fsc.org
MIX
Papier | Fördert
gute Waldnutzung
FSC® C083411

Kolibri 360 GmbH
Ferdinand-Jühlke-Straße 7
99095 Erfurt, Deutschland
produktsicherheit@kolibri360.de